RAOUL WALLENBERG

Le Juste de Budapest

Ouvrages du même auteur

DES ENFANTS MALGRÉ NOUS, Éditions de Minuit, 1956.
VAINCRE LE CANCER, Éditions de Minuit, 1958.
POPULATION SUR MESURE, Le Seuil, 1965.
LES SECRETS DU BALLOTTAGE, avec J.-F. Kahn, Fayard, 1966.
LES DEUX EXODES, avec Édouard Saab, Denoël, 1968.
LA LOI DU RETOUR, Fayard, 1970. *Prix Aujourd'hui 1970* (Réédité en 1987 sous le titre HISTOIRE DE L'« EXODUS »).
CENT MILLE JUIFS A LA MER, Stock, 1973.
ISRAËL, LA MORT EN FACE, avec J.-N. Gurgand, R. Laffont, 1975.
ENQUÊTE SUR UN JUGE ASSASSINÉ, R. Laffont, 1977.
HISTOIRE SECRÈTE D'ISRAËL, avec Hesi Carmel, Orban, 1978.
ISRAËL CONNECTION, Plon, 1980.
LA TRAQUE, Olivier Orban, 1980.
ENQUÊTE SUR LES AFFAIRES D'UN SEPTENNAT, avec J.-M. Pontaut, R. Laffont, 1981.
ENQUÊTE SUR LES MYSTÈRES DE MARSEILLE, avec J.-M. Pontaut, R. Laffont, 1984.
ENQUÊTE SUR TROIS SECRETS D'ÉTAT, avec J.-M. Pontaut, R. Laffont, 1986.
OPÉRATION NÉMÉSIS, Fayard, 1986.
ENQUÊTE SUR UN CARREFOUR DANGEREUX, avec J.-M. Pontaut, Fayard, 1987.
ISRAËL ULTRA-SECRET, avec Hesi Carmel, R. Laffont, 1989.
ENQUÊTE SUR LES RIPOUX DE LA CÔTE, avec J.-M. Pontaut, Fayard, 1991.
BONAPARTE EN TERRE SAINTE, avec Hesi Carmel, Fayard, 1992.
INVESTIGATION, PASSION, avec J.-M. Pontaut, Fayard, 1993.
LE SIÈCLE D'ISRAËL, avec Hesi Carmel, Fayard, 1994.

Jacques Derogy

Raoul Wallenberg

Le Juste de Budapest

avec la collaboration
de Fred Kupferman et Ariane Misrachi

NOUVELLE ÉDITION ACTUALISÉE

Stock

La première édition de ce texte est parue en 1980 aux Éditions Ramsay (Paris) sous le titre
LE CAS WALLENBERG.
La présente édition comporte des remaniements et ajouts élucidant de nombreuses interrogations qui restaient encore posées.

A LA MÉMOIRE DE FRED KUPFERMAN

Jusqu'à son dernier souffle, le 27 avril 1988, l'historien Fred Kupferman était resté attentif aux aléas de l'actualité et mobilisé par ses projets, comme s'il ignorait l'issue inexorable et toute proche du mal qui, dans sa cinquante-quatrième année, le rongeait jour après jour.

Enseignant à la Sorbonne et à Sciences-Po, il était fasciné par le monde de l'information et des médias. Sa curiosité insatiable n'avait d'égal que son savoir encyclopédique, son ironie dépourvue d'amertume et son extrême pudeur. Sans jamais évoquer la mémoire de son père disparu du côté d'Auschwitz, il m'avait mis depuis dix ans sur la piste de ce Suédois escamoté par les services soviétiques alors qu'il venait de prendre tous les risques pour soustraire des milliers de Juifs à l'entreprise nazie de génocide. Et il m'avait fourni les matériaux essentiels de ce récit dont la présente réédition, actualisée par les dernières révélations des archives du KGB sur l'assassinat de Raoul Wallenberg, est aussi un hommage à la mémoire de Fred Kupferman.

J. D.

Prologue

Les adieux du 17 janvier 1945

Des colonnes de fumée noire s'élèvent dans le ciel, un ciel blafard où vrombissent des avions si nombreux qu'ils deviennent difficiles à identifier. Les bombardements redoublent. Le tonnerre des explosions emplit la ville, et les eaux du Danube reflètent les flammes des bâtiments incendiés. De l'autre côté du fleuve, sur les hauteurs de Buda, des combats acharnés se poursuivent dans la neige. Les Allemands — plusieurs divisions d'élite qui croient encore en l'arrivée d'hypothétiques renforts — résistent toujours, malgré un pilonnage intense de leurs lignes. Les ordres du Führer sont formels : la capitale de la Hongrie ne doit pas tomber, il leur faut tenir coûte que coûte, le plus longtemps possible. Les Russes ont déjà conquis Pest, franchi le fleuve ; ils occupent la partie basse de Buda, mais ces vestiges de l'invincible armée du Reich, composés en majeure partie de Hongrois qui n'attendent aucune clémence de leurs « libérateurs », se battent avec l'énergie du désespoir. On se tire dessus de fenêtre à fenêtre, tandis que la population se terre dans les caves. Les maisons devront être prises une à une. Cinquante-quatre jours : la libération totale de la ville exigera cinquante-quatre jours de combats meurtriers. On dénombrera plus de 400 000 morts.

A l'aube du 17 janvier 1945, une foule étrange erre dans les rues gelées de Pest, que baigne une puanteur de charogne : des gamins en quête de quelque nourriture, des figures hagardes trébuchant dans les décombres, fouillant les ruines, tremblantes, hâves, qui ne semblent même plus remarquer le sifflement des obus. L'armée des libérateurs est omniprésente : les chars Staline T.34 ont remplacé les super-Tigre et super-Panther allemands ; des canons autotractés, des véhicules blindés, des camions frappés de l'étoile rouge circulent un peu partout. Une armée jeune, bien équipée, entièrement motorisée, et où se côtoient les types physiques les plus divers : toutes les ethnies, de la Volga aux confins de la Sibérie, y sont représentées. Les Russes ont été stupéfaits à leur arrivée par la relative abondance qui régnait encore dans la ville. Ils n'en haïssent que davantage ses habitants. Ils fusillent, ils violent et ils pillent sans scrupule. La Hongrie n'est-elle pas l'alliée de l'Allemagne ? Ils ont dévalisé toutes les banques. Ils s'en prennent même aux légations étrangères. Leur gouvernement a besoin d'argent, et on parle de fortunes colossales mises à l'abri dans des coffres. Comment savoir à l'heure actuelle, alors que se développe une gigantesque confusion, qui était nazi et qui ne l'était pas ? Pour eux, tout le monde fait figure de suspect. Alors ils interpellent, fouillent, arrêtent indistinctement. Déjà se forment de longues cohortes de prisonniers...

Ce même mercredi 17 janvier 1945, très tôt le matin, une voiture se gare devant le numéro 6 de la rue Tátra. Une grosse automobile bleu clair, affirmera un témoin. Le chauffeur reste à son volant tandis qu'en descend un homme d'environ trente-cinq ans, de taille moyenne, au long nez droit et à la moue hautaine. Il s'engouffre dans l'immeuble, monte l'escalier quatre à quatre et pénètre dans les bureaux du premier étage, qu'occupe la chancellerie de l'ambassade suédoise. Il ne semble pas inquiet, à peine impatient peut-être ; il sourit à tous ceux qu'il rencontre dans les couloirs. Il porte un costume sport — son costume de voyage, se souviendra-t-on. Son chapeau Eden couvre un crâne déjà dégarni sur le devant. Il se nomme Raoul Wallenberg. Diplomate depuis peu, appartenant à une des familles les plus puissantes de Suède, il est arrivé en Hongrie il y a exactement six mois et huit jours. Et il a réalisé des miracles : directement ou indirectement, il a sauvé d'une mort certaine, presque à lui tout seul, environ 100 000 Juifs — plus que n'importe quelle puissance alliée [1].

Comme on s'étonne de le voir là, après plusieurs jours d'absence et dans cet accoutrement, il explique être en route pour Debrecen, où se trouve le quartier général soviétique. Il a l'intention de parlementer « au plus haut niveau ». Il espère pouvoir négocier là-bas l'achat de vivres et de médicaments pour ses protégés. Pareille tractation n'est pas pour l'effrayer : il en a effectué de pires avec les nazis. On doit le conduire auprès du maréchal Rodion Malinovski, précise-t-il, montrant par la fenêtre un officier soviétique qui fait les cent pas sur le trottoir et bat la semelle pour se réchauffer. Il est passé ce matin à l'un de ses « domiciles », 16, rue Benczur, chercher ses affaires personnelles et récupérer son argent. Son sac de couchage, un sac de montagne, des valises s'entassent dans le coffre de l'automobile. Il n'a pas pris sa voiture habituelle (il l'a laissée dans un garage), parce

1. Sur 825 000 Juifs hongrois recensés en 1941, 63 000 ont péri dans les bataillons de travailleurs sur le front de l'Est avant mars 1944, date de l'invasion allemande ; 105 000 ont péri sur place entre mars 1944 et janvier 1945 ; 513 000 ont été déportés d'avril à décembre 1944. Seuls ont été sauvés 144 000 Juifs de Budapest, dont 30 % de convertis.

qu'il pense qu'elle n'aurait pas convenu pour le voyage qui l'attend.

Combien de temps sera-t-il absent ? Il l'ignore. Une huitaine de jours peut-être. Mais que l'on continue sans lui l'action entreprise. Il sort de sa poche un portefeuille bourré de billets de banque et, contre reçu, remet au caissier la somme de 100 000 pengös[1]. « Ce portefeuille contenait au moins un million de pengös ! » estimera plus tard un employé de la chancellerie.

Il semble pressé de partir à présent. Sa visite aura duré en tout moins d'un quart d'heure. Il souhaiterait encore passer à l'hôpital suédois, tout proche, où sont hébergées nombre de personnes qu'il a sauvées, afin d'y faire un ultime point sur la situation, définir la marche à suivre, maintenant que la ville est presque entièrement libérée, prodiguer ses dernières recommandations.

Raoul Wallenberg fait ses adieux. Ses camarades à qui il serre la main ignorent qu'ils ne le reverront plus...

La voiture de Raoul Wallenberg quitte les faubourgs de Pest et s'engage dans la direction de Debrecen, distante d'environ 200 kilomètres. Deux motocyclettes de l'Armée rouge l'encadrent. Sur le siège arrière de la moto de tête se tient un soldat armé ; le side-car de la seconde est occupé par l'officier russe qui faisait les cent pas devant la chancellerie en l'attendant, un certain Demtchikov. Tant de sollicitude préoccupe Wallenberg : à vrai dire, il ne sait pas très bien si ces militaires sont là pour le protéger ou le surveiller, s'il est invité ou prisonnier.

1. Monnaie hongroise.

Vilmos Langfelder, son chauffeur, conduit prudemment en raison du mauvais temps. On n'a pas vu d'hiver aussi froid depuis des années. Et puis un accrochage s'est déjà produit quelques instants auparavant : la voiture a heurté un camion qui transportait des soldats russes, dans le quartier international. Les soldats voulaient emmener Langfelder, qu'ils jugeaient responsable de l'accident. L'officier s'est interposé et a expliqué qu'il accompagnait un diplomate étranger. Incident désagréable. L'automobile n'a qu'une aile avant cabossée : cela ne l'empêche pas de rouler en direction de l'est. Sur les bas-côtés de la chaussée gisent des carcasses de tanks détruits. Par moments on entend encore le grondement des combats qui se poursuivent sur les collines de Buda.

Raoul Wallenberg soupire : devant la porte de l'hôpital suédois, il a glissé tout à l'heure sur le pavé verglacé et s'est fait mal en tombant. En se relevant, il a aperçu trois vieillards qui sortaient d'une maison voisine : ils portaient encore l'étoile jaune sur leur poitrine. « Ma mission n'aura tout de même pas été inutile », a-t-il pensé. Il se souvient de ses négociations avec les nazis, des marches de la mort, des atrocités dont il a été le témoin, des Juifs qui faisaient la queue devant la légation pour obtenir un passeport de protection — leur seul espoir ! —, de ces trente-deux appartements qu'il avait achetés un peu partout dans Pest, jonchés de matelas, et où ont trouvé refuge 15 000 personnes... Oui, tout ce qui était en son pouvoir, il l'a fait. Il a volé des uniformes SS, il a transporté des vivres clandestinement, il s'est caché, il a rusé, il a supplié, il a menacé, il a travaillé nuit et jour pendant ces six derniers mois pour arracher le maximum de gens aux mains des nazis... Et il reste encore tant de choses à faire !

A travers le pare-brise de la voiture, il aperçoit la

motocyclette qui les précède, les uniformes vert olive de son escorte. Combien de temps encore pour arriver à Debrecen ? La route est encombrée, des barrages les retardent, ils roulent lentement. Que peuvent lui reprocher les Russes ? Sauver des vies humaines n'est pas un crime. Il y avait en Hongrie un peu plus de 800 000 Juifs avant que l'extermination massive ne commence, en comptant les 65 000 convertis et les étrangers, Polonais, Slovaques, Roumains, Ukrainiens ayant passé clandestinement la frontière après que les déportations eurent démarré chez eux. Wallenberg a adouci le sort des Juifs incorporés dans les bataillons de travail. Il a distribué 9 500 passeports de protection. La plupart ont pu servir ; mais on ne saurait dire exactement le nombre de gens sauvés par ce stratagème, dont il avait eu l'idée. Il a contribué à la création de la chaîne de solidarité des neutres. Grâce à lui, des passeports de protection en plus grand nombre ont été accordés par d'autres légations, qui ont suivi l'exemple suédois. Mais comment chiffrer cette aide indirecte ? Nul ne peut encore faire l'évaluation des vivants. Ce que l'on sait aujourd'hui, c'est qu'en tenant compte des pertes dues aux bombardements, aux assassinats, à la maladie et à la faim, plus de 30 000 Juifs se cachent en ce mois de janvier dans le quartier international. En empêchant in extremis, quelques jours auparavant, la destruction complète du ghetto de Budapest, Wallenberg a en outre soustrait à la mort 70 000 personnes. Soit un total de 100 000 vies humaines épargnées. Qu'il ne soit pas juif lui-même ne rend son action que plus méritoire. Il se cale sur le siège de la grosse voiture. Non, vraiment, il ne voit pas ce que les Russes pourraient lui reprocher. La fin de la guerre est proche. Hitler s'est bien enfermé dans son bunker de la chancellerie du Reich à Berlin. Bouffi, vieilli avant l'âge, il est désormais le seul à croire encore en la possibilité d'une victoire allemande. Staline a donné l'ordre il y a trois jours, le 14 janvier, de lancer sur l'ensemble d'un front large de 1200 kilomètres, allant de la Baltique à la Hongrie, la plus formidable offensive de la guerre. Le Führer n'a plus d'allié : la Finlande a demandé l'armistice, l'Italie, la Roumanie, la Bulgarie ont changé de camp, et la Hongrie n'est plus qu'un Etat fantôme. La propagande de Goebbels ne peut plus maintenant cacher que l'Armée rouge est aux portes de l'Allemagne. Dans trois semaines, Churchill, Roosevelt et Staline ont rendez-vous à Yalta ; dans deux jours, le camp d'Auschwitz commencera d'être évacué.

Devant les vitres de la voiture défile un paysage couvert de neige. L'horizon est tout blanc. Celui que l'on a surnommé l'ange gardien des Juifs de Budapest, *le Mouron rouge* de la Seconde Guerre mondiale, ne se doute pas que chaque kilomètre parcouru le coupe davantage de sa liberté. Oui, la guerre sera bientôt finie pour tout le monde, une vie normale reprendra pour tous. Pour tous, sauf pour lui.

Première Partie

La mission Wallenberg

1

Les chiens sont lâchés
ou
L'apprentissage de la liberté

L'homme dont le destin vient de basculer n'a que trente-deux ans. Il ne sait pas encore qu'il n'a plus d'avenir. Le passé familial dont il a hérité le promettait à l'une des plus heureuses carrières : celle d'un homme libre à l'abri du besoin. Citoyen doublement privilégié d'un pays lui-même à l'abri de la guerre depuis la chute de Napoléon, il paraissait voué à une existence sans imprévu. S'il en est allé autrement, c'est que, comme ses ascendants, Raoul Wallenberg a refusé de se désintéresser de ce qui se passait ailleurs.

Il est né à Stockholm le 4 août 1912, un dimanche, et coiffé. Deux signes de bonheur, selon les superstitions locales. Son prénom, Raoul, lui vient de son père mort à vingt-trois ans, trois mois avant sa naissance. Le nom, Wallenberg, appartient à l'une des quinze grandes familles de notables suédois. Il est synonyme de dynastie et de puissance, l'équivalent de celui de Rockefeller aux Etats-Unis : les Wallenberg représentent 13 pour cent du capital privé de la Suède, ils contrôlent 50 sociétés et utilisent les services de 200 000 employés. Une famille ancestrale, où l'on trouve, à l'origine, des évêques luthériens, des diplomates, des marins. Avec pour devise une formule latine : *Esse, non videri* (« Etre et non paraître »). Sa fortune, bâtie sur l'exigence morale de capacités et de réussite individuelles, date des débuts de l'ère industrielle, au milieu du XIXe siècle.

André Oskar Wallenberg, officier de marine né en 1816, quitte le premier le service de l'Etat pour fonder, à quarante ans, une banque privée, l'*Enskilda Bank*, qui va devenir la troisième banque d'affaires du pays. En fusionnant, un siècle plus tard, avec la banque de dépôts *Skandanivska*, elle se hissera au premier rang des établissements suédois, disposant d'énormes liquidités et de succursales dans toutes les agglomérations. C'est par cette banque de type familial, qui trouvera à chaque génération un Wallenberg de stature suffisante pour gérer des affaires en pleine croissance, que va s'affirmer le pouvoir de la dynastie sur la vie économique et commerciale de la Suède. Investissements judicieux, rachats d'entreprises en difficulté, il lui suffira de quatre générations pour s'implanter dans les domaines les plus rentables de la prospérité suédoise.

Depuis la tradition instaurée par l'aïeul, André Oskar, qui, élu député à la Diète et au Riksdag — les deux chambres du Parlement —, a mis ses talents d'expert financier au service du gouvernement, les Wallenberg participent aussi à la vie politique de leur pays, jouant un rôle de premier plan dans les négociations internationales. Le fils d'André Oskar, Markus, né en 1864, appartient à la deuxième génération bancaire. Il a lui-même donné le jour à trois fils qui vont marquer leur temps jusqu'à la fin de la Seconde Guerre mondiale.

L'aîné, Knut Agathon, a, selon la tradition, servi dans la marine jusqu'à l'âge de vingt-neuf ans, avant d'entrer dans la diplomatie par le biais du commerce et de la politique. Membre du Parlement, armateur d'une compagnie de navigation assurant une liaison régulière avec le Japon, ambassadeur à Tokyo, il devient ministre des

Affaires étrangères pendant la guerre de 1914-1918 et, à ce titre, facilite les échanges entre la Grande-Bretagne et la Russie, au prix de 280 navires perdus pour la flotte suédoise, tout en livrant à l'Allemagne des produits stratégiques. Il fournit également des secours aux prisonniers des deux camps ennemis, de même qu'au jeune pouvoir bolchevique quand la famine succède à la Révolution.

Ses deux cadets veillent pendant ce temps aux intérêts de la banque familiale, dont les rênes restent entre les mains de leur père. Jakob en devient l'administrateur adjoint en 1918, Markus junior en 1925. Mais c'est le père, Markus senior, qui, cette année-là, mettra au point le plan de redressement permettant à l'Allemagne vaincue de s'acquitter de son écrasante dette de guerre.

Knut Agathon a destiné son propre fils, Raoul, à la diplomatie, l'autre branche de la tradition Wallenberg. Ce Raoul commence, bien entendu, par prendre du galon dans la marine. A vingt-deux ans, en 1912, il épouse la fille d'un professeur de neurologie, May Wising, qui attend un enfant, mais il est emporté par un mal pernicieux contracté à bord d'un bateau en quarantaine, après avoir veillé quatre nuits durant un de ses camarades agonisant. Orphelin de naissance, cet enfant héritera donc du prénom de son père qui n'aura pas eu le temps de le connaître. Sa mère se remariera six ans plus tard avec le directeur de l'hôpital Karolinska, le professeur Fredrik von Dardel, qui élèvera le jeune Raoul comme un fils adoptif. Celui-ci est également pris en main de bonne heure par son grand-père paternel, Knut Agathon, et par ses grands-oncles Jakob et Markus, mais il n'aura jamais la charge des affaires de la dynastie. Raoul n'en demandera d'ailleurs pas tant : l'essentiel de la rude école familiale, c'est l'apprentissage de l'indépendance.

A neuf ans, avec ses grands yeux sombres et ses ondulations châtaines, il diffère déjà par son aspect physique de ses camarades d'école, qui d'abord se tiennent sur la réserve. Comment peut-on s'intéresser si peu au football et aux blagues de cet âge ? Pourtant son humour, son ironie, sa soif de connaissances séduisent rapidement les autres. Il est dévoré de curiosité et veut surpasser ses camarades. Etre le premier, en savoir plus. Il lit tous les volumes de l'*Encyclopédie nordique* et dévore la Bible. Discuter avec lui est toujours captivant, il fascine, il s'impose.

A dix ans, bien que détestant les mathématiques, il collectionne les rapports annuels des grosses compagnies et des banques. Il joue à être «chef d'entreprise». Il passe ses loisirs sur les chantiers de construction. Il bavarde avec les contremaîtres et les maçons, en attendant l'occasion de pouvoir leur donner un coup de main.

Il a une passion pour la nature dans ce qu'elle a de plus sauvage, pour les orages en particulier («Ce sont les feux d'artifice du Bon Dieu») et ne supporte pas la chasse ni de voir des animaux en cage.

En vacances, à onze ans, dans un beau domaine de campagne il se cache un soir près du chenil et libère la meute... qui fait un carnage au poulailler. Ce spectacle l'horrifie.

Si la poésie l'agace (« C'est du temps perdu »), Raoul est très sensible à la musique. Profondément croyant, il fait partie de la chorale de l'église, où il se rend régulièrement pour écouter des concerts. En grandissant, il va provoquer toutes les occasions de surmonter ses peurs et ses faiblesses. Constamment, il se met au défi. C'est parce qu'il en a peur qu'il s'oblige à monter dans un funiculaire qu'il a fabriqué avec des camarades, parce qu'il a peur de l'eau qu'il s'oblige à plonger et à nager. Grâce à quoi il deviendra un excellent nageur. Lui qui déteste les compétitions sportives, il éprouve constamment le besoin de se dépasser, une manière pour lui de se moquer de lui-même. Avec son grand-père Knut Agathon, qui a toujours traité son petit-fils en adulte, il discute des institutions de l'Etat. Ils s'amusent ensemble à faire des projets pleins de fantaisie, jamais tout à fait invraisemblables. Prenant une part prépondérante dans l'éducation de Raoul, c'est ce grand-père qui l'oblige à se débrouiller seul à l'étranger dès l'âge de treize ans. C'est ainsi que Raoul prend le train « comme un grand » pour le rejoindre à l'ambassade de Sofia, où il se trouve en poste en 1925. A Belgrade, il échappe à la surveillance discrète du contrôleur du train, sort de la gare, se promène en ville, est pris dans une bagarre, s'en tire indemne et rejoint le train en temps voulu.

Toujours seul, l'été suivant, Raoul prend pension à l'hôtel Cecil, à Londres, où il perfectionne son anglais. Il s'est également mis à l'étude de l'allemand et du russe où il excelle en sacrifiant allégrement le latin. L'ambassadeur Wallenberg accorde beaucoup d'importance à la connaissance des langues. Il veut offrir à son petit-fils une éducation établie sur une tolérance profonde. Il faut qu'il connaisse des pays, des modes de pensée, des façons de vivre différents. Il est d'avis que la formation du caractère et la connaissance de valeurs culturelles diverses sont le but final de toute formation. Raoul doit être un citoyen du monde.

A seize ans, il a déjà les traits de sa maturité : la raie sage bien tracée sur la gauche de sa chevelure devenue lisse, le front haut et dégagé, le regard un peu perdu, le nez bien droit, la bouche bien ourlée, le menton bien dessiné au profil volontaire... C'est cette année-là qu'il découvre son daltonisme : il ne voit pas la couleur rouge. Ses espoirs de devenir officier de marine, comme son père et son grand-père, en sont anéantis. Sitôt obtenu son bac, il devance, à dix-huit ans, le service militaire, pour pouvoir voler au plus tôt de ses propres ailes. Il est le plus jeune de son peloton, ce qui lui vaut les brimades d'un sous-officier qui en fait sa tête de Turc. Raoul se rebiffe. Les copains prennent fait et cause pour lui. Il y a de la bagarre. Certains sont punis de prison. Raoul organise une manifestation. Juché sur les épaules de ses camarades, il se rend jusqu'à la prison... Cela lui vaut auprès de ses supérieurs une réputation de « meneur communiste » dont il s'amuse beaucoup, lui, le petit-neveu des banquiers Wallenberg qui sont justement en train de racheter les grandes affaires du groupe Kreuger frappées de plein fouet par la crise de 1929 : la compagnie de téléphone Ericsson et les fameuses allumettes suédoides Stab. La banque Enskilda a toujours du liquide à prêter contre des petits paquets d'actions (de 3 à 20 pour cent) qui lui permettent de prendre le contrôle de sociétés au capital extraordinairement disséminé.

Après un trimestre d'essai à la faculté de droit de Poitiers, qui a l'avantage de parfaire son français, Raoul part pour les Etats-Unis, où son ambassadeur de grand-père l'a fait inscrire à dessein dans une université de second ordre, à Ann Arbor, dans le Michigan, au milieu du Middle West, afin qu'il se frotte à l'esprit pionnier loin du snobisme des élites. Mais il l'a laissé totalement libre du choix de ses études. Ce sera l'architecture. Et la découverte de l'*american way of life*, où s'enracine définitivement son culte de la liberté : en quatre ans, l'Amérique va devenir la patrie selon son cœur. Ses vacances, il les passe à faire de l'auto-stop et à travailler pour se faire de l'argent de poche. Il consacre l'été 1932 à visiter le fin fond de l'Arizona. En juin 1933, il trouve un engagement à l'exposition mondiale de Chicago. Le 27, il raconte avec humour cette expérience dans une lettre à sa mère qui séjourne alors en Allemagne, où Hitler vient d'arriver au pouvoir :

« La fille avec laquelle je suis sorti cet hiver m'a amené jusqu'à Ypzitanti, qui est situé sur le *Federal Highway* de Chicago. Là, j'ai été pris en stop par un camion. Je suis descendu à l'YMCA, un gigantesque ensemble de 2 600 chambres où j'ai logé au 19e étage et où j'ai bien dormi en dépit de la canicule (40 °C). Au pavillon suédois de l'Exposition travaillent également la fille du commandant de la Marine et une demoiselle Barbro G., qui est vraiment ravissante. Mais la mieux du personnel féminin est Mlle Virde de Smaland : c'est une vieille fille qui a appris aux Américains à filer la laine... Nous voyons quelquefois l'envoyé du roi, le brave comte Bernadotte, avec sa femme Estelle, qui est superbe. On m'a employé comme extra à toutes sortes de travaux : démonstrateur, laveur de vitres, vendeur de cristal, de porcelaine, de meubles, de livres, etc. La semaine dernière, j'ai gagné trois dollars par jour à distribuer des prospectus.

« Un jour, j'ai pris l'initiative d'aller demander à un responsable du gigantesque "Administration Building" l'installation d'un projecteur très puissant sur l'un des gratte-ciel pour éclairer la statue de Milles. Notre square baigne maintenant dans une lumière agréable... et qui ne nous coûte rien.

« Le moment venu de rentrer à Ann Arbor, j'étais lesté comme un athlète de deux lourdes valises et, pour la première fois, je me suis trouvé avec de l'argent sur moi au lieu de mes habituels travellers... »

Le premier automobiliste qui le prend en stop à la sortie de Chicago est un fou du volant : il emboutit une voiture arrêtée à un passage à niveau. Pas de bobos mais la dépanneuse le plante seul au milieu de la route. La nuit tombe. Un véhicule de l'Iowa monté par quatre individus s'arrête à sa hauteur. Raoul leur trouve un drôle d'air mais accepte leur invitation. Il ne commence à se méfier que lorsqu'ils font allusion au prix de la course.

« Ils ont alors tourné dans un chemin de traverse, si brusquement qu'ils ont failli renverser l'auto. Je m'attendais à tout, mais j'étais décidé à faire bonne figure pour ne pas aggraver la situation. Après avoir roulé pendant quelques miles à travers une forêt très sombre, ils se sont arrêtés. Après un bluff très théâtral et très maladroit pour vérifier soi-disant ce qu'il y avait dans le réservoir à essence, ils sont sortis de la voiture et m'ont dit d'en faire autant. L'un d'eux brandissait un gros revolver. Peut-être n'était-il pas chargé ? Je leur ai donné ce que j'avais dans ma poche et je leur ai dit que j'avais aussi de l'argent dans ma valise. Ils ont pris l'enveloppe qui contenait l'argent, les papiers et la clef de mon coffre à la banque. J'ai réussi à reprendre cette clef en prétendant qu'elle n'avait pour moi qu'une valeur sentimentale (sans leur dire que c'était la clef de mon coffre). C'était peut-être idiot de ma part. Toutefois, j'oubliai de leur dire que j'avais encore 18 dollars dans une autre poche. Quand ils ont eu mon argent, j'ai pensé que c'était à leur tour d'être gentils. Comme mes bagages étaient lourds, je leur ai demandé de me ramener jusqu'à la grand-route. Ils m'ont laissé m'asseoir près du conducteur, ont mis tous mes bagages sur moi pour m'empêcher de bouger. Ils étaient devenus un peu peureux, peut-être à cause de mon calme : je n'avais vraiment pas peur du tout, je trouvais la situation plutôt intéressante. Peut-être s'imaginaient-ils que je faisais des plans pour me jouer d'eux. Alors, soudain, ils m'ont jeté dans le fossé avec mes bagages par-dessus. Je me suis caché tout de suite derrière un buisson, de crainte qu'ils ne me tirent dessus en guise d'adieu. J'ai pu prendre ensuite un train d'intérêt secondaire qui m'a conduit à 200 miles de chez moi, où j'ai prévenu la police. Mais je n'ai pas renoncé à l'auto-stop pour autant. A l'avenir je prendrai moins d'argent sur moi et je serai plus rusé. Je crois que c'était de la mauvaise psychologie que d'offrir de l'argent de mon propre gré. Je devais avoir affaire à des amateurs, sinon ils ne m'auraient pas laissé l'argent que j'avais dans ma poche. Mille salutations de ton Raoul sain et sauf. »

L'été suivant, Raoul se fait dessinateur ambulant pour acheter une vieille Ford d'occasion avec un camarade américain et se rendre à Mexico, où habite la sœur de son père, Nita Soderlund. Mais il attrape une dysenterie en buvant l'eau d'un puits. Quand il arrive chez sa tante, une barbe d'une semaine lui ronge le visage et il divague, évoquant dans son délire des passages de la Bible... Rétabli, il se découvre une petite amie et file avec elle... à bord d'une draisine, faire une escapade dans un village aztèque [1]. Sur les photos de l'époque, il semble pourtant soigner son profil de jeune premier romantique. Mais au romanesque des passions il préfère le feu roulant des discussions ou celui de l'action. C'est un maelström.

Admis en 1934 dans la Fraternité des Architectes, il décroche, l'année suivante, son diplôme de bachelier ès sciences architecturales et revient au pays, emportant un bout d'Amérique à la semelle de ses souliers. Les cloisonnements étroits, les hypocrisies sociales, les structures fissurées de la vieille Europe conventionnelle lui sont devenus insupportables depuis qu'il a goûté à la liberté des grands espaces. C'est ailleurs qu'il ira s'ini-

1. « Quand Raoul voulait faire quelque chose, rien, jamais, ne l'arrêtait, affirme sa tante. Il trouvait toujours le moyen pratique de réaliser ce qu'il voulait. Ma fille de six ans l'adorait. Avec ses dons d'imitateur, il savait toujours l'amuser et la faire rire... »

tier au monde des affaires. En attendant, il passe un concours suédois d'architecte pour une piscine en plein air au centre de Stockholm, dans le cadre historique du Palais royal. Il travaille également à un projet de théâtre, qui ne verra jamais le jour, et achève le mausolée familial conçu par son père. Cette activité artistique ne le retient en Suède que quatre mois de l'année 1935.

Son grand-père, maintenant en poste en Turquie, nourrit pour lui d'autres ambitions. Pour lui mettre le pied à l'étrier, il le recommande à un banquier du Cap, en Afrique du Sud. Croisière de trois semaines, durant laquelle Raoul dessine les plans d'une caserne de pompiers pour une ville du Nord de la Suède.

Au Cap, l'apprentissage de la comptabilité bancaire le rebute. Il s'oriente vers l'import-export, la représentation de produits suédois, depuis les bois de construction jusqu'aux aspirateurs, et se révèle rapidement un excellent négociant, distançant peu à peu tous ses concurrents par l'habileté et l'originalité de son argumentation. Sa compagnie est de plus en plus recherchée, sa maison devient le lieu de rendez-vous de l'élite intellectuelle. Fumant peu, buvant peu, il est capable de discuter des nuits entières devant un seul verre de bière.

La causticité de ses reparties, son humour à contrepied, ses paradoxes, son charme à la fois hautain et chaleureux, ses manières directes polarisent les regards sur sa silhouette, en dépit d'une taille physique très moyenne. Capable de colères redoutables, voire de moments d'abattement profond quand les choses ne se passent pas comme il l'aurait souhaité, une réplique qui fait flèche, un détail qui transforme la situation suffisent à le faire rebondir : tout redevient possible. A la manière Wallenberg, la seule chose qu'il ne tolère pas, c'est l'idée d'un échec.

Au début de 1936, son grand-père, dont la santé commence à décliner, l'appelle auprès de lui à Nice où il se repose. Il veut le convaincre de s'intéresser aux activités financières, afin de lui passer le flambeau des grandes négociations commerciales. Il le recommande donc à un ami qui dirige une banque privée hollandaise à Haïfa, port pétrolier et industriel de la Palestine sous mandat britannique.

C'est là que Raoul va découvrir le problème juif : l'immigration des Juifs persécutés d'Europe, notamment des premiers Juifs allemands qui ont réussi à fuir la terreur nazie. Les descriptions qu'on lui fait de ce qui se passe en Allemagne l'horrifient. Lui qui ne supporte l'oppression sous aucune forme, lui qui ne tolère pas de s'incliner devant la force, est atteint au cœur. Il voit clairement la misère, les difficultés, mais aussi les luttes et les réalisations révolutionnaires du petit foyer sioniste en butte à la morgue hautaine, aux tracasseries de l'administration coloniale et à l'hostilité des communautés arabes travaillées par la propagande fasciste.

C'est ce premier contact avec l'horrible réalité de l'antisémitisme qui fera dériver le destin de Raoul Wallenberg. En attendant, il rentre en Suède six mois plus tard pour fêter ses vingt-quatre ans avec sa demi-sœur Nina et son demi-frère Guy, pour lesquels il se découvre un attachement très profond.

Chaque matin à 6 heures, il vient prendre Nina pour l'emmener faire une longue marche en forêt, lui parler de la vie en Amérique, de ses souvenirs de Palestine, de son écœurement de cette Europe où vont le conduire de plus en plus souvent ses succès dans l'import-export. Car il n'a pas son pareil pour se jouer des obstacles bureaucratiques, administratifs, obtenir des licences octroyées au compte-gouttes, des wagons dont la pénurie commence à se faire sentir, décrocher des contrats impossibles grâce aux contacts innombrables que lui vaut sa pratique des langues étrangères.

Un jour, il apprend l'arrestation en Allemagne de l'ingénieur en chef d'une firme de produits chimiques liée commercialement avec l'une des compagnies suédoises qu'il représente. Son crime : il est juif. Raoul saute sans hésiter dans un avion pour Berlin et intervient auprès des autorités nazies pour obtenir sa libération. Il apprend alors que le gouvernement suédois a déjà fait le nécessaire : l'ingénieur relâché vient d'arriver en Suède.

Au début de l'année 1941, alors que les troupes du Reich hitlérien occupent la Pologne, le Danemark, la Norvège, la Hollande, la Belgique, le Luxembourg, la France, la Yougoslavie, la Grèce et s'apprêtent à envahir la Russie, Raoul Wallenberg fait la connaissance à Stockholm d'un Juif hongrois, Kálmán Lauer, directeur d'une firme d'import-export de produits alimentaires financée par l'armateur suédois Sven Salen. L'essentiel du chiffre d'affaires de la société est réalisé par des contrats passés avec la Hongrie. La nouvelle législation antisémite instaurée par le gouvernement du régent Horthy interdit pratiquement aux correspondants de la firme à Budapest de continuer de travailler avec son directeur en raison de ses origines juives. Lauer vient trouver son commanditaire Sven Salen pour lui proposer d'abandonner toutes les actions qu'il possède dans l'entreprise, que l'éventuelle rupture des contrats passés avec la Hongrie menace purement et simplement d'étrangler. L'armateur suédois fait une contre-proposition pour sauver le commerce de Lauer : fonder une nouvelle société de statut suédois qui échappera à la décision de boycott, puisque la législation hongroise ne lui serait pas applicable. Ainsi va naître la *Société commerciale pour l'Europe centrale*, en suédois *Mellane-*

vropseika Handelsaktie Bolaget, plus communément appelée la *Mella*. Mais comme Kálmán Lauer ne peut plus circuler dans les pays d'Europe occupée, où se trouvent les principaux clients de sa firme rebaptisée, Sven Salen lui suggère d'engager un adjoint suédois qui, lui, pourra effectuer tous les déplacements nécessaires à l'entretien de ces relations commerciales. Il pense qu'un garçon comme Raoul, qui a eu l'occasion de prouver ses capacités dans ce domaine, fera l'affaire. Kálmán Lauer l'engage sur-le-champ. Le seul fait de porter le nom si prestigieux de Wallenberg suffirait à justifier son recrutement.

Les voyages qu'effectue Raoul en Suisse, en France et en Roumanie pour le compte de la *Mella* apportent des résultats si fructueux qu'au bout de huit mois, il est nommé directeur du département étranger de la firme. C'est à ce titre qu'en février 1942 il se rend pour la première fois en Hongrie afin d'organiser, avec l'aide de la Croix-Rouge, un échange de produits alimentaires d'Europe centrale contre des produits industriels suédois. La Hongrie s'est en effet rangée aux côtés des puissances de l'Axe pour entrer à son tour dans le conflit. La fausse naïveté et l'obstination du jeune directeur de la *Mella* se révèlent plus payantes qu'une sagesse trop neutre. Mais surtout, son intérêt pour la Hongrie croît simultanément en fonction directe de l'intérêt qu'il porte à son travail et de l'amitié intime qui le lie maintenant à un homme comme Kálmán Lauer.

Dans le même temps qu'il développe l'activité commerciale de la *Mella*, il s'engage dans la Garde nationale suédoise. Il s'agit d'une sorte de milice de citoyens bénévoles soumise à un entraînement paramilitaire pour assurer, à côté de l'armée régulière, la défense de la souveraineté suédoise en cas d'atteinte à sa neutralité. Nommé sergent instructeur, il revêt un uniforme et un bonnet de police pour se rendre tous les matins et tous les soirs à bicyclette dans les bois, où se poursuit cet entraînement en dehors des heures de travail, du moins lorsqu'il se trouve en Suède. Son peloton arrive toujours en tête de tous les exercices et il y met un point d'honneur.

A l'automne 1943, il retourne en Hongrie pour renouveler les contrats de la *Mella*. Il en profite pour prendre des nouvelles de la belle-famille de Lauer, restée au pays natal. Il ignore alors que ses propres grands-oncles, Markus et Jakob, sont mêlés à de vastes négociations, les unes officielles et commerciales, les autres secrètes et politiques. Markus est plus impliqué dans les premières, Jakob dans les secondes. Pour le compte de la Suède, Markus négocie avec la Finlande — alliée de l'Allemagne —, la Grande-Bretagne et les Etats-Unis. Jakob, un grand blond aux sourcils fournis et au profil d'homme d'Etat, a partie liée avec les milieux conservateurs allemands sourdement hostiles, depuis 1938, à la politique agressive d'Adolf Hitler qu'ils ont laissé porter au pouvoir. Ceux-ci comptent sur une révolution de palais pour renverser le Führer. A leur tête se trouve l'ancien bourgmestre de Leipzig, Karl Goerdeler, dont Jakob Wallenberg est devenu l'ami intime. Goerdeler circule librement entre l'Allemagne et la Suède, sous l'œil attentif de la Gestapo qui sait tout de la conspiration en gestation, mais laisse faire pour le moment. C'est ainsi que, via Jakob à Stockholm, l'ancien bourgmestre fait parvenir à Markus, établi à Londres pendant la guerre, des informations précieuses sur la situation à l'intérieur du Reich. C'est encore par le canal des deux banquiers suédois que, au moment où le conflit prend une tournure catastrophique, il cherche un contact avec le gouvernement Churchill pour connaître les conditions que les Alliés occidentaux seraient prêts à consentir à une Allemagne débarrassée de Hitler.

En novembre 1942, Jakob Wallenberg rencontre son ami Goerdeler au cours d'un voyage d'affaires à Berlin. Le Suédois lui conseille de mettre sur pied le coup d'Etat sans plus tarder, avant même d'attendre une réponse des Alliés. A la mi-mai 1943, c'est Goerdeler qui se rend cette fois à Stockholm pour remettre à Jakob un mémorandum destiné à Churchill. Mais les conspirateurs ne se décident toujours pas à passer à l'action.

Profitant de cette temporisation, le Reichsführer de la SS Heinrich Himmler, qui suit de près les préparatifs de la conspiration et s'intéresse à toutes les possibilités de contact à l'Ouest, fait sonder à son tour Jakob Wallenberg par l'intermédiaire du président de la Dresdner Bank, Karl Rasche, qui organise un rendez-vous à Berlin. Au cours de cette rencontre, on pose au banquier suédois la même question que Goerdeler a fait poser à Winston Churchill : « Quelle serait l'attitude des Occidentaux si Hitler venait à disparaître ? » Jakob s'inquiète : il a la conviction que Himmler est au courant de tout et, devant l'ambiguïté de la situation, il conseille vivement la méfiance à son ami Goerdeler, dont le manque de précautions et l'indiscrétion sont notoires.

A la même époque, le banquier de Stockholm est consulté par son gouvernement, qui tente une négociation dont l'enjeu est le sauvetage de 20 000 enfants juifs dont 5 000 se trouvent menacés en France. Les Etats-Unis et la Grande-Bretagne s'engagent à les accueillir sur leur territoire après la guerre et à faire parvenir à la Suède, en attendant, de quoi les abriter et les nourrir. Mais la négociation traîne en longueur, les difficultés venant tantôt du côté allemand, tantôt du côté allié, et elle finira par échouer. Toutes les démarches officielles à des fins humanitaires semblent dès l'origine vouées à pareil échec.

Au début de l'année 1944 a lieu un ultime contact entre Jakob et Goerdeler. La conspiration est en marche depuis l'adhésion d'un activiste, Stauffenberg, qui va préparer un attentat contre Hitler, signal d'un soulèvement mené malheureusement par des chefs sans troupes. Après la tentative avortée du 20 juillet, qui aboutit à l'arrestation de l'ancien bourgmestre de Leipzig et de tous les comploteurs, Himmler chargera le SS Gruppenführer Walter Schellenberg, chef du SD (le service de renseignement SS) d'inviter Jakob par le truchement de la légation de Suède à Berlin. Le prétexte : la libération des citoyens suédois qui se trouvent internés dans des camps allemands. Ne voulant pas avoir de services à rendre à l'homme de main de Hitler, qui ne cherche qu'à profiter des contacts de Goerdeler pour tenter de tirer son épingle du jeu, le banquier de Stockholm n'ira pas à ce rendez-vous.

Mais déjà son petit-neveu Raoul, convaincu par l'exemple danois — en 1943, la résistance avait réussi à faire passer 7 000 Juifs en Suède — qu'il est possible de soustraire ses proies au monstre nazi, a accepté de partir pour Budapest, en mission de la dernière chance.

2

Ecce homo

Instructeur des volontaires de la Heimwehr (Armée nationale), le sergent Raoul Wallenberg a été rappelé par l'armée pour une période militaire. Il vient de quitter Stockholm et prend part aux manœuvres de son régiment. Le jour s'attarde longuement en ces premières soirées de juin, car le cercle polaire n'est pas si loin.

Le matin du 13, son colonel reçoit un coup de téléphone de la capitale. Peut-il accorder une permission de 24 heures au sergent Wallenberg, qui doit se mettre en rapport immédiatement avec son patron de la *Mella*, le Dr Kálmán Lauer ? Affaire d'Etat. Permission accordée. Raoul est en fait invité à aller dîner au Grand Hôtel de Saltsjobaden, un petit port de plaisance au fond d'un fjord où le Tout-Stockholm se retrouve en cette saison proche du solstice d'été. De la salle à manger, on peut voir les mâts se balancer mollement au vent de la Baltique, en buvant l'akvavit national et en dégustant des hors-d'œuvre de poisson cru. On y commente les dernières nouvelles de la guerre qui fait rage dans le reste de l'Europe.

Il y a une semaine que l'armada anglo-américaine a débarqué sur la côte normande et donne l'assaut au Mur dit de l'Atlantique. Sur le front de l'Est, les Russes ont repris Sébastopol au sud et lancent une nouvelle offensive en Carélie contre la Finlande. De l'avis de la plupart des dîneurs, l'issue de la guerre ne semble plus faire de doute, mais ils sont encore quelques-uns à croire aux possibilités d'un sursaut victorieux du IIIe Reich.

Kálmán Lauer a donné rendez-vous à Raoul à 7 heures. C'est un homme rond, aux cheveux courts, aux sourcils épais, au nez fort et légèrement épaté. Il est inquiet du sort de sa famille et des parents de sa femme Marika, qui vient d'apprendre que leur vie est menacée par les mesures de déportation prises dernièrement en Hongrie. Un autre Juif hongrois partage son inquiétude : Henrik de Wahl, qui est arrivé à Stockholm le 19 mars — jour de l'entrée des Allemands à Budapest — pour épouser sa fiancée suédoise. De Wahl appartient à un milieu de financiers et d'industriels de renommée internationale et, par l'intermédiaire de l'armateur Sven Salen, qu'il connaît bien, il s'est mis en rapport avec Lauer dans l'espoir d'obtenir des nouvelles de leurs familles demeurées au pays. Au Grand Hôtel de Saltsjobaden, ce soir-là, c'est lui qui reçoit à sa table les deux associés de la *Mella*, Kálmán Lauer et Raoul Wallenberg. Un quatrième convive les y rejoint : le nouvel attaché de l'ambassade des Etats-Unis, Ivar C. Olsen. Ce diplomate affable au visage poupin et souriant est en réalité le représentant pour l'Europe de l'*Executive Office of the President for the War Refugee Board*, une organisation créée récemment à l'initiative du président Roosevelt, dont Olsen est en quelque sorte l'envoyé spécial pour tenter de secourir les Juifs promis à l'extermination.

Alors que la « solution finale », décidée par les chefs nazis en janvier 1942, est en marche depuis cette date fatidique, il faut attendre le printemps de l'année 1944 pour que les Alliés s'en émeuvent autrement qu'en paroles. Et la pression des Juifs américains alertés par une campagne lancée en Suisse, pour que le président américain, stimulé d'autre part par une lettre très dure de son ministre des Finances, Henry Morgenthau, charge le *War Refugee Board*, ainsi que l'*Office of Strategy Service* (l'OSS, centrale de renseignements officialisée après l'attaque surprise de Pearl Harbor par l'aviation japonaise en décembre 1941), de prendre toutes dispositions de nature à venir en aide à la seule communauté juive susceptible d'être encore sauvée en Europe : celle de Hongrie, dernier pays à avoir été envahi par les Allemands, le 19 mars 1944. Une telle entreprise n'est concevable que sous le couvert humanitaire d'un pays neutre. Le choix de Roosevelt s'est porté naturellement sur la Suède : d'une part en raison du rôle joué dans le passé par le royaume scandinave en matière de secourisme, d'autre part en raison de sa position de puissance protectrice pour les intérêts de sept autres Etats non représentés en Hongrie depuis l'entrée en guerre de ce pays aux côtés de l'Axe. La légation suédoise à Budapest avait dû au demeurant, pour toutes les obligations qu'entraînait cette mission diplomatique de protection, constituer une section spéciale, la section B, confiée au premier secrétaire Lars Berg.

Le secrétaire exécutif du *War Refugee Board*, James Pehle, a donc pris contact avec l'ambassadeur américain à Stockholm, Herschel Johnson, pour convenir avec lui d'une opération de camouflage en accréditant comme attaché financier un de ses administrateurs, Ivar Olsen. Ce dernier devait maintenant trouver un diplomate suédois de toute confiance, capable de mener à bien l'opération de sauvetage, quel qu'en fût le prix.

L'initiative américaine coïncidait avec trois autres démarches effectuées auprès du ministère suédois des Affaires étrangères en faveur des Juifs de Hongrie. La première émanait du grand rabbin de Stockholm, le professeur Markus Ehrenpreis. Informé par l'Agence juive de Jérusalem de la tournure des événements, il avait vainement sollicité le conseil des Eglises protestantes de Suède pour un appel aux chrétiens de Hongrie. Le 18 avril, il s'était tourné vers le représentant suédois du *World Jewish Congress* (organisation d'entraide juive), Norbert Masur, P-DG de la compagnie Baltiska.

« *Nous devons*, lui écrit-il, *trouver une personnalité adroite, non juive, jouissant d'une bonne réputation, qui accepterait d'aller en Hongrie. Elle devrait avoir la confiance des Affaires étrangères, recevoir un passeport diplomatique et bénéficier de l'entier concours de nos légations de Bucarest et de Budapest. Nous devrons mettre à sa disposition une somme de 500 000 couronnes par exemple. Sa mission consisterait à aider les Juifs à quitter la Hongrie, via la Roumanie, en direction de la Turquie. Elle devrait être facilitée par l'achat de visas et l'octroi de certificats d'admission en Palestine. Nous pourrions obtenir la majeure partie des fonds des Etats-Unis, et de même l'appui des Affaires étrangères pour la délivrance de passeports suédois provisoires, si cela se révélait indispensable, pour la traversée de la Bulgarie par exemple. A peine un millier de Juifs ont pu trouver refuge en Turquie au cours des trois derniers mois. Il reste à trouver l'homme qu'il faut...* »

Par l'intermédiaire du grand rabbin de Zurich, les Juifs de Suisse réclamaient au même moment au professeur Ehrenpreis l'envoi en Hongrie d'une personne de confiance qui pourrait leur rapporter des informations précises sur le sort de leurs coreligionnaires.

Enfin, de Budapest même, l'ambassadeur de Suède en Hongrie, le ministre Carl Ivan Danielsson, demandait la nomination au titre de délégué de la Croix-Rouge suédoise d'un lecteur de l'Université âgé de soixante-neuf ans, Waldemar Langlet, qui se dévouait déjà à titre personnel avec sa femme pour aider les Juifs dans le besoin. Il a aussitôt obtenu satisfaction : Langlet et lui reçoivent pleins pouvoirs pour organiser au moins la protection des persécutés ayant des relations familiales ou professionnelles avec la Suède. Ils pourront leur établir des passeports provisoires le temps nécessaire à leur « rapatriement ». La section B de la légation se trouvant rapidement débordée par les candidatures, Danielsson a demandé à son tour à Stockholm le renfort d'une personne compétente.

Sous ces multiples pressions, le ministère des Affaires étrangères envisage donc l'envoi d'un chargé de mission extraordinaire.

Situé au 7 Strandvagen à Stockholm, le grand building où se trouvent les bureaux de la *Mella*, animée par Kálmán Lauer et Raoul Wallenberg, et ceux de l'armateur Sven Salen, abrite également le siège de la légation des Etats-Unis. C'est à l'intérieur de cet immeuble que vont aboutir et se nouer les fils qui tisseront bientôt le destin de Raoul et le devenir de dizaines de milliers de Juifs hongrois.

Au retour de son dernier voyage d'affaires à Budapest en novembre 1943, le jeune directeur du département étranger de la *Mella* a rapporté à son patron et associé Lauer une anecdote amusante : il était en conversation commerciale avec un colonel hongrois quand entre dans la pièce un homme d'affaires juif. Ce dernier aperçoit l'officier, s'excuse et s'apprête humblement à faire demi-tour. Raoul se lève, avance une chaise, le prie de s'asseoir et se lance dans de grandes considérations d'ordre esthétique que, visiblement, le colonel n'arrive pas à suivre. Le Juif, en revanche, témoigne d'une solide culture. Au bout de quelques minutes, le Suédois ne s'adresse pratiquement plus qu'à lui, oubliant le colonel frappé de mutisme. C'est le type de situation que Raoul Wallenberg se plaît à provoquer.

Mais la position des Juifs de Hongrie a tourné depuis à la catastrophe. A travers les confidences de Kálmán et de Marika Lauer, Raoul en suit presque jour par jour la dramatique évolution. Il voudrait pouvoir faire quelque chose pour la famille de ses amis. Comment se rendre utile à leur cause ? Il ne recherche ni le danger en soi ni l'aventure, mais il est fidèle à la tradition Wallenberg et son propre sentiment le pousse à porter secours à tout innocent en péril. Comme ses affaires l'ont déjà conduit à deux reprises à Budapest et qu'il possède des rudiments de hongrois, améliorés au contact de ses amis Lauer, il souhaite mettre sa bonne volonté en pratique.

« Il faut que j'aille là-bas essayer de sauver vos parents », leur a-t-il dit. Mais les relations commerciales avec la Hongrie ne sont plus ce qu'elles étaient. Il ne reste à Raoul que deux possibilités : tenter d'obtenir un visa allemand de transit avec l'aide de sa sœur Nina, qui a suivi en décembre son diplomate de mari, affecté à la légation de Berlin. Ou se procurer un passeport diplomatique.

Au début de mai, Lauer reçoit un coup de téléphone du rabbin Ehrenpreis :

« Vous qui êtes le premier concerné, connaîtriez-vous quelqu'un susceptible d'accomplir en Hongrie une mission d'information et — si possible — de sauvetage de nos coreligionnaires ?

— J'ai, près de moi, quelqu'un de toute confiance qui ne demanderait pas mieux : Raoul Wallenberg. »

Rendez-vous est pris chez le grand rabbin de Stockholm.

Avec son air grave, son œil sévère, sa moustache en croc, sa barbe broussailleuse, on dirait Moïse en personne regardant, visage pensif appuyé contre l'index gauche, les tables de la Loi. De quoi intimider tout autre que Raoul. Celui-ci n'exprime qu'une préoccupation : où et comment trouver assez d'argent pour envisager une action de quelque envergure car, à supposer qu'il puisse se rendre en Hongrie, il faudra sûrement acheter des gens et monnayer la sortie des otages ?

Le vieux rabbin est perplexe. Ce jeune homme lui paraît justement bien jeune pour affronter une si lourde tâche. Et trop impulsif. Il préférerait une personnalité plus expérimentée et plus pondérée, seule capable à ses yeux de faire le poids.

Un mois plus tard, la situation des Juifs de Hongrie a encore empiré, apprend-on à Stockholm. En sortant de son bureau qui voisine avec ceux de la *Mella*, l'armateur Sven Salen rencontre sur le palier le nouvel attaché de la légation américaine, Ivar Olsen. Visage carré et massif d'une blondeur toute nordique, Salen est vice-président du cercle suédo-américain. C'est aussi un ami personnel de l'ambassadeur des Etats-Unis, Herschel Johnson. Survient Kálmán Lauer. Olsen semble très intéressé d'apprendre qu'il est juif et hongrois. Il le bombarde littéralement de questions au sujet de ce qui se passe dans son pays d'origine. La conversation se prolonge.

« Voyez-vous parmi vos relations suédoises, demande Olsen à Salen et à Lauer, un homme de confiance qui accepterait de partir là-bas au nom et avec les fonds du *War Refugee Board*, pour sauver les Juifs qui peuvent encore l'être ? »

Ses interlocuteurs n'ont pas besoin de se concerter pour exprimer la même pensée. Les efforts déployés par leur ami Raoul pour obtenir un visa ne sont pas non plus passés inaperçus, non seulement des fonctionnaires et des diplomates auxquels il s'est adressé, mais aussi d'autres gens influents mais inconnus de Wallenberg lui-même.

« Il n'y en a pas deux comme lui pour juger des capacités et des faiblesses d'un individu en un clin d'œil et en obtenir ce qu'il veut, répète Lauer. En matière de psychologie appliquée, j'ai trouvé vraiment mon maître. Voilà votre homme ! »

C'est le lendemain de la conversation Olsen-Salen-Lauer que le sergent Wallenberg reçoit de son colonel une permission de 24 heures pour aller dîner au Grand Hôtel de Saltjobaden. En passant par chez lui, il apprend que sa demande de visa de transit par l'Allemagne a été refusée. Il dit à ses hôtes sa déception. Faut-il essayer de faire intervenir un ami allemand de Lauer, qui pourrait se porter garant de l'utilité commerciale d'un nouveau voyage de Wallenberg à Budapest auprès des autorités du Reich ? Au cours du dîner, l'idée en est discutée, puis abandonnée.

Quand les quatre convives se séparent à 5 heures du matin, un plan d'action a été mis sur pied :

1. Raoul est l'homme qui convient à condition qu'il puisse jouir de l'immunité diplomatique. Il devra donc faire partie du corps diplomatique et être envoyé en Hongrie comme attaché de légation chargé des problèmes humanitaires.

2. Il devra bénéficier du plein appui du Département d'Etat américain et de fonds occultes mis à la disposition du *War Refugee Board* par l'OSS pour une mission d'une durée prévisible de deux à trois mois.

Le jour même, Lauer informe Salen des résultats de cette veillée, tandis qu'Olsen en rend compte à son ambassadeur. S.E. Herschel Johnson décroche son téléphone et demande à l'armateur suédois de lui faire rencontrer « ce jeune homme qui tient absolument à se fourrer de son plein gré dans la gueule du loup pour venir en aide à des gens qu'il ne connaît pas ».

Quelques jours plus tard, une nouvelle permission de

24 heures est accordée au sergent Raoul Wallenberg. Pour un dîner cette fois avec l'ambassadeur en personne et Sven Salen. Le charme de Raoul, son enthousiasme surtout font merveille. A la fin du repas, le permissionnaire ne tient plus en place : on lui offre sur un plateau la possibilité de sauver la famille de ses amis Kálmán et Marika, et beaucoup d'autres peut-être, non plus en homme d'affaires privé mais en diplomate au service de l'Etat — comme naguère son grand-père —, officieusement chargé de mission par le président des Etats-Unis, sa patrie selon son cœur... Il croit rêver.

A 4 heures du matin, l'armateur se retire, laissant Raoul devant un dernier verre seul à seul avec ce grand gaillard sympathique aux lèvres minces et à la houppette ondulée qui représente officiellement les Etats-Unis en Suède. L'ambassadeur est impressionné par l'idéalisme, le sens de l'efficacité et le goût de la réussite de son jeune interlocuteur : toutes les vertus qu'on attend d'un véritable Américain.

Le lendemain, Herschel Johnson fait confirmer le choix d'Olsen par le cabinet de Roosevelt à la Maison-Blanche. Les choses ne traînent pas. Vingt-quatre heures plus tard, il se rend au ministère suédois des Affaires étrangères.

« Je viens remercier votre gouvernement des efforts qu'il déploie en faveur des Juifs de Hongrie. A ce propos, je viens d'apprendre votre intention d'envoyer un représentant spécial à Budapest et votre décision de désigner pour cette mission M. Raoul Wallenberg. Je ne saurais trop vous dire combien j'approuve ce choix. L'objet de ma visite d'aujourd'hui est uniquement de vous en féliciter. »

Le chef du personnel auquel ce discours s'adresse en reste pantois : il n'a jamais encore entendu prononcer le nom de Wallenberg en liaison avec la question des

Juifs hongrois qui agite effectivement le ministère depuis le début du printemps. Il sourit avant de répondre avec à-propos à son visiteur :

« Oui, c'est une décision qui est en effet en voie d'exécution. »

Il vient d'administrer la preuve qu'il est un bon diplomate. Ce dont l'ambassadeur américain n'a évidemment jamais douté.

Le sergent Raoul Wallenberg reçoit cette fois l'ordre de quitter son uniforme de sergent de la Garde nationale et de se présenter au ministère des Affaires étrangères. Il rentre à Stockholm gonflé à bloc.

Il ignore tout pourtant de la bureaucratie diplomatique. La discussion engagée avec le ministère va durer plusieurs jours. Redoutant que le titre et la fonction d'attaché de légation ne le freinent dans la réalisation de son projet, Raoul exige de pouvoir conserver une indépendance, une liberté d'action et une marge de manœuvre qui bousculent les us et coutumes, les traditions et les habitudes de la Carrière. Il ne veut surtout pas courir le risque d'un différend quelconque avec le chef de poste Carl Ivan Danielsson que le ministère serait appelé à trancher. Le ministre-ambassadeur de Suède à Budapest a d'ailleurs aussitôt donné son accord à l'arrivée en renfort d'un chargé de missions exceptionnelles. Afin de préciser les choses, Wallenberg rédige un *pro memoria :*

a. Avoir les mains totalement libres pour l'action de sauvetage, y compris la distribution de généreux dessous de table ;

b. Avoir la possibilité de rentrer en Suède au cas où serait nécessaire la présentation d'un rapport personnel, sans attendre l'autorisation du ministère ;

c. Au cas où les fonds américains se révéleraient insuffisants, pouvoir les compléter par un appel public à travers la presse suédoise ;

d. Pouvoir prendre contact avec des hommes de confiance touchant de près au gouvernement hongrois ou aux autorités d'occupation allemandes dont les services américains et britanniques ont dressé la liste, sans avoir à en référer au ministère ;

e. Etre autorisé à se servir des recommandations de Vilmos Böhm, ancien ministre hongrois réfugié en Suède, et de l'ambassadeur de Grande-Bretagne pour rencontrer le Premier ministre hongrois, le général Sztójay, et tenter d'infléchir sa politique antisémite ;

f. Disposer d'un courrier spécial pour l'envoi de ses rapports ;

g. En cas de nécessité, être autorisé à donner asile dans les locaux de la légation et délivrer tout document de nature à permettre l'exercice de son activité de sauvetage ;

h. Pouvoir demander officiellement audience à l'amiral Horthy, régent de Hongrie, et solliciter une intervention personnelle de sa part.

Il insiste aussi pour que les Affaires étrangères mettent à sa disposition des fonds de secours en propre, et lui assurent un défraiement mensuel de 2 000 couronnes.

Il finit par obtenir gain de cause sur toute la ligne. Lors d'une séance du conseil extraordinaire du gouvernement réuni à cette fin, le Premier ministre suédois, Per Albin Hansen, fait décréter la nomination de Raoul Wallenberg comme secrétaire de la légation royale à Budapest. Le roi Gustav V y appose sa signature et son sceau.

Raoul s'enferme alors 48 heures dans sa chambre pour se consacrer entièrement à la lecture de tous les rapports reçus par le ministère sur l'évolution de la situation en Hongrie.

« Maintenant, il faut que je parte, vient-il ensuite dire à Kálmán Lauer. Ma présence à Stockholm coûte chaque jour de nouvelles pertes à votre peuple. »

Il a encore rendez-vous avec l'ancien ministre en exil Vilmos Böhm, un petit homme chenu et distingué à la moustache blanche peu fournie, qui lui confie, dans le plus grand secret, la liste nominative des anciens dirigeants syndicaux avec la manière de les joindre, les adresses légales ou clandestines d'aristocrates catholiques antinazis et les noms des membres les plus modérés du nouveau gouvernement imposé à Horthy par ses alliés allemands. Parmi eux, certains ont réussi, en camouflant leurs opinions, à occuper des places élevées au ministère des Affaires étrangères.

A l'issue de cette rencontre, Raoul constate : « Peu de gens m'ont brossé un tableau aussi précis de la situation. Maintenant j'ai une vision lucide et globale des problèmes que je vais avoir à affronter. » Il se procure enfin une liste de ressortissants suédois de Budapest dont il lui faudra en revanche se méfier.

Le 30 juin, Raoul Wallenberg démissionne de ses fonctions de directeur du département étranger de la *Mella*. Ce jour-là, à l'instigation du grand rabbin Ehrenpreis, venu remettre en personne au ministère des Affaires étrangères deux télégrammes barrés des mots « Urgent, retard dangereux », le roi de Suède Gustav V adresse à l'ambassadeur Danielsson un message à remettre au régent Horthy, qui doit le recevoir en audience le lendemain 1er juillet 1944 :

Apprenant les nouvelles mesures extrêmement dures de Votre Gouvernement à l'égard de la population juive de Hongrie, je me permets d'intervenir personnellement auprès de Votre Altesse sérénissime pour la prier de prendre des mesures de sauvegarde en faveur des membres encore épargnés de cette population. Cet appel à Votre générosité de cœur m'est dicté par de vieux sentiments d'amitié pour Votre pays et par mon souci sincère de sa bonne réputation dans la communauté des Nations.

Nicolas Horthy, régent du royaume de Hongrie, accuse aussitôt le coup en ces termes :

J'ai reçu l'appel que Votre Majesté m'a adressé dans le plus grand esprit de compréhension. Je prie Votre Majesté d'être convaincue que je fais tout ce qui est en mon pouvoir, dans les conditions actuelles, pour faire respecter les principes d'équité et d'humanité. Très sensible aux sentiments d'amitié que Votre Majesté éprouve pour mon pays, je la prie de les conserver aussi pour le peuple hongrois dans les terribles épreuves que nous traversons.

En prenant connaissance de cet échange de messages, Raoul Wallenberg ronge son frein. Il est assailli au ministère de coups de téléphone et de demandes de rendez-vous. Toute la colonie hongroise de Stockholm veut le voir pour lui confier des lettres, de l'argent, des colis destinés aux familles laissées en Hongrie. Il accepte tout. Il emportera tout. Une ultime mise au point est encore nécessaire avec Henrik de Wahl sur la question du financement des fonds de secours. Certes les disponibilités du *War Refugee Board* sont considérables. Mais, compte tenu de la déflation monétaire en Hongrie, il est de l'intérêt des Juifs fortunés de fournir sur place des capitaux qui sont exposés aux mesures de confiscation. L'organisation d'entraide juive américaine cherche de son côté à économiser les fonds destinés à l'entretien des réfugiés d'Europe après leur sauvetage. Les intérêts que la famille de Wahl détient encore, tant en Hongrie qu'à l'étranger, permettront d'établir un système de vases communicants.

Raoul fait encore quelques brèves apparitions dans les bureaux de la *Mella*, avec tantôt un anorak neuf, tantôt un sac de montagne, tantôt... un revolver.

« L'armurier chez lequel je suis entré, raconte-t-il à ses amis, m'a offert le choix entre deux revolvers : un ultramoderne, avec tous les perfectionnements, et un vieux modèle à l'usage exclusif des spécialistes, paraît-il. Bien entendu, j'ai pris le vieux. »

Il valait 80 couronnes de moins. Or un sou est un sou. (Raoul n'a jamais omis d'inscrire dans ses comptes le lait et le croissant qu'il faisait livrer chaque jour à une malade de son immeuble quand il n'était pas là pour les lui apporter lui-même.) Et puis ce n'est sûrement pas à coups de revolver qu'il pourra accomplir sa mission.

Lui qui n'évoque jamais l'influence exercée par sa famille dans la société suédoise, il s'exalte tant pour la nouvelle fonction à laquelle il s'identifie — comme il l'a toujours fait pour les précédentes — qu'il confie la veille de son départ : « Quand un Wallenberg part pour l'étranger au service de l'Etat, son nom seul l'oblige à faire tout son devoir et à aller jusqu'au bout de sa mission. »

Sa dernière visite est pour le grand rabbin Ehrenpreis, qui le reçoit à l'hôtel thermal de Saltjobaden en compagnie du représentant du Congrès juif mondial, Norbert Masur, et de Kálmán Lauer.

« A présent, lui dit le vieux sage, je suis tout à fait convaincu que vous êtes l'homme qu'il faut et persuadé du succès de votre mission. »

Il remet à Raoul une lettre de recommandation pour le Dr Samuel Stern que les Allemands ont nommé dérisoirement à la présidence du Conseil juif de Budapest. Le rabbin se lève et tend alors sa main vers le front déjà dégarni de Raoul : « Puisque vous acceptez d'être le messager de la diaspora, que vous vous êtes donné pour mission de sauver des vies juives, permettez-moi de vous donner ma bénédiction. Selon l'enseignement de notre Talmud, les voyageurs qui se mettent au service de l'humanité ont droit à la protection particulière de Dieu. »

Le 5 juillet au soir, Raoul offre un grand dîner d'adieux à ses amis. Il parle d'abondance et ne se tait que pour écouter la retransmission d'un avertissement donné sur les ondes de la BBC à la Hongrie par le ministre britannique des Affaires étrangères, Antony Eden, à propos de l'entreprise de liquidation des Juifs à laquelle collabore le gouvernement du régent Horthy. Faisant allusion au télégramme du roi de Suède, le bras droit de Churchill ajoute que son pays fera tout son possible pour venir en aide aux victimes. Wallenberg commente : « Moi, je sais comment il faut s'y prendre. Le seul moyen de sauver le plus grand nombre possible de vies humaines, de les soustraire aux griffes des assassins, est d'agir sans lésiner sur une grande échelle avec un esprit de décision. »

De bonne heure, le lendemain matin, Kálmán Lauer passe le chercher en voiture pour le conduire à l'aéroport de Bromma. Raoul a retenu une place dans l'avion de Berlin, car il compte passer embrasser sa sœur Nina et son mari avant de gagner Budapest par le train.

En le voyant, Lauer a un choc : chaussé de gros brodequins, Wallenberg a enfilé son anorak, coiffé un affreux chapeau Eden, endossé un sac de montagne, passé un vieil imperméable à son bras gauche, tenant un autre havresac bourré au bout de sa main droite. Etonnante allure pour un diplomate ! Il emporte sur lui les lettres, les adresses, les listes de noms qu'on lui a communiquées et qu'il a soigneusement codées, ne pouvant les retenir par cœur.

Sur le chemin de l'aéroport, Raoul décide que, s'il ne peut agir comme prévu selon les points de son *pro memoria* accepté par les Affaires étrangères, il enverra à Kálmán un message chiffré pour que Sven Salen demande son rappel au ministère.

Ils sont arrivés à Bromma. Wallenberg sort son

fameux passeport diplomatique qui doit lui permettre de relever le défi de l'Histoire. Signalement : 1,70 mètre ; cheveux : bruns ; yeux : bruns ; âge : trente et un ans.

Au moment de franchir la porte d'embarquement, il lance à Lauer : « Je pars au titre de délégué humanitaire, sans trop savoir quelles tâches m'attendent chez vous, là-bas. Mais je suis résolu à tout faire pour réussir, dans la tradition Wallenberg. »

Leurs regards se croisent une dernière fois. Raoul se retourne au pied de l'avion, puis escalade l'échelle de coupée.

3

Le meunier d'Auschwitz à Budapest

A l'heure où roule le train de Berlin qui transporte le voyageur Raoul Wallenberg à Budapest, le grand aiguilleur des convois de la mort, Adolf Eichmann, a déjà réglé le départ vers les « moulins d'Auschwitz » et leurs annexes de 437 000 des 787 000 Juifs de Hongrie recensés par la loi de 1941. Déportés en moins de dix semaines. Un record. Ce méticuleux tâcheron du génocide, au visage insignifiant de vieille demoiselle qui, à trente-huit ans, porte avec affectation l'uniforme noir de la SS et le grade de lieutenant-colonel sans avoir jamais guerroyé, a dû mettre les bouchées doubles pour rattraper le temps perdu.

Deux ans après la conférence secrète de Wannsee où les dirigeants nazis ont décidé de débarrasser l'Europe de ses quelque onze millions de Juifs dénombrés par leurs services, le chef du Bureau IV B 4, chargé de la solution finale à l'Office central de sécurité du Reich (RSHA), trépignait devant la tache blanche qui subsistait au centre de la carte murale figurant, pays par pays, les résultats du travail de ses *Einsatzkommandos* : la Hongrie. Grâce aux annexions territoriales qu'elle devait à l'Allemagne, ce pays avait vu presque doubler sa population juive entre octobre 1938 (dépeçage de la Tchécoslovaquie) et mai 1941 (écrasement de la Yougoslavie).

Il était intolérable que la dernière communauté juive à demeurer pratiquement intacte à la fin de l'hiver 1944 échappe au destin fixé secrètement à Wannsee en janvier 1942, sous prétexte d'avoir à ménager la souveraineté d'un Etat allié au Grand Reich et la susceptibilité chatouilleuse de son régent.

Certes, la Hongrie n'était plus le paradis qu'elle avait été pour les Juifs de l'époque impériale. Animés d'une forme de patriotisme très particulière, ils avaient participé résolument dès le XIXe siècle à la renaissance magyare, envers et contre le gouvernement central de Vienne, et, par la suite, sous la double monarchie austro-hongroise, s'étaient considérés comme hongrois avant tout. Ce n'est pas dans sa Budapest natale que l'homme de lettres Theodor Herzl, Juif assimilé s'il en fut, aurait pu concevoir la doctrine sioniste qu'il formula dans la France du procès Dreyfus. Jusqu'en 1918, les Juifs jouaient un rôle de premier plan dans la société magyare, et nombre d'entre eux faisaient même partie de l'aristocratie. Ils ne représentaient au total que 6 pour cent de la population, mais la moitié des étudiants dans les universités et les grandes écoles.

Après le démembrement de l'empire, consécutif à la défaite, et la liquidation de l'éphémère révolution communiste conduite par le Juif Béla Kun, ils devinrent les boucs émissaires favoris du régime de terreur blanche instauré, dans un bain de sang, par l'ancien aide de camp de l'empereur François-Joseph, l'amiral Nicolas Horthy, qui détourna le sentiment d'humiliation et de frustration de l'armée et le mécontentement populaire en organisant la chasse au « judéobolchevisme », considéré comme responsable des malheurs de la patrie. Et en promulguant, dès son arrivée au pouvoir en 1920, la première législation antisémite de l'histoire contemporaine : un *numerus clausus* fermait désormais pratiquement aux Juifs l'accès à l'enseignement supérieur, ce qui n'eut d'abord de conséquences que pour les Juifs pauvres, les autres ayant les moyens de poursuivre leurs études à l'étranger — notamment en Allemagne !

Par la suite, le régime Horthy s'était orienté vers un compromis entre la droite conservatrice et l'extrême droite antisémite, mais la crise économique de 1929, puis le triomphe de l'hitlérisme en Allemagne, après celui du fascisme en Italie, devaient favoriser ce dernier courant. En mai 1938, une nouvelle loi établit un quota qui restreint l'exercice de certaines professions par les Juifs : 6,2 pour cent pour les avocats, 6 pour cent pour les ingénieurs et les médecins. Après la récupération d'une partie de la Slovaquie, peuplée de Juifs, la loi est encore renforcée. Mais son application se heurte à un problème pratique quasi insoluble : en Hongrie, la classe moyenne juive n'est pas une simple composante de la bourgeoisie, elle est pour ainsi dire la bourgeoisie même : 18 000 des 30 000 commerces de Budapest sont tenus par des Juifs. Sur les 110 000 entreprises hongroises, fonctionnant au moment où Horthy doit s'acquitter de sa dette de reconnaissance envers Hitler en déclarant la guerre à l'URSS, le 23 juin 1941, et aux Etats-Unis, le 11 décembre, 40 000 sont classées « juives » d'après la nouvelle législation qui a remplacé le critère religieux par le critère racial. La loi du 6 juillet 1941, qui proscrit entre autres tout mariage entre juifs et chrétiens, englobe les 65 000 Juifs convertis et les demi-Juifs. Se débarrasser de cette couche de la population reviendrait donc à priver la Hongrie de deux médecins sur trois et paralyserait les exportations : les entreprises qui rapportent le plus de devises sont entre des mains juives. Ainsi la plus grosse firme d'armement, le groupe Weiss-Chorin, dont les livraisons sont d'ailleurs indispensables à la Wehrmacht, appartient-elle encore à une famille juive.

Voilà pourquoi, à la fin de cet hiver 1944, qui paraît devoir être le dernier de la guerre, les Juifs de Hongrie sont les seuls de l'Europe nazifiée à ne pas porter l'étoile jaune. L'Eglise hongroise, forte de 10 millions de catholiques — calvinistes et luthériens ne représentant que 3,5 millions de croyants —, continue cependant d'encourager les conversions et de revendiquer comme siens les 65 000 convertis d'origine juive. Curieusement, au cours de ces années noires, ce chiffre augmente peu. Inconscient du danger qui le guette, le judaïsme hongrois conserve sa vitalité spirituelle et matérielle... et l'illusion de son immunité.

Même quand une partie de la population juive, soumise au travail obligatoire, est envoyée sans ménagement creuser des tranchées sur le front de l'Est, derrière les lignes hongroises et allemandes, l'autre partie continue de mener une vie normale. Depuis que l'antisémite László Bárdossy, responsable des mesures de 1941, a été remplacé à la tête du gouvernement par le hobereau modéré Miklós Kállay, le 7 mars 1942 — à la suite d'un nouveau mouvement de balancier du régent Horthy —, les mauvais jours semblent passés pour les Juifs. Les mauvais jours, c'était le massacre, par les *Einsatzgruppen* à tête de mort, de 12 000 Juifs d'origine galicienne reconduits par l'armée hongroise vers leur pays d'origine et exterminés en quatre jours de l'autre côté de la frontière entre le 25 et le 29 août 1941. Un accident de l'Histoire, un souvenir que l'on s'efforce d'effacer, comme celui des 63 000 «prestataires» juifs qui auront trouvé la mort, dans leurs bataillons de travail obligatoire, de décembre 1941 à mars 1944... La majorité des sages de la communauté s'imagine que celle-ci pourra traverser sans plus de casse la dernière étape de la guerre en payant le droit à la survie. Il faut être un jeune pionnier ou un ardent sioniste — alors une poignée de résistants — pour vouloir se préparer à une épreuve sans précédent ! Après tout, Kállay l'anglophile n'a-t-il pas intérêt, tout en les persécutant, à protéger les Juifs pour se faire pardonner par les Alliés la participation hongroise au front de l'Est ? Les *Nyilas*, ces voyous en chemise verte qui portent le brassard et la casquette des Croix Fléchées s'amusent de temps à autre à brûler la barbe d'un Juif dans la rue, mais ce sont là jeux de voyous. La loi est dure, mais n'empêche pas les Juifs de vivre. Au pire, la communauté paiera rançon pour remplir le trésor hongrois vidé par la guerre. Si les Anglo-Américains ouvrent un second front dans les Balkans, ils peuvent être à Budapest avant les Russes. C'est ce que tout le monde souhaite au fond dans cette communauté où la peur des Russes est ancestrale...

Si Kállay tient bon, si la forteresse européenne est attaquée au bon endroit, si elle l'est à temps... Le pari des Juifs hongrois repose sur des « si ». Eichmann, qui ronge son frein devant sa carte, va se charger de les détromper. Il en fait son affaire personnelle. Sachant que la patience de son Führer a des limites, même devant ses alliés, il guette l'occasion de fondre sur la proie qu'il convoite. Cette occasion a failli se présenter voilà près d'un an, quand Hitler a conféré avec Horthy en avril 1943 au château de Klessheim. Cette ancienne résidence impériale, située en Autriche, à une heure de route de Berchtesgaden où le Führer a juché son nid d'aigle, sert de lieu de rencontre aux chefs des pays satellites. Hitler a brandi sous le nez de l'amiral un dossier préparé par le Bureau IV B 4. « Où en êtes-vous avec vos Juifs ? » Il a fait de cette question la pierre de touche de la loyauté hongroise à l'égard du Grand Reich. Le régent s'en était tiré en invoquant la tradition antisémite de son régime, antérieure à celle de son grand voisin. Mais il avait dû rengainer le couplet qu'il avait préparé sur les possibilités d'ouverture à l'Ouest...

Depuis, l'Armée rouge est passée à l'offensive et le front se rapproche dangereusement des Carpates. Hitler sent faiblir ses alliés. Un nouveau tête-à-tête avec Horthy s'impose. Le 15 mars, le régent de Hongrie reçoit de l'ambassadeur d'Allemagne, sur le point de quitter son poste, une invitation pressante du Führer pour le surlendemain au château de Klessheim.

Le 17 mars tombe un vendredi. « Selon une vieille croyance de la Marine, note Horthy dans ses *Mémoires*, il ne faut jamais appareiller un vendredi. Tant que j'ai eu à commander un bateau, je n'ai jamais quitté un port un vendredi. J'attendais la cloche de minuit. Cette fois, d'être infidèle à la coutume, j'ai un obscur pressentiment. »

Ce septuagénaire de belle prestance — il a soixante-seize ans — hésite un instant à prendre sur lui un revolver, pour le cas où... Mais non. Hitler vient l'attendre en personne sur le quai de la gare quand arrive le train spécial mis à la disposition de son hôte par la Reichsbahn. En grand uniforme, le régent domine de toute sa taille le dictateur, qu'il trouve voûté, vieilli, gauche, emprunté. Dès qu'on entre dans le vif du sujet, Hitler cherche un prétexte pour piquer une de ces colères qu'il utilise depuis des années pour intimider ses interlocuteurs. Prenant l'exemple de l'Italie, passée brutalement d'un camp à l'autre dès le débarquement anglo-américain, il hurle qu'il ne tolérera aucune défection de ce genre. Horthy tente de le calmer en lui donnant sa parole de Magyar... Peine perdue !

« J'ai la preuve de tractations entreprises par votre Premier ministre Kállay, dont vous avez refusé jusqu'ici de vous débarrasser. Je dois prendre des dispositions en conséquence. »

Le régent se sent tout à coup piégé. Il veut partir. On le retient par tous les moyens au château, où le Führer lui fait servir des pâtisseries viennoises, en souvenir de l'archiduc Louis-Victor qui en avait fait sa résidence d'été. Des sirènes mugissent. Un brouillard artificiel enveloppe le château. Impossible d'appeler Budapest : le téléphone est coupé. Un bombardement, sans doute. On est cloué sur place. A la table d'hôte, Hitler picore nerveusement ses légumes de végétarien. Le déjeuner se déroule dans un silence glacial. Il s'agit de gagner du temps, tandis que le maréchal Keitel passe des ordres pour l'exécution du « plan Margarethe » : l'invasion de la Hongrie par onze divisions SS. Horthy doit-il abdiquer ? Non. Hitler lui demande simplement de cautionner l'opération, contre sa parole qu'il retirera ses troupes d'occupation dès la formation d'un nouveau gouvernement hongrois digne de sa confiance. L'amiral se résigne, pour « ne pas abandonner son peuple ».

Le 18 mars, à 8 heures du soir, les deux chefs d'Etat se quittent à la gare de Klessheim. Ils n'auront plus l'occasion de se revoir. Le train spécial qui ramène le régent est retardé longuement à Salzbourg et à Linz : il faut que l'invasion surprise soit achevée avant son retour à Budapest. Dans son wagon, le 19 mars au matin, Horthy reçoit la visite de l'ambassadeur allemand von Jagow venu faire ses adieux et lui présenter son successeur : le ministre plénipotentiaire Edmund Veesenmayer, formé à l'école de la SS et véritable proconsul chargé de la formation du nouveau gouvernement hongrois. A la place de Kállay, qui aura juste eu le temps de s'enfuir par un souterrain et de gagner l'ambassade de Turquie, à l'arrivée des premiers panzers, il impose la nomination du général Döme Sztójay, ambassadeur de Hongrie à Berlin, présent à la sinistre entrevue de Klessheim. Il impose également, en feignant de consulter le voyageur fatigué, des hommes sûrs aux postes ministériels clés, notamment des activistes du parti des Croix Fléchées : les antisémites László Endre et Baky, au secrétariat d'Etat à l'Intérieur, et László Ferenczy à la gendarmerie. On compte sur cette gendarmerie pittoresque, qui porte encore des plumes de coq au képi, pour marquer, rafler et parquer le gigantesque troupeau de Juifs hongrois promis à la voracité du Grand Reich.

Le dimanche 19 mars ne doit pas être seulement le premier jour de l'occupation de la Hongrie par les divisions SS venues défendre les marches de l'empire nazi. Le chef suprême de la SS, Heinrich Himmler, a réservé aussi une surprise de taille au vieux régent. Il rêve d'intégrer le territoire magyar à l'Etat SS de demain, où ses hommes ne relèveraient d'aucune autre autorité que de la sienne. Il entend mettre la main sur toutes les richesses de feu la Hongrie, à commencer par la fortune juive. Il compte sur Eichmann pour que le butin ne lui soit pas disputé par d'autres prédateurs.

Parti du camp de Mauthausen, un camp de la mort installé en Autriche, l'*Einsatzkommando Ungarn*, composé de 35 hommes, roule lui aussi vers Budapest — 35 hommes pour en liquider près de 800 000, Eichmann pense que cela suffit. Il les a réunis pour une ultime conférence avant le départ. Il y a là l'élite des massacreurs, triée sur le volet : Dannecker, l'homme de la grande rafle du Vél' d'Hiv' à Paris, Wisliceny, qui a opéré à Bratislava et à Salonique, Krumey, le liquidateur du ghetto de Lodz, Seidl et Burger, les bourreaux de Theresienstadt... Eichmann leur a adjoint des experts juridiques, comme Otto Hunsch, de son bureau de Berlin, des spécialistes des transports, comme Franz Novak, son comparse de toujours.

Serein, impénétrable, souriant, il a balayé une à une les objections de ses collaborateurs, car l'expérience acquise dans les autres pays, où depuis deux ans il a mis en œuvre l'application de la Solution finale du problème juif, lui permet d'avoir réponse à tout. Manque-t-on de personnel ? Sans importance : le concours des gendarmes hongrois suffira. Cela mettra d'ailleurs les Juifs en confiance. Il n'y a pas de fichier à jour pour la Hongrie ? Il faut désigner un conseil juif « représentatif », un « Judenrat » investi de toute l'autorité nécessaire pour lui faire remettre les fichiers du Consistoire et établir par la même occasion un cadastre de la propriété juive. Le délai ? Il faut avoir tout terminé d'ici la fin juillet. Quatre mois c'est très peu, d'autant qu'on ne peut plus compter sur les « installations » de Sobibor, Maidanek et Treblinka, dont on a dû effacer les traces à cause de l'avance russe. Mais il reste les « moulins d'Auschwitz ». Le commandant Rudolf Höss a promis d'augmenter la capacité d'Auschwitz à 13 000 « traitements » par jour. C'est qu'il s'agit vraiment d'une tâche historique sans précédent. Fermez le ban ! Les spécialistes n'ont plus qu'à boucler leurs valises.

Dans la nuit du dimanche 19 mars, les premiers arrivés prennent leurs quartiers à l'hôtel Majestic, sur la colline des Souabes à Buda, le quartier résidentiel dont la bourgeoisie juive de la capitale avait fait son Neuilly. Eichmann n'a pas fait réquisitionner ce palace par hasard. Il lui plaît de s'installer « chez eux », comme au château de Rothschild à Vienne dès le lendemain de l'Anschluss.

Lui-même n'est pas pressé. Il n'arrivera que le surlendemain. En attendant, les dirigeants du Consistoire ont été avisés, ce dimanche, d'avoir à se rendre au Majestic à une convocation du « baron Dieter Wisliceny ». Ils ne connaissent pas ce nom. Ils apprendront à le connaître. Quand les vieux messieurs barbus se présentent à l'heure dite, on les fait attendre toute la journée, sans daigner les recevoir. Il leur faudra revenir demain. Cela fait partie de la mise en condition.

Le mardi 21, à 10 heures du matin, sous la conduite du président de la communauté juive de Budapest, le Dr Samuel Stern, qui a encore le titre de conseiller de la Couronne du royaume de Hongrie, les membres du Consistoire central sont enfin reçus avec tous les honneurs. On les fait asseoir devant l'aréopage SS, qui se montre tout miel et donne des « monsieur le conseiller » au Dr Stern. C'est Eichmann qui a réglé la mise en scène, car il a remarqué qu'en parlant aimablement à des gens faibles et qui ont peur, on peut obtenir d'eux toute la collaboration souhaitable, y compris de la sympathie pour le bourreau.

Ce jour-là, il se surpasse : « Qui donc a pu vous parler de déportations ? Je punirai les gens qui répandent ces rumeurs absurdes et je ne tolérerai pas qu'un Juif de bonne volonté soit molesté. Nous sommes venus ici, à la requête du gouvernement hongrois, pour accomplir une tâche difficile : la remise en état de l'économie de votre pays. J'espère pouvoir compter sur votre coopération. Des sacrifices vous seront demandés. Il faudra fournir à nos pays en guerre la force de travail de votre jeunesse et sans doute des contributions. Tout cela est très provisoire, naturellement. Conduisez-vous honnêtement, guidez dans le droit chemin ceux qui vous font confiance, et rien ne sera changé en Hongrie. En attendant, je voudrais vous revoir demain avec la liste des membres du Conseil juif de Budapest, qui sera chargé de transmettre nos ordres. Par exemple, j'aimerais avoir avant la fin du mois votre fichier et, dans le même délai, un inventaire scrupuleux des biens mobiliers et immobiliers de vos coreligionnaires. C'est d'ailleurs conforme à la loi hongroise. Pas l'actuelle, la nouvelle. Vous verrez, de nouveaux décrets sont à l'étude. D'autres questions ? Non ? Eh bien, messieurs, je vous remercie. Je suis sûr que nous allons nous entendre. »

Les sages du Consistoire se retirent. Leur première préoccupation est de satisfaire les besoins personnels des gens du commando. L'expert en transports, Novak, leur a remis une liste. Il lui faut un peu de tout : des couvertures, des machines à écrire, des miroirs, et même du linge de dame. Le lendemain, nouveaux désirs, à peine exprimés, sitôt comblés. « N'auriez-vous pas quelques tableaux, pour égayer nos bureaux ? » On trouvera pour lui un Watteau. Mais Novak est insatiable : « J'aimerais tant pouvoir jouer du piano... » Une semaine plus tard, on lui en apporte huit. Cela fait bien rire le commando. « Voyons, messieurs, je ne veux pas ouvrir un commerce, je veux seulement jouer du piano. » Eichman n'est pas indifférent aux joies terrestres. On lui a déjà trouvé une maîtresse et il connaît les bonnes adresses de Budapest. Le 31 mars, recevant à nouveau les gens du Consistoire, devenu entre-temps le Conseil juif de Budapest, il hypnotise littéralement son auditoire. « Coopérez, mes amis, et vous n'aurez rien à craindre. Signalez-moi tout incident. J'apprends avec plaisir que les bataillons de travail sont déjà organisés. Dites aux travailleurs qu'ils pourront retourner chez eux le soir, pour dîner en famille. La vie continuera comme avant. Les temps sont durs, je le sais, mais ils le sont aussi pour nous. Après la guerre, nous ne vous demanderons plus rien. Pour le présent, je souhaiterais que le Conseil juif ait un journal. Cela aidera les gens à bien comprendre ce que nous voulons, vous et moi. Je n'ai pas besoin de vous prévenir qu'il serait parfaitement inutile d'essayer de me tromper. Tout le monde sait que je ne manque pas d'expérience en ces matières... »

Le résultat dépasse ses espérances. Le Conseil juif entraîne la majorité de la communauté comme un seul homme dans la soumission. Il s'agit avant tout pour Eichmann d'éviter une réédition du soulèvement de Varsovie.

Le journal imposé par Eichmann se nomme la *Deutsche Zeitung.*

Le Conseil central, y lit-on, *a reçu le droit de disposer de toutes les richesses spirituelles et matérielles, comme de toute la main-d'œuvre. Vous, femmes et filles, hommes et jeunes gens, vous êtes les exécutants des instructions du Conseil central. Vous devez vous rendre compte que toute décision, si désagréable qu'elle puisse paraître, est le résultat d'interventions officielles et que la vie de chacun d'entre vous, comme l'existence de notre communauté, dépend de votre stricte obéissance. Que Dieu vous bénisse et vous donne la force d'observer scrupuleusement votre devoir.*

L'action d'Eichmann est prolongée au niveau de la machine administrative hongroise par celle de l'ambassadeur Veesenmayer. Le 29 mars, le cabinet hongrois tient une réunion onze heures durant pour mettre au point l'élimination des Juifs de tous les secteurs de la vie économique. Onze heures au cours desquelles la Hongrie va rattraper ses trois ans de retard. Le 5 avril, tous les biens juifs sont confisqués. Chaque jour un décret restreint un peu plus la vie sociale des Juifs, qui se voient interdire l'usage d'une automobile, la détention d'un poste de radio, le service du téléphone, des transports publics, l'achat d'un certain nombre de denrées, la libre circulation à certaines heures. Restrictions accompagnées, bien entendu, du port de l'étoile jaune.

Himmler a cependant fait négocier en douce le transfert au profit exclusif de la SS des établissements Weiss-Chorin, en permettant à trente-six des membres de cette famille d'aller se réfugier au Portugal avec une provision de 3 millions de marks en devises étrangères. Mais cette tractation restera dans l'ombre à l'insu de l'administration hongroise et même de l'ambassade d'Allemagne. Car, pour le gros butin, Himmler entend être seul. Le reste n'est que gibier de potence offert au public.

Depuis le 7 avril, les Juifs de province ont dû quitter leurs lieux d'habitation avec de la nourriture pour trois jours. Destination : des ghettos improvisés ou des camps d'hébergement. « On veut seulement que vous viviez désormais entre vous », leur expliquent les gendarmes qui sont venus les chercher. Seuls échappent à ce transfert les requis des bataillons du travail obligatoire. Il n'y a pas eu d'autre sélection, ni par âge, ni par sexe, ni par origine. Jetés dans des camions, poussés dans des trains ou à pied sur les routes, effarés, les malheureux découvrent à leur arrivée que rien n'est prévu pour les vêtir, les loger, les nourrir, les soigner.

A Budapest, le Conseil central, rebaptisé entre-temps Union des Juifs de Hongrie, est convoqué le 23 avril au Majestic. Debout cette fois, ils doivent subir les hurlements de Wisliceny : « Vous n'avez pas donné tous les fichiers promis. Je n'aime pas les gens qui ne tiennent pas parole. Votre homologue de Berlin avait aussi tenté de se jouer de nous. Il a été embarqué pour Dachau. »

Si les fascistes du gouvernement hongrois se sont opposés à la concentration des Juifs de la capitale en un ghetto, ce n'est pas en vertu de considérations humanitaires : « Il serait trop facile pour les Alliés de bombarder la ville en épargnant les Juifs », explique le secrétaire d'Etat Endre. Il trouve d'autres méthodes de concentration : on entasse les Juifs dans divers immeubles marqués d'une grosse étoile à raison de 8 à 10 personnes par pièce, de préférence à proximité des gares, des usines et des emplacements stratégiques. Les immeubles libérés sont attribués aux sinistrés hongrois du premier bombardement américain du 3 avril. Le 25 juin, 30 000 appartements sont ainsi récupérés.

En dehors de Budapest, la Hongrie a été divisée par Eichmann en cinq zones : la région des Carpates anciennement tchèque, la Transylvanie anciennement roumaine, les provinces frontalières du Nord, la rive est du Danube, la rive ouest du fleuve. Les ghettos improvisés dans ces zones sont installés à l'intérieur de grandes briqueteries reliées aux gares par des voies ferrées, car ils ne sont qu'une étape très transitoire avant la mise en route des déportations de masse, qui commenceront par les zones périphériques les moins « hongroises ».

Quand les Juifs des zones centrales apprendront la déportation des Juifs de Transylvanie, ils garderont l'espoir d'être épargnés. Peut-on traiter en étrangers des citoyens hongrois présents dans le pays depuis plusieurs générations ? L'invincible croyance que Horthy ne le permettrait pas est plus forte que les avertissements de la résistance sioniste. Quand viendra le tour de ces « vrais Hongrois », les Juifs de la capitale voudront croire que l'on n'osera pas faire à Budapest ce qui s'est pratiqué en province...

Ce refus de savoir, et donc de réagir, fait le jeu d'Eichmann : les 290 000 Juifs concentrés dans les deux premières zones sont évacués vers Auschwitz respectivement à partir du 16 avril et du 4 mai, à raison de trois convois de 1 000 déportés par jour. Le 7 juin, tout est terminé. Dix jours suffisent à vider les ghettos de la zone n° 3, entre le 7 et le 17 juin, et trois de plus pour ceux de la zone n° 4, entre le 17 et le 30 : soit encore 92 000 déportés. Entre le 29 juin et le 9 juillet, c'est le tour de la zone n° 5. Toute la Hongrie, à l'exception de Budapest où survivent peut-être 350 000 Juifs, se trouve ainsi « *judenrein* » (désenjuivée), selon l'atroce image des nazis. Cette effroyable célérité est l'atout principal du lieutenant-colonel Eichmann.

Entre les premières réquisitions, ordonnées fin mars, et l'anéantissement, il se passe quelques semaines à peine. On a démoralisé les victimes par une série de coups répétés. Hébétée, ne sachant que faire, la communauté juive ne peut pas résister. Il n'y a pas en Hongrie une résistance nationale, et tout Juif qui cherche à s'échapper se trouve en milieu hostile. En outre, Eichmann veille à entretenir des espoirs absurdes. Les premiers arrivants à Auschwitz doivent envoyer des cartes postales affranchies de « Waldsee ». La ville de Waldsee n'existe pas, mais pour ceux qui veulent espérer quand même, elle existe, et ceux qui sont partis pour l'Allemagne sont — imagine-t-on —, bien nourris, bien logés ; ils reviendront après la guerre. Le Conseil central a reçu l'ordre de faire distribuer ces cartes postales rassurantes.

Le sort du judaïsme hongrois paraît d'autant plus tragique que les Juifs de Hongrie ont été épargnés plus longtemps et frappés par un nazisme à bout de course. Ils meurent alors que le système qui les broie est lui-même en voie de disparition. Peu à peu, l'écran de fumée va se dissiper. Les partants des premiers convois croyaient encore qu'on allait les installer en Pologne ou en Allemagne pour les faire travailler. Ceux qui les suivent partent sans illusion.

Auschwitz. Voilà la destination finale. Les Juifs de Hongrie ont fini par savoir. Et ils ne sont pas les seuls. La population entière sait ce que l'on leur fait. Les Alliés parlent d'Auschwitz à la radio, dans des émissions destinées à réveiller les chrétiens hongrois. Ils évoquent les chambres à gaz dans des tracts qu'ils font pleuvoir sur la Hongrie. Le crime est devenu un acte transparent. Cela n'empêche pas Eichmann d'agir, mais, exposé au grand jour, le système de destruction va progressivement perdre de sa vitesse et de son efficacité. Les nazis avaient jusqu'ici opéré sans témoins. Cette fois, le monde a les yeux fixés sur eux. La machine à tuer, après ce début infernal, va gripper sur un événement sans précédent : pour la première fois depuis le début du génocide, le monde extérieur se préoccupe du sort des Juifs.

A Budapest, la diplomatie neutre sort de sa neutralité. Le 15 mai, le nonce apostolique, Mgr Angelo Rotta, a écrit à Sztójay : *Le monde entier sait ce que déportation veut dire. Nous vous supplions de ne pas poursuivre la guerre contre les Juifs au-delà des limites prescrites par les lois de la nature et les commandements de Dieu.* En province, il est trop tard, mais à Budapest des dizaines de milliers de Juifs peuvent être sauvés. Le nonce, qui se dépensera sans compter, malgré l'hostilité du primat de Hongrie, a donné le signal du réveil. Les nazis, étonnés, trouvent sur leur chemin les représentants des pays neutres en poste à Budapest. L'appel d'un peuple que l'on égorge, transmis par la résistance sioniste à l'Agence juive, est entendu, finalement, après des semaines de silence. Veesenmayer et Sztójay découvrent une fourmilière qu'ils ne peuvent écraser : des diplomates suisses, suédois, portugais, espagnols, des gens protégés par leur immunité et qui en profitent pour protéger les Juifs. Eichmann peut tout faire en Hongrie, sauf s'en prendre aux neutres. On les croyait inoffensifs, ils se montrent soudain sous un jour différent. Horthy est bombardé de notes de protestation, sommé de reconnaître qu'il expédie des Juifs vers la mort. Ce n'est pas tout. Une vaste chaîne de solidarité s'organise sous l'égide de la diplomatie suédoise. En juin, les porteurs d'étoile font la queue devant les légations étrangères. On leur a parlé du système des passeports de protection. Le mot magique circule, redonnant espoir à cette foule désemparée.

Ces passeports, appelés *Schutzpass*, sont en fait des certificats établis par les consulats pour leurs ressortissants qui ont égaré leurs papiers d'identité. Ils ont donc une durée limitée et ne peuvent servir que le temps nécessaire à leurs porteurs pour regagner leur pays. Fin juin, la légation de Suède en a émis 600. Mais aucun n'a été encore utilisé.

Parmi les demandes de Juifs hongrois se targuant, preuves à l'appui, de liens familiaux ou professionnels avec des Suédois, se trouvent celles du Dr Hugo Wohl et d'un certain Vilmos Forgács.

Pour en tester l'efficacité, le Dr Wohl fait présenter le sien par un ami aryen au Bureau du contrôle des étrangers chargé, au ministère hongrois de l'Intérieur, d'enregistrer l'identité de tous les ressortissants étrangers résidant sur le territoire et de leur en délivrer attestation. En examinant le certificat du Dr Wohl, le ministre qui dirige ce bureau répond qu'il ne voit pas très bien comment un Hongrois habitant Budapest peut bénéficier ainsi d'une double nationalité. Si pourtant tel est le cas, la personne en question devra avoir quitté la Hongrie le 1er juillet au plus tard ; faute de quoi elle sera internée comme tous les étrangers non autorisés à résider en Hongrie.

Les Juifs étrangers ressortissants de pays neutres étant dispensés du port de l'étoile imposé aux Juifs hongrois, le Dr Wohl obtient d'un avocat une attestation confirmant que, titulaire d'un document suédois, avec photo dûment tamponnée, revêtu de l'emblème royal et de la signature de l'ambassadeur Danielsson, il n'est pas astreint à cette obligation. Du même coup, le Dr Wohl est autorisé à quitter la maison marquée d'une étoile qui lui avait été assignée et à s'installer avec sa famille dans une maison anonyme. Ayant décousu son étoile et déménagé aussitôt, le Dr Wohl vient au Bureau des étrangers discuter de la date éventuelle de son départ pour éviter l'internement. Le dossier finit par aboutir au directeur de la police, János Farkas, qui demande à la légation de Suède si tout porteur de passeport provisoire établi par elle doit être considéré comme citoyen suédois. La légation confirme le 1er juillet par une note qui concerne le cas de Hugo Wohl. Un précédent est ainsi créé, à la suite de quoi le Bureau des étrangers délivre une attestation d'exemption à tout porteur de certificat provisoire analogue à celui de Wohl.

Vilmos Forgács, qui était requis pour le travail obligatoire à l'usine Orion, aux environs de Budapest, réussit à exhiber ainsi son document suédois qu'il avait confié, tel un talisman, à la garde d'un camarade chrétien de l'usine, le jour où tous les requis juifs sont raflés pour la déportation. Il est alors dirigé sur le camp d'internement des étrangers. Mais la légation suédoise, avertie de son sort, intervient en arguant de l'exemption accordée à son précédent protégé. Libéré, Forgács peut regagner Budapest avec sa famille. Pour la première fois, un *Schutzpass* suédois vient de sauver des vies humaines, avec la bénédiction involontaire des autorités hongroises, qui tiennent à conserver la caution des puissances neutres.

Mais le lieutenant-colonel László Ferenczy, chef du Comité pour la disparition des Juifs de Hongrie et agent de liaison de la gendarmerie hongroise avec la *Sonderkommandantur*, exige de la légation de Suède dans les soixante-douze heures la liste complète des titulaires de passeports provisoires appelés à quitter très rapidement le territoire hongrois. En ce début du mois de juillet 1944, les Juifs hongrois à pouvoir être sauvés de la déportation par ce système sont donc à peine quelques centaines. Eichmann s'interroge sur les grincements de la machine à broyer du Juif. Lui seul est investi du droit de vie et de mort en cette matière. D'où viennent les obstacles dressés par l'intervention de diplomates neutres ? Qui leur en a fourni l'idée et les moyens ? Soupçonnant quelque manigance de la « juiverie américaine », le chef de l'*Einsatzkommando Ungarn* n'est pas très loin de la vérité. Derrière la Suède, il y a Roosevelt. L'intervention américaine, sous le couvert de la neutralité suédoise, est un fait nouveau. Une course de vitesse est désormais engagée entre les tueurs et les sauveteurs qui viennent d'apparaître sur le théâtre des opérations.

Mais il est déjà bien tard pour tous — partenaires, complices ou victimes innocentes de ce Grand Jeu engagé en marge d'une guerre totale.

4

Le Grand Jeu

Dans la course qu'il va engager contre le jeune diplomate inexpérimenté Raoul Wallenberg, l'ingénieur en génocide Adolf Eichmann a quelque cent jours d'avance, qu'il a mis à profit pour faire tourner à plein régime ses trains et ses « moulins ». Au rythme qu'il imprime à ce manège de mort, la deuxième communauté juive d'Europe aura été liquidée en moins de trois mois. Pour les 300 000 survivants de Budapest, il ne reste plus que l'espoir d'un miracle. Or, après un départ infernal, la machine se grippe à la dernière étape prévue par le plan Eichmann.

Etrangement, ce jeu de la vie et de la mort a débuté en même temps que la réalisation de la première étape de ce plan : l'épuration des provinces hongroises. Plus étrange encore : Eichmann est lui-même partie prenante dans un autre jeu, un « Grand Jeu », dont il détient les cartes maîtresses. Car il s'agit d'une affaire qui intéresse et rapproche des protagonistes que tout sépare : une négociation.

Elle concerne d'abord les dirigeants sionistes hongrois, venus relayer les notables désemparés du Conseil juif dont Eichmann a fait une simple courroie de transmission. Elle concerne ensuite les Juifs du monde libre auxquels les clandestins de Budapest ont adressé un appel désespéré pour financer leur sauvetage et leur trouver un asile.

Or une telle opération ne peut être entreprise que si, du point de vue allemand, des partenaires valables se trouvent derrière ceux qu'ils ont sous la main en la personne des chefs sionistes de Hongrie. Intoxiqués par leur propre propagande, les nazis croient voir en Churchill et Roosevelt des marionnettes aux mains d'un pouvoir juif mondial. Cette vision caricaturale peut servir à la réussite du Grand Jeu. La chance veut qu'une organisation internationale existe, qui porte le nom de Congrès juif mondial. Ce nom est à lui seul un appât auquel même un Eichmann ne résiste pas.

De l'autre côté de l'Atlantique, l'« affaire hongroise » suscite, parallèlement, un intérêt croissant. Est-ce un sentiment de culpabilité qui pousse le président Roosevelt à vouloir faire pour les Juifs hongrois ce qu'il n'a pas fait pour les Juifs polonais ou baltes ? Est-ce l'approche de l'échéance électorale, dans une démocratie sensible au poids des lobbies ? Ou bien le sauvetage de la dernière communauté juive n'est-il qu'un enjeu apparent ? S'agit-il seulement de tirer d'affaire, en les acheminant vers la Turquie, la Palestine ou la Suède, ou bien en assurant leur protection sur place, ces 200 000 ou 300 000 Juifs de Budapest ? La partie qui s'engage là entre les Alliés occidentaux et les Allemands, les Etats neutres et les satellites du Reich, avec les sionistes de l'intérieur et de l'extérieur pour intermédiaires, représente un enjeu autrement capital : l'issue de la guerre.

Roosevelt, quant à lui, n'a pas attendu l'invasion de la Hongrie, le 19 mars, pour créer un organisme chargé spécifiquement de secourir les Juifs menacés sans compter sur la seule victoire des armes. Cette décision historique, prise dans le style américain, va aboutir à la mission Wallenberg. Elle commence avec la lettre très dure que le secrétaire d'Etat au Trésor Henry Morgenthau s'est permis d'adresser le 10 janvier à son président. Il y accuse le Département d'Etat d'avoir dissimulé les rapports sur les atrocités commises par les nazis et met en cause le secrétaire d'Etat adjoint, Breckenridge Long, responsable des études sur le problème des réfugiés : « On peut se demander, écrit-il, s'il restera encore des réfugiés à secourir quand il aura achevé ses travaux. »

Touché au vif, Roosevelt met sur pied, dès le 22 janvier, une agence sur le modèle des organismes d'aide d'urgence aux 14 millions de chômeurs américains créés par son braintrust en 1933 : le *War Refugee Board*, dont il confie la direction à Morgenthau, au secrétaire d'Etat Cordell Hull et au ministre de la Guerre Henry Stimson, avec carte blanche pour entreprendre sur place en Europe une vaste tentative de sauvetage. Et des crédits budgétaires sans affectation, à compléter par les collectes et les donations du *Jewish American Joint Distribution Committee* (le célèbre *Joint*).

Les Anglais, qui n'ont pas été consultés, réagissent assez fraîchement à cette initiative. Ils en redoutent deux effets : que les Américains se montrent généreux à leurs dépens en leur demandant d'ouvrir les portes de la Palestine à l'immigration juive limitée depuis 1939, pour complaire aux Arabes, à un contingent maximum de 75 000 admissions ; que les sionistes emploient les largesses américaines à soulager le blocus économique et financier de l'Europe germanisée en échange de la vie des otages juifs.

Passant outre, le *War Refugee Board* envoie 100 000 dollars à la Croix-Rouge internationale, dont les délégués, protégés par leur statut, peuvent au printemps 1944 se rendre à Budapest pour distribuer médicaments et couvertures. A leur arrivée, ceux-ci lancent un cri d'alarme, répercuté de Berne à Washington, dès le

14 avril, par deux représentants du Congrès juif mondial en Suisse : « Il y a un plan nazi d'extermination des Juifs de Hongrie. Le premier convoi est parti hier. » Si les Etats-Unis prennent cette fois l'avertissement au sérieux, c'est que l'Europe est devenue leur affaire. A cet égard, la mise sur pied de la mission qui va être confiée à Raoul Wallenberg est un signe du déclin britannique et de la substitution de la puissance américaine à celle des impérialismes vieillissants, au moment où se joue à l'Est le sort de la guerre.

Le Reich, menacé sur deux fronts, n'a plus guère de chances de s'en tirer que si la diplomatie secrète parvient à changer le cours des choses : soit par une dislocation de la coalition alliée, soit par un compromis (qui a la faveur des satellites de l'Axe et de certains Etats neutres effrayés des succès soviétiques), soit par une paix séparée. A l'insu de Hitler, qui ne s'intéresse qu'à la première éventualité, l'*Abwehr,* service de renseignements de la Wehrmacht, dirigée par l'amiral Canaris, cherche par tous les moyens à entrer en contact avec des agents occidentaux. Le SD, service rival dépendant de la SS et que dirige Walter Schellenberg, fait le jeu de Himmler qui cherche, lui, le moyen d'étendre son propre empire avant de succéder à Hitler.

Cette diplomatie reptilienne, avançant et reculant avec d'infinies précautions, s'appuie sur la fraction de l'état-major allemand en désaccord avec les buts de guerre extrêmes du Führer. Maître de la police secrète, Himmler sait tout de ce qui se trame, mais il attend les résultats pour choisir son camp. Dès décembre 1943, il a autorisé Schellenberg à mettre en contact un de ses hommes à Stockholm avec un agent américain, Hewitt. Seulement deux événements entravent le Grand Jeu : la Solution finale du problème juif, adoptée le 20 janvier 1942 à la conférence secrète de Wannsee et dont l'entrée en vigueur coupe les ponts entre le système nazi et le monde civilisé ; la capitulation sans condition de l'Axe, convenue à la conférence interalliée de Téhéran le 2 décembre 1943.

Schellenberg, ce jeune SS souriant, toujours en civil, est bien conscient de l'impasse. Il cherche à reconstruire la passerelle détruite par le fanatisme antisémite de son clan. Quitte à sauver des Juifs si nécessaire. Ce qui est à la fois difficile et horrible, c'est de nouer des négociations tandis que tant de gens sont expédiés vers la mort. Il n'y a guère que les Juifs de Hongrie et leurs amis suédois pour envisager une séparation entre le sauvetage humanitaire et les enjeux de la guerre. Pour Himmler et Schellenberg comme pour Roosevelt et Churchill, le salut des Juifs de Budapest pourrait être le point de départ d'une négociation globale. Si les contacts ne devaient pas aboutir, le destin des Juifs enfermés dans la capitale hongroise perdrait pour les nazis toute sa valeur marchande...

Avant même que Himmler et Roosevelt se mêlent à ces tractations, l'amiral Canaris a encouragé son homme à Budapest, le Dr Schmidt, à entrer en contact localement avec des agents sionistes et des représentants du Joint. En 1943, il n'était pas encore question de déporter les Juifs hongrois. Au sein de la communauté, les sionistes, occupés à former de jeunes pionniers en vue d'un départ éventuel pour la terre promise, sont alors à peu près les seuls à penser que le régent Horthy ne pourra résister jusqu'au bout aux pressions allemandes. Par une de ces rencontres singulières dont l'Histoire a le secret, le projet sioniste n'est fait pour déplaire ni au gouvernement Kállay, soucieux de réduire la place des Juifs dans le pays, ni aux agents de l'Abwehr, moins fanatiques que leurs collègues du SD. Les hommes du réseau Canaris se gardent de traquer les réseaux de résistance sionistes. Ils sont même capables, contre rétribution, de veiller au passage clandestin d'enfants juifs à travers la frontière roumaine, permettant à un millier d'entre eux de gagner la Palestine par la mer.

Le service du Dr Schmidt n'agit pas par charité. Ses passeurs se font payer en devises fortes, francs suisses ou dollars. Mais, surtout, l'objectif est de chercher une filière remontant jusqu'à Washington. L'énigmatique Canaris, lié à la conspiration conservatrice de l'ex-bourgmestre de Leipzig Karl Goerdeler, l'ami du banquier suédois Jakob Wallenberg, ne rêve dès cette époque que d'une paix séparée avec l'Ouest.

Ainsi, dans les cafés de Budapest, des agents du contre-espionnage allemand prennent des rendez-vous avec des Juifs. Plus exactement avec un noyau de dirigeants sionistes, peu suivis de leur communauté, persuadée pour son malheur de pouvoir rester à l'abri du danger. Ceux-ci ont, en janvier 1943, créé un petit comité, la *Waada Ezra Ve-Hatzala* (comité d'aide et de sauvetage), pour faire passer en Hongrie les rescapés de Pologne et de Slovaquie et, de là, si possible, leur faire prendre le chemin de la Palestine. A sa tête le Dr Otto Komoly, le journaliste Rezsö Kastner et, seul à ne pas porter de titre faute d'avoir fait des études, un personnage étonnant, Joël Brand. Ancien communiste devenu sioniste, Brand anime une filière d'évasion appelée « Tioul » (« excursion » en hébreu). Il se considère comme le chef d'une petite armée, la Haganah de Budapest, et, assez hâbleur, laisse entendre aux agents de Schmidt-Canaris, qu'il rencontre dans les boîtes de nuit où il connaît tout le monde, que, vrai patron de la Waada, il a la confiance des dirigeants du sionisme mondial.

Mais, depuis l'invasion de la Hongrie par les Allemands, le 19 mars, les réseaux de « Tioul » ont dû se mettre en sommeil. Alors une autre idée a germé, d'une ambition frisant la folie, à partir d'une pratique autorisée par Himmler et d'un projet né dans la résistance juive en Slovaquie : l'achat au prix fort d'une sortie en masse des Juifs, présenté sous le nom de code d'« Europa Plan ».

Le Reichsführer avait déjà consenti en 1942 au départ des 50 Juifs les plus riches des Pays-Bas, moyennant 5 000 à 10 000 dollars de rançon par personne pour financer l'équipement de la Waffen SS. Puis, au lieu de rançonner les familles, il avait proposé aux communautés locales et, à travers elles, aux organisations internationales, de monnayer la possibilité d'une émigration plus massive. Himmler cherche en fait à se constituer un trésor de guerre. En cas de victoire, celui-ci servirait au développement de l'Etat SS de ses rêves. En cas de défaite, il financerait la fuite et l'exil des chefs nazis réduits à la clandestinité.

Eichmann approuve le procédé, mais il lui déplaît de sauver trop de Juifs. Pour tirer le maximum d'argent contre la survie d'un minimum de Juifs, il va intervenir dans cette négociation tour à tour comme promoteur et comme saboteur.

Aussi a-t-il laissé sciemment corrompre son délégué en Slovaquie, le capitaine Dieter Wisliceny, à qui la dirigeante sioniste de Bratislava Gizi Fleischmann a versé en 1943 un acompte de 25 000 dollars, de la part du Joint américain, pour défendre l'idée de l'« Europa Plan ».

Cela ne l'empêche pas pour autant de faire échouer le projet d'un convoi de 20 000 enfants juifs à destination des pays neutres élaboré par l'émissaire de Himmler, Schellenberg, avec le grand-oncle de Raoul Wallenberg. Pour faire capoter cette première transaction enfants contre dollars, Eichmann s'est abrité derrière la promesse faite au grand mufti de Jérusalem, réfugié à Berlin, de ne pas contribuer à un renforcement du foyer juif de Palestine par l'arrivée éventuelle d'enfants rescapés des communautés d'Europe.

Abandonné à Bratislava, l'« Europa Plan » renaît à Budapest. En contact avec Gizi Fleischmann, l'un des leaders de la Waada, Rezsö Kastner, cherche à approcher le « corruptible » Wisliceny, l'adjoint direct d'Eichmann à la tête de l'*Einsatzkommando Ungarn.* Cette démarche entre tout à fait dans le jeu de Himmler qui, parallèlement, a envoyé Kurt Becher, son colonel d'intendance pour la Waffen SS, dans la capitale hongroise pour rançonner le groupe Weiss-Chorin et s'approprier ses établissements. Il lui demande maintenant d'y rester pour acheter des chevaux, mais aussi pour sonder les milieux sionistes, apparemment prêts à négocier. « Promettez-leur tout ce qu'ils veulent, lui dit-il. Tenir... Ça, nous verrons... »

Becher part en chasse sans consulter Eichmann, comme il l'avait fait dans l'affaire Weiss-Chorin. Car il convient à son Reichsführer de garder toujours deux fers au feu, mais aussi de dédoubler ses entreprises, demandant à l'un ce qu'il attend déjà de l'autre. Sur les ordres exprès de Himmler, Eichmann fait marcher de pair les premières déportations et les discussions avec les gens de la Waada. Le premier convoi est parti le 17 avril. Le premier contact est établi le 25.

Ce jour-là, Joël Brand est convoqué à l'hôtel Majestic. L'homme n'est pas inconnu du Bureau IV B 4. Wisliceny l'y a déjà reçu, en compagnie de Kastner, quand la Waada apportait sa quote-part aux sommes réclamées par l'*Einsatzkommando*, peu après son installation. Pourquoi fait-on venir Brand, et non Komoly, qui est après tout le président de la Waada ? Ce choix a été déterminé par les hâbleries de Brand et les aveux d'agents de l'Abwehr, interrogés sans ménagement par leurs collègues du SD. Himmler a envoyé à Budapest un groupe de choc, le commando F, pour liquider l'antenne locale du contre-espionnage allemand et reprendre à son compte les tâches du groupe rival. Travail qui s'achèvera dans quelques mois par l'exécution de Canaris et l'absorption de l'Abwehr. Passés à tabac, les agents du Dr Schmidt reconnaissent les services rendus au réseau d'évasion « Tioul ». Tous donnent le même nom : Joël Brand. Pour tirer l'affaire au clair, Eichmann l'attend donc au Majestic, en compagnie du capitaine Otto Clages, chef du commando F, et de Becher qui s'est mis en civil.

Brand a beau être doué d'un aplomb phénoménal et savoir dissimuler son angoisse, il s'attend au pire. L'apostrophe d'Eichmann le laisse pantois : « Vous savez qui je suis, vous savez ma réputation en Pologne, en Tchécoslovaquie. A présent, c'est le tour de la Hongrie. J'ai une proposition à vous faire : du sang contre des biens. Que voulez-vous ? Des femmes en âge de procréer, des hommes valides, des enfants, des vieillards ? Allons, parlez ! » Brand commence par bégayer de stupeur. « Allez à l'étranger, hurle Eichmann, prenez contact avec vos frères, choisissez la Suisse ou la Turquie, mais n'essayez pas de me rouler ! »

Brand repart libre, presque enthousiaste. Pénétré de son importance, il court prévenir ses amis cachés dans l'appartement de l'industriel André Biss, qui abrite la direction sioniste, dans un hôtel particulier, 15, rue Semsey Andor, derrière le Bois de la Ville, au nord de Pest. Biss a en effet réussi à se faire passer pour un Allemand de Transylvanie, d'origine protestante. Donc à l'abri d'une perquisition de la police hongroise. Il n'a guère d'estime pour son cousin Brand, l'ancien communiste un peu trop lié à la pègre nocturne de Budapest, grouillante d'indicateurs. Mais l'activiste du groupe revient du Majestic avec une proposition sans précédent : « La vie d'un million de Juifs hongrois contre 10 000 camions neufs et entièrement équipés. C'est pour rien », avait ajouté Eichmann.

La négociation de l'incroyable marché s'engage directement entre Eichmann et Brand. Le 8 mai, l'activiste du « Tioul » rapporte du Majestic un véritable ultimatum : « Vous fournirez aussi à la SS 800 tonnes de thé, 800 tonnes de café, 2 millions de barres de savon, avec les 10 000 camions dont nous avons besoin pour le front de l'Est. Il nous faut aussi un approvisionnement régulier en tungstène. Voici votre laissez-passer pour Istanbul. Arrangez-vous sur place : il y a là-bas assez d'agents anglo-américains. Revenez avec une réponse ferme. Ne perdez pas une minute. Je n'attendrai pas longtemps. Aujourd'hui, je mets en marche les déportations. Je garderai ces Juifs au frigo une semaine ou deux, et puis en route. Tant que vous ne serez pas revenu avec une réponse ferme, je ferai tourner les moulins. »

Il faut faire vite. A contrecœur, ses amis de la Waada — qui se méfient de Brand — et les dirigeants du Conseil juif signent des lettres de recommandation pour l'émissaire choisi par Eichmann et chaperonné, tout le long de son voyage, par un agent du SD, Bandi Grosz. Avant son départ, le 17 mai, Brand suggère à Eichmann l'idée de faire acheminer dans un pays neutre un convoi probatoire de Juifs comme gage de bonne foi vis-à-vis de leurs futurs partenaires. Eichmann consulte Wisliceny, toujours disposé à parler argent. D'accord, mais cela doit se payer à part. Les Juifs, de leur côté, devront donner une preuve tangible de leurs capacités de paiement.

Déjà spoliés d'une somme de 1,6 million de dollars qui n'a pu servir en définitive à suspendre les déportations, les dirigeants juifs de Budapest demandent cette fois de sérieuses garanties. Notamment le droit de composer le convoi et sa destination. Celle-ci ne sera pas

Istanbul, leur répond-on, à cause de l'opposition du grand mufti, mais le Portugal.

Fin mai, Kastner, qui remplace Brand, discute toujours avec Eichmann de la composition du convoi témoin : ce sera un «échantillonnage» de 1 684 voyageurs. Kastner réussit à y faire incorporer 388 déportés de Cluj, dont sa famille est originaire, alors qu'ils étaient déjà en route pour Auschwitz. Il tente bien de faire inscrire sur la liste d'autres ghettos touchés par la déportation, mais c'est souvent trop tard. «Pas question de les faire revenir», tranche Eichmann. Finalement, il accepte l'inscription de réfugiés polonais, slovaques et yougoslaves, pas encore livrés par les autorités hongroises, et quelques individualités que Kastner veut sauver à tout prix : une quarantaine de rabbins orthodoxes, des représentants des libéraux groupés autour du Dr Stern, le président du dérisoire Conseil juif, mais aussi des pionniers de la jeunesse sioniste. Dans cette sorte d'invraisemblable arche de Noé, on fait monter encore des orphelins qui viennent de perdre leurs parents, des savants et des gens dont le principal mérite est d'avoir payé leur place et, indirectement, celle des autres.

Le prix du billet s'élève sans cesse au cours de l'affreux marchandage. Partie d'une mise de 100 dollars par tête, l'enchère ne s'arrêtera qu'à 1 000 sur l'intervention de Becher : les 1 684 000 dollars doivent être remis le 20 juin au plus tard à son service et au bureau d'Eichmann, associés pour le partage de la rançon.

Le 20 juin, la collecte a réuni de quoi payer le départ de 1 300 malheureux. Himmler donne le feu vert. Le 30 juin, l'arche de Noé quitte enfin la gare de Budapest à destination de Vienne.

Eichmann avait donné quinze jours à Brand pour réussir. A la Waada, on se demande s'il ne l'a pas en vérité piégé en le flanquant d'un Bandi Grosz chargé, de son côté, de ménager une rencontre en terrain neutre entre officiers supérieurs de la SS et officiers anglo-américains de même rang, à l'insu des Soviétiques, bien entendu...

Dès son arrivée, le 19 mai, Brand a contacté les milieux sionistes d'Istanbul. Il a supplié qu'on le croie sur parole, qu'on le présente aux diplomates alliés. Les Anglais, soupçonneux, décident d'interner les deux émissaires d'Eichmann. Le représentant du Joint intervient en leur faveur. Mais le vice-consul américain est d'un tout autre avis. A ses yeux, cette mission insolite n'a qu'un but : semer la discorde dans le camp allié. Himmler ne cherche pas à faire aboutir une transaction, si avantageuse soit-elle matériellement, il veut amorcer une tractation secrète pour que les Russes, mis au courant, dénoncent la trahison américaine. Sinon, pourquoi avoir spécifié que les 10 000 camions seraient exclusivement destinés au front de l'Est ? Et n'est-il pas étrange que la venue de Brand coïncide avec les préparatifs du débarquement en Normandie ? Le hasard veut que le rapport de l'ambassade américaine sur la mission Brand parvienne à Washington le 6 juin, le jour même où les forces anglo-américaines prennent pied sur le sol français et ouvrent enfin le second front promis à Staline.

A toutes fins utiles, parce qu'ils craignent par-dessus tout la méfiance soviétique, Roosevelt et Churchill décident de mettre les Russes au courant du plan apporté par Brand. Prévenu le 14 juin, le vice-ministre des Affaires étrangères Vychinski répond, quatre jours plus tard : « Le gouvernement soviétique considérerait comme inadmissible tout contact avec les nazis, sous quelque prétexte que ce soit. » Le veto russe arrangerait plutôt les Occidentaux. Ils ont tenté de faire quelque chose pour les Juifs de Hongrie, mais la solidarité entre Alliés passe avant tout. Pendant ce temps, les « moulins » d'Auschwitz continuent à tourner.

L'aventure du joueur Joël Brand s'achève dans une prison anglaise du Caire, où le ministre-résident britannique, Lord Moyne, a osé dire en plein conseil ce que d'autres ministres de Sa Majesté pensent tout bas : « Que ferions-nous d'un million de Juifs ? » Pour avoir prononcé cette phrase, il tombera quelques mois plus tard sous les balles de deux terroristes sionistes.

Sans attendre l'hypothétique retour de Brand, dont ils sont sans nouvelles, les dirigeants de la Waada de Budapest ont entamé une autre négociation avec Eichmann, qui, en fait, n'a pas cessé un seul instant son office de pourvoyeur des chambres à gaz et des fours crématoires. Ils veulent le persuader d'utiliser la force de travail des Juifs pour faire tourner les usines allemandes au lieu de les sacrifier aux « moulins » sans fin d'Auschwitz. Eichmann inclinerait au contraire à profiter de la diversion créée par le débarquement en Normandie pour parachever son œuvre de mort. Mais le 7 juin, à sa grande surprise, il reçoit du chef de la Gestapo, le général Ernst Kaltenbrunner, dont Himmler a fait son adjoint en janvier 1943 et dont les ordres sont encore moins discutés, une demande tout à fait exceptionnelle : un prêt de quelques milliers de Juifs hongrois pour les besoins de la municipalité de Vienne. Cette demande va lui permettre de se donner le beau rôle devant ses interlocuteurs de la Waada :

« J'ai une bonne nouvelle à vous annoncer. Je suis parvenu à obtenir l'envoi à Vienne de 30 000 bons travailleurs. Ne m'en remerciez pas : vous savez bien que vous pouvez toujours compter sur moi pour arranger les choses. Mais évidemment, pour ces 30 000 protégés, il vous faudra consentir un nouvel effort financier. Que pensez-vous d'une somme globale de 5 millions de francs suisses ? »

La communauté de Budapest, saignée à blanc par le chantage permanent pratiqué depuis le début du printemps — Wisliceny lui a extorqué 2 millions de dollars pour soi-disant épargner de la déportation 120 000 Juifs de Budapest — est presque à bout de ressources. Eichmann propose alors un autre arrangement pour financer la commande de Kaltenbrunner : « Si vous fournissez au bureau d'équipement de la SS 15 tonnes de café, 30 tracteurs et 650 000 marks, à ce prix-là je pourrai laisser partir 18 000 travailleurs pour Vienne. »

Les tracteurs, commandés en Suisse, n'arriveront jamais ; le café livré est, à en croire les doléances du bureau d'équipement, de mauvaise qualité. Mais le besoin de main-d'œuvre est si pressant que, à la fin de juin, les dirigeants de la Waada peuvent assister, les larmes aux yeux, au départ des trains pour le camp autrichien de Strasshof, qui est un camp de travail situé près de la capitale, et non un camp d'extermination. Sans doute les Juifs y sont-ils employés à des travaux épuisants, sans limitation horaire : réparation des voies ferrées bombardées, production d'armements, etc. Ce sous-prolétariat porteur d'étoile n'est nourri que par les colis et les conserves expédiés par la communauté juive de Budapest. Mais au moins les 18 000 déportés de Strasshof survivront...

La négociation ne se révèle donc payante que lorsqu'elle satisfait d'abord aux buts de guerre du IIIe Reich. Toutes ces tractations sordides, inhumaines, avec des bourreaux et des assassins qui se disent toujours prêts, selon la formule d'Eichmann, à « échanger des Juifs sans valeur contre des marchandises de valeur », divisent cruellement la direction de la Waada. Le comité de sauvetage clandestin, érigé en interlocuteur favori des SS, s'efforce en même temps de faire passer les Juifs traqués de Hongrie en Slovaquie, région déjà purgée de ses Juifs et devenue ainsi relativement plus sûre que l'Etat fantoche du régent Horthy. Un conflit de générations oppose le clan des négociateurs, où se retrouvent les sionistes d'un autre âge, à la jeunesse pionnière, intransigeante, hostile à tout compromis et à toute compromission.

Dès l'invasion du 19 mars, cette poignée de jeunes est entrée dans une clandestinité totale. Coupés du reste de la communauté, qu'effarouche leur volonté de résistance, ils s'efforcent en vain de lui insuffler de la combativité. Nourris d'Histoire juive, ces pionniers ont pris pour modèles les héros d'une autre révolte sans espoir : la guerre contre les Romains, au premier siècle de notre ère. Ils cherchent à ressusciter l'esprit de Massada, cette forteresse dominant la mer Morte, dont les occupants préférèrent se suicider collectivement plutôt que de retomber en esclavage.

Un exemple plus récent est là pour leur montrer que les Juifs sont capables de secouer l'antique résignation et de tuer des SS avant de périr : la fin sinistre et admirable du ghetto de Varsovie. Passant outre aux conseils de prudence de leurs dirigeants, ils fabriquent de faux papiers, cachent des armes, aménagent des abris souterrains. Ils ne peuvent compter sur aucun maquis, aucun mouvement de résistance organisée. Les seuls combattants de l'ombre qu'il leur arrive parfois de rencontrer sont des communistes aussi traqués et souvent plus démunis qu'eux.

Privés de toute aide extérieure, ils ont décidé de se servir sur l'ennemi, de revêtir l'uniforme des *Levente*, les jeunes militants antisémites, des Croix Fléchées et même des SS, pour tenter, par des coups de main fous d'audace, de délivrer leurs frères, de planquer des familles, de brouiller les pistes. A défaut de pouvoir bloquer les convois de déportation, ils ont le courage de révéler à la communauté ce qui l'attend. Par les récits de rares évadés, ils en savent assez sur le fonctionnement des « moulins » d'Auschwitz et d'ailleurs.

Il y a tout de même un endroit au monde où leur avertissement est entendu. En Palestine, les chefs de la Haganah, cette milice d'autodéfense juive engagée malgré tout dans l'effort de guerre de la puissance mandataire, ont fait l'impossible pour prêter main-forte à cette petite Haganah magyare dont ils connaissent l'existence par le réseau « Tioul ». Ils ont fini par obtenir de l'état-major britannique la formation et le largage au-dessus des Balkans occupés de treize volontaires parachutistes juifs, recrutés dans les rangs du Palmakh — les troupes de choc de la Haganah — ou incorporés dans la VIIIe armée engagée en Libye. Ces combattants, appelés Palestiniens, sont originaires des pays d'Europe centrale, dont ils parlent la langue. L'état-major a accepté de les détacher derrière les lignes allemandes en mission prioritaire de renseignement pour le compte de l'*Intelligence Service*.

Une sioniste d'origine hongroise, Hanna Szénes, est parachutée la première chez les partisans yougoslaves, qui doivent la faire passer en Hongrie. Le soir de la Pâque juive, c'est le tour de deux combattants du kibboutz Maagan, Joël Palgi et Peretz Goldstein. La première a été arrêtée à la frontière sur dénonciation. Les deux autres atteignent Budapest le 21 juin et se présentent à la « pension de famille » de Rezsö Kastner. Dans la rue, ils ont remarqué des maisons marquées de l'étoile jaune. « Ce ghetto dispersé ne vaut pas mieux qu'un ghetto concentré, se disent-ils. Impossible d'organiser ici un mouvement de résistance comme à Varsovie. »

Kastner leur raconte l'incroyable marché passé avec Eichmann. Il attend depuis trois semaines le retour de plus en plus improbable de Joël Brand. L'essentiel est de gagner du temps, puisque Eichmann leur a promis de garder « au frigo » les derniers Juifs déportés et n'a pas encore touché à ceux de Budapest. Palgi et Goldstein restent sceptiques : « Nous n'obtiendrons pas même une aiguille des Alliés pour sauver un million de Juifs. »

Les deux parachutistes prennent la précaution de se séparer. Avec sa fine moustache et son chapeau surmonté d'une plume de coq à la mode fasciste, Palgi se fond dans la foule étudiante. Par Kastner, il rencontre les jeunes clandestins de la Waada qui, face au danger, ont réagi comme ses compatriotes de Palestine en organisant l'autodéfense. L'incompréhension des dirigeants de la Waada n'empêche pas la solidarité.

En pleine alerte, tandis que les forteresses volantes américaines bombardent la zone industrielle au sud de la ville, Palgi traverse les beaux quartiers de Buda en compagnie de Henzi, la femme de Joël Brand. Le sifflement strident des tirs de DCA, les gerbes d'explosions, toute cette mortelle pyrotechnie qui embrase le ciel blafard lui rappelle ses deux ans et demi de combats passés dans les déserts d'Egypte et de Libye, l'héroïque défense de Bir-Hakeim, la bataille victorieuse d'El-Alamein...

Sur les hauteurs de la ville, le soleil est déjà chaud et le fracas lointain des tapis de bombes, à l'horizon, n'empêche pas les amoureux de déambuler sous les frondaisons des allées bien entretenues ou de s'étreindre sur les bancs des jardins publics.

Sur les conseils de Kastner, Henzi Brand conduit Palgi dans la gueule du loup à l'hôtel Majestic, sur la colline des Souabes, pour le présenter à ses interlocuteurs habituels de la Gestapo en tant que délégué de l'organisation sioniste d'Istanbul. Le subterfuge ne durera pas longtemps. A peine quelques jours plus tard, le contre-espionnage hongrois, qui a déjà démasqué et torturé

Hannah Szénes, arrête séparément Palgi et Goldstein en tant que parachutistes britanniques.

Eichmann ne s'y trompe pas. La communauté juive de Budapest, dont il avait exploité impunément les faiblesses, commence à se cabrer devant la mort, en cette fin de juin 1944, où l'espoir d'une libération prend forme. Il note des signes d'un réveil juif : on obéit moins bien à ses consignes, on n'accepte plus de se taire ni d'attendre passivement la mise en ghetto et la déportation.

Tout se passe comme si le principal allié des tueurs, cette résignation de tout un peuple, allait faire faux bond. Le Conseil juif lui-même, si servile jusqu'ici, n'a-t-il pas eu l'audace d'écrire sans autorisation au régent Horthy ? Déjà on murmure que le vieil amiral, sommé par les Américains de mettre un terme aux déportations, cherche une échappatoire. Pendant cent jours, Eichmann avait contrôlé le Grand Jeu. Il croyait pouvoir gagner sur les deux tableaux, en déportant et en rançonnant à son gré le judaïsme hongrois. Un départ record de 400 000 condamnés vers Auschwitz, des millions de devises extorquées aux survivants… Il ne lui reste plus qu'à saisir une dernière proie : les Juifs de Budapest, dont 49 000, affectés au travail obligatoire en banlieue, sont raflés dans les premiers jours de juillet pour remplir de nouveaux convois vers la mort.

C'est le moment choisi par le destin pour procéder à une redistribution des cartes, avec l'entrée en lice de Raoul Wallenberg.

5

Le coup d'arrêt

Après un voyage inconfortable de vingt-quatre heures, assis sur son sac de montagne dans le couloir d'un wagon bondé, le nouveau secrétaire attaché à la représentation diplomatique de la Suède en Hongrie débarque le 9 juillet sur le quai de la gare de Budapest, où l'attend le chauffeur de la légation. Sa qualité de diplomate l'autorisait à demander à son départ de Berlin, où il a abrégé son séjour chez sa sœur et son beau-frère, une place d'avion ou une couchette de chemin de fer. Mais il lui aurait fallu patienter un ou deux jours de plus pour obtenir l'une ou l'autre. Il a préféré sauter dans le premier train en partance de la gare d'Anhalt et voyager dans ces médiocres conditions pour arriver au plus vite et s'atteler à la tâche inconnue qu'il a décidé d'assumer.

La voiture le conduit directement au siège de la légation, une luxueuse villa à tourelle de trois étages, ceinte de peupliers, au 8, rue Gyopár, sur les pentes escarpées du mont Gellért, qui domine de 230 mètres la rive ouest du Danube. Wallenberg est accueilli avec chaleur sur le perron d'entrée par le ministre Danielsson, dont il connaît déjà le visage lisse, chauve et hâlé, et par le premier secrétaire, Per Anger, neveu de l'armateur Sven Salen, celui-là même à qui Wallenberg doit sa carrière commerciale et sa nouvelle mission. Le personnel se compose alors, en tout et pour tout, de trois employés : un Hongrois naturalisé suédois, Dénes von Mesey, qui tient la chancellerie, et deux dactylos. Suffisant pour expédier les affaires courantes, mais non pour faire face à l'afflux de demandes de toute sorte provoqué depuis l'invasion du pays par les SS, au printemps, et au surcroît de travail de la section B chargée, sous la responsabilité d'Anger, des devoirs inhérents à la fonction de puissance protectrice de la Suède pour les intérêts de sept pays belligérants. C'est cette section qui jusqu'ici a été autorisée, non sans mal, à délivrer quelque 600 certificats provisoires à de futurs ressortissants suédois...

Avant de mettre sur pied une section C, destinée à la soulager en se consacrant uniquement à ce problème des passeports de protection, Raoul s'informe des derniers événements qui viennent de bouleverser la Hongrie. La veille de son arrivée, le régent Horthy a profité de l'avortement d'une tentative de putsch d'extrême droite pour limoger Baky et Endre, les deux secrétaires d'Etat à l'Intérieur chargés des affaires juives, demander à l'ambassadeur d'Allemagne le rappel d'Eichmann et interrompre la mise en route du plan de déportation des Juifs de Budapest.

Déjà le 25 juin le gouvernement Sztójay avait donné cinq jours aux 250 000 Juifs recensés à Budapest pour quitter leurs appartements et déménager dans des immeubles marqués d'une grosse étoile de David jaune. Il s'agissait en fait de les concentrer en une sorte de quartier réservé sur la rive est du Danube afin de faciliter la rafle. Le 2 juillet, 1 600 gendarmes investissent Pest, sous prétexte de procéder à cette opération. Ils constituent en fait le fer de lance d'un coup d'Etat fomenté par leur chef, le lieutenant-colonel László Ferenczy en faveur de László Endre, représentant du parti fasciste des Croix Fléchées et personnellement lié à Adolf Eichmann. Averti au dernier moment de ce qui se trame, le vieil amiral, barricadé dans son château royal de Buda, rameute des unités fidèles de l'armée hongroise, engagée sur le front ukrainien, fait rentrer le 6 juillet une colonne de blindés dans sa capitale, et ordonne à la gendarmerie de s'en retirer.

Reçu le 7 juillet à Berlin par Hitler, le président du Conseil hongrois, le général Sztójay, assure que son gouvernement acceptera le maintien de la Gestapo en Hongrie jusqu'au terme de la Solution finale. Mais le 8, le régent remanie son ministère, enlève la compétence des Affaires juives au ministère de l'Intérieur pour la confier à un diplomate connu pour sa modération, Miklós Junghert-Arnóthy. La législation antisémite est maintenue, mais tout départ de Juifs pour une destination inconnue est désormais interdit, ce qui est un coup d'arrêt à peine déguisé aux déportations vers l'Allemagne.

Pourquoi soudain cette volte-face ? C'est que Horthy vient d'entrer à son tour dans le Grand Jeu, sous la pression des événements. Il y a d'abord l'évolution défavorable du cours de la guerre. A l'Ouest, sans doute rien de très nouveau depuis la réussite du débarquement anglo-américain en Normandie : les troupes de Montgomery piétinent toujours devant Caen et les Américains, entrés à Cherbourg, ne peuvent utiliser le port aux installations détruites. Hitler qui, le jour de l'opération *Overlord*, avait longuement reçu le Premier ministre hongrois au château de Klessheim sans paraître prêter attention à cette offensive, comme s'il n'en avait rien à craindre, compte visiblement sur les bombes volantes V1, qui en une semaine ont fait 10 000 morts et blessés à Londres, pour terroriser l'Angleterre. En

Italie, Rome est tombée mais la ligne « gothique », établie par le maréchal Kesselring de Pise à Rimini, tient bon. En revanche, à l'Est, l'offensive soviétique est ininterrompue depuis la reconquête par l'Armée rouge au printemps des régions frontalières de 1939. Les Russes ont quatre fois plus de pertes que les Allemands sur le champ de bataille, mais, à ce prix, ils poursuivent leur avance avec une supériorité matérielle toujours croissante. Hitler concède au maréchal Guderian, le champion de la guerre éclair et des *Panzerdivisionen*, l'autorisation d'effectuer un repli élastique nécessaire. Du coup, les chefs des Etats satellites du Reich, qui voient s'approcher la menace du rouleau-compresseur soviétique, en sont à chercher une issue leur permettant de sortir « honorablement » du guêpier infernal. L'héroïque Finlande du maréchal Mannerheim — qui a refusé de livrer ses Juifs à l'allié allemand — négocie. De même le dictateur roumain Antonesco, sanglant pourfendeur du « judéobolchevisme », se pose maintenant en protecteur des Juifs et tente de s'arranger avec Staline. Il serait tragique pour la Hongrie de se retrouver seule aux côtés du Reich. Dans son château royal des hauts de Buda, l'amiral Horthy, qui a perdu son partenaire favori aux cartes, l'industriel juif Goldberger déporté à la fin du printemps, fait des patiences. Il attend le retour des émissaires qu'il a secrètement dépêchés auprès du Grand Quartier général allié de Bari, en Italie. Traiter pour traiter, autant le faire avec les Occidentaux. Entre gens du même monde, on devrait pouvoir s'entendre.

Le vieux régent entend bien les avertissements que lui adresse l'Occident au sujet de la déportation massive des Juifs des provinces hongroises, à laquelle le gouvernement imposé par Hitler en mars fait plus que prêter la main. Il a beau simuler l'étonnement devant le portrait d'un vieillard aux mains rouges de sang que fait de lui la presse internationale, il se rend compte qu'il va finir par figurer sur la liste des criminels de guerre dont les Alliés ont annoncé l'établissement. C'est ce que lui a fait comprendre, avec d'infinis ménagements, le pape Pie XII, dans un message remis le 25 juin par le nonce Angelo Rotta. Le lendemain, par le biais de la légation helvétique qui représente les intérêts des Etats-Unis, il a reçu du président Roosevelt un ultimatum menaçant la Hongrie de représailles et annonçant des attaques aériennes sur le centre de Budapest si les déportations n'étaient pas immédiatement suspendues. C'est clair. Horthy s'est alors empressé de faire valider les certificats d'immigration en Palestine que lui a présentés le consul suisse Charles Lutz au nom de la puissance britannique mandataire, en ajoutant que « son cœur de père du peuple hongrois saigne devant les déportations ». Le soir même de ce 26 juin, il a écrit à la Wilhelmstrasse — le ministère des Affaires étrangères, à Berlin — pour lui faire savoir qu'il ne peut plus s'associer à sa politique et qu'il demande l'arrêt du départ des convois juifs. Pas de réponse. Quand le ministre suédois Danielsson vient, le 1er juillet, lui remettre le message du roi Gustav, il n'y a plus de gros effectifs SS stationnés sur le territoire hongrois. Ils sont affectés en priorité au front de l'Est. Le seul obstacle au revirement de Horthy se trouve au sein de son propre gouvernement. C'est alors que l'amiral apprend la conspiration ourdie pour le renverser : irrité par ses atermoiements, Eichmann a conseillé aux secrétaires d'Etat Baky et Endre de faire appel à la gendarmerie du lieutenant-colonel Ferenczy. D'une part, celle-ci devrait rassembler la totalité des Juifs de la capitale dans l'île de Csepel, sur le Danube, après une perquisition systématique guidée par tous les facteurs des postes, qui connaissent les noms et les adresses, et par les ramoneurs habitués à sonder murs et cheminées. D'autre part, elle s'assurerait de la personne du régent pour le déposer au profit de László Endre, ce qui permettrait en trois semaines d'en finir avec la question juive à Budapest.

Ce défi d'Eichmann amène Horthy à prendre sa décision. Le coup d'arrêt donné aux déportations est ressenti d'autant plus durement par Eichmann qu'il est en droit de se demander si Berlin, sans réaction devant les initiatives hongroises, ne va pas exiger qu'il retire son *Einsatzkommando Ungarn*. Le 5 juillet, Sztójay lui-même avait déjà donné des signes de déloyauté, en autorisant le départ immédiat des Juifs titulaires de passeports suédois provisoires. Ce n'est qu'un coup de canif dans le contrat passé avec Himmler, mais Eichmann s'alarme. A Budapest, on le rassure : l'ambassadeur plénipotentiaire SS Veesenmayer veut croire que Horthy dore la pilule aux Alliés et que ces autorisations de sortie, données à quelques centaines de privilégiés, couvriront la déportation rapide et massive des Juifs sans passeport. Lâché par ses complices hongrois, déçu par la mollesse de son gouvernement, Eichmann est en train de perdre ses moyens d'action. Sans la gendarmerie, mise au pas et renvoyée en province, le commando ne peut procéder à la grande rafle des Juifs de Budapest. En outre, Horthy évolue de jour en jour vers une neutralité bienveillante à l'égard des amis des Juifs. Obligé de dissimuler son ressentiment, Eichmann ne renonce pas. Il ordonne donc à Wisliceny et à Hunsche de prévenir les commandants de camps que, sauf contrordre exprès de Himmler, ils doivent continuer à préparer des convois. Pourtant l'un d'eux lui a échappé : le convoi probatoire parti le 30 juin théoriquement à destination de Lisbonne, via Vienne, avec son échantillon témoin, 1 684 Juifs sélectionnés dans le cadre de l'étrange marché passé par la Waada de Budapest, qui a mis tout son espoir dans l'arrivée à bon port de cette arche de Noé. Pour convaincre les sceptiques, le président du Comité de sauvetage, Otto Komoly, a fait admettre sa propre fille dans ce train. La mère, les frères et les sœurs de Kastner s'y trouvent aussi ; de même la mère, les sœurs et les proches parents de Joël Brand. Ce miraculeux convoi ne risque-t-il pas d'être dévié à tout instant de l'itinéraire prévu ?

Première alerte : le train reste immobilisé trois longs jours en gare de Moson-Magyaróvár, à mi-chemin de la frontière austro-hongroise. L'un des convoyeurs allemands crie qu'il doit être dérouté sur Auspitz. Les voyageurs comprennent Auschwitz et la panique les gagne, d'un wagon à l'autre. L'un d'eux réussit à sauter sur les rails et à attraper clandestinement un train en direction de Budapest. De retour dans la capitale, il prévient Kastner, qui se précipite au bureau d'Eichmann à l'hôtel Majestic. Eichmann éclate de rire et dissipe le malentendu : Auspitz n'est pas Auschwitz. Il s'agit d'un nœud ferroviaire par lequel on a dû faire passer le convoi-test, en raison de l'encombrement de la voie desservant le camp de travail frontalier de Strasshof, où viennent d'arriver les 18 000 travailleurs juifs mis à la disposition de la municipalité de Vienne...

L'arche de Noé finit par arriver à son tour dans la capitale autrichienne. Après un nouvel arrêt à Linz, l'« échantillon » des 1 684 « miraculés » de Hongrie est transporté à Bergen-Belsen, près de Hanovre, où tous les voyageurs sont internés le 8 juillet dans ce camp de transit, dit privilégié, en attendant les résultats de la mission Brand à Istanbul.

Un projet d'accord intérimaire, rédigé par l'antenne sioniste d'Istanbul et annoncé par Brand avant sa disparition, est parvenu presque en même temps à la

Waada de Budapest. Il est signé de trois représentants autorisés de l'Agence juive en Palestine et pose quatre conditions à la poursuite de la négociation du marché proposé par Eichmann :

1. Arrêt des déportations.

2. Envoi de négociateurs allemands à Istanbul.

3. Gestes probatoires concrets des deux parties, préalables à toute conclusion d'accord : versement mensuel de un million de francs suisses contre l'arrêt des déportations ; versement de 400 000 dollars par convoi de 1 000 émigrés à destination de la Palestine désignés par la Waada, de un million de dollars par contingent de 10 000 émigrés autorisés à transiter par un pays neutre ; attribution de la moitié des vivres, des vêtements et des médicaments fournis par la partie juive aux internés des ghettos et des camps.

4. Dans l'attente d'un accord définitif, Joël Brand est autorisé à contracter des engagements pour la réalisation de ces conditions.

C'est le premier document destiné aux SS et portant la signature de responsables de l'Agence juive, dont le capitaine Otto Clages, chef du commando F du service de contre-espionnage de Himmler, connaît fort bien les noms. Mais, au lendemain de l'arrivée de ce texte, Clages fait savoir à ses interlocuteurs de la Waada que le convoi témoin restera bloqué à Bergen-Belsen jusqu'au retour de Brand à Budapest avec la preuve tangible de la réalité des contreparties offertes.

Ignorant tout de ce simulacre de tractations, mais pour parer au plus pressé, Raoul Wallenberg se rend, trois jours après son arrivée, au siège du Conseil juif pour y rencontrer son président, Samuel Stern. Comme il ne porte pas d'étoile sur son pardessus bleu marine, et qu'il s'exprime en allemand avec autorité, on le prend pour un homme de la Gestapo. On le fait donc patienter dans le hall. C'est alors qu'un de ses camarades d'enfance, un Juif hongrois nommé László Petö qui a, lui aussi, pas mal roulé sa bosse, le reconnaît en passant dans le vestibule. Il l'introduit immédiatement auprès du Dr Stern. Raoul lui tend la lettre de recommandation du grand rabbin de Stockholm, Markus Ehrenpreis, rédigée aussi en allemand : « Donnez-lui par écrit tous vos desiderata. M. Wallenberg me les fera transmettre par le canal des Affaires étrangères. Par lui, notre comité de soutien va tenter tout ce qui est en son pouvoir. Dans l'espoir que, par la grâce de Dieu, nos coreligionnaires pourront échapper au pire. »

Les deux hommes conviennent que László Petö assurera à l'avenir leur liaison. Raoul se rend, aussitôt après, à la légation de Suisse, où il s'entretient longuement avec le consul, Charles Lutz, qui abrite dans ses locaux le délégué hongrois de l'Agence juive chargé d'organiser, dans la mesure du possible, des transports à destination de la Palestine.

A son retour, le jeune diplomate suédois trouve trois volontaires juifs venus se mettre à sa disposition : les premiers titulaires des passeports de protection, Hugo Wohl, Vilmos et Béla Forgács (le couple rescapé de la rafle d'Ujpest), dispensés du port de l'étoile. Son problème est en effet de conférer à ces papiers provisoires le maximum de valeur pour les faire respecter des autorités... afin d'en multiplier l'attribution.

Raoul Wallenberg commence par négocier l'établissement d'un nouveau modèle de passeport provisoire individuel avec le département des étrangers au ministère hongrois de l'Intérieur. Ce passeport autorise son titulaire à attendre sur place son inscription sur un passeport collectif qui seul permet de quitter le pays au sein d'un groupe. Les titulaires de ces passeports, ainsi que leurs domiciles, sont dès lors placés sous la protection de la légation suédoise sans pour autant changer de nationalité.

Pour obtenir le premier document, il suffira d'indiquer le nom et l'adresse d'une attache suédoise quelconque, parentale ou professionnelle, ou même simplement être apparenté à un résident hongrois pouvant justifier d'une telle attache. Même si les renseignements fournis ne correspondent que d'assez loin à ces conditions, le solliciteur recevra un certificat à en-tête signé de Wallenberg spécifiant que la demande d'autorisation d'immigrer en Suède a été acceptée par les autorités suédoises et qu'« un passeport de protection émis sous le numéro x sera délivré après achèvement de la procédure administrative engagée ».

Mieux. Par les bonnes relations qu'il noue dès les premiers jours avec le nouveau responsable des Affaires juives, Miklós Junghert-Arnóthy, Raoul parvient à faire reconnaître par le Département des étrangers la validité de la carte d'identité que la section B délivre aux porteurs de ces simples lettres de protection... A partir de ce moment, les nouveaux passeports de protection émis par la légation royale de Suède acquièrent évidemment une valeur très supérieure aux certificats d'émigration pour la Palestine délivrés par la légation helvétique et aux documents établis par les autres légations neutres. Ils sont en effet les seuls où figure une photo de leur titulaire dûment tamponnée, et surtout à porter la signature du ministre en poste.

Si Wallenberg peut opérer au départ avec tant de facilité, ce n'est pas uniquement à cause de son entregent et de l'autorité qu'il a acquise dans la pratique des négociations commerciales : un nouveau coup de théâtre politique vient de se produire, le 14 juillet, à Budapest.

Poursuivant son avantage, le régent Horthy semble vouloir franchir le Rubicon. Il annonce à la radio la décision généreuse, conforme à la tradition magyare, prise par son gouvernement : plus aucune restriction ne s'opposera à l'émigration de tous les Juifs résidant en Hongrie, sous la réserve bien sûr d'une autorisation allemande de transit et de l'octroi de visas d'entrée dans tout autre Etat, neutre ou belligérant, désireux de les accueillir. Bien joué ! La Hongrie souhaite officiellement bon vent à ses Juifs par la voix du vieil amiral, à qui le monde libre administre depuis près d'un mois des leçons de morale. Eh bien, qui en veut ?

L'apparente générosité de l'offre hongroise dissimule la mauvaise volonté d'un régime qui s'était montré bien plus compréhensif quand il s'agissait d'aider les Allemands à la liquidation des Juifs. Le gouvernement de Budapest demande aux neutres, représentant les intérêts alliés, et aux grandes organisations internationales de charité, de s'occuper de tout. Les formalités de visa, le financement des transports, les plans d'installation dans les nouvelles terres d'accueil, que les étrangers s'en chargent, puisqu'ils aiment tant les Juifs ! Le « père de la nation hongroise » considère que les rescapés des massacres du printemps — dont il se garde de parler — sont exclus de la communauté magyare. Ne doutant pas que les protestations humanitaires de Londres et de Washington cachent un antisémitisme aussi profond que le sien, il met les Alliés au pied du mur.

Reste que les déportations sont suspendues. En se dépêchant, Eichmann avait réussi à inclure dans les derniers convois 49 000 Juifs de la zone n° 6, celle de Budapest, partis entre le 30 juin et le 7 juillet. Ce même 14 juillet où Horthy proclame la fin des déportations, Eichmann réplique en ordonnant le départ d'un convoi de 1 450 Juifs concentrés dans le camp hongrois de Kistarcsa. Direction : Auschwitz. Voilà la réponse de l'*Einsatzkommando Ungarn* à la félonie de l'amiral. Habitués à obéir aux nazis, les gendarmes hongrois viennent pousser dans les fourgons les malheureux qui se croyaient désormais à l'abri. L'un d'eux a le temps de faire alerter par téléphone le Conseil juif de Budapest, qui se tourne aussitôt vers le château royal. Le vieux régent le prend de haut : Comment ? On a osé enfreindre ses ordres, bafouer son autorité ? Il rassure tout de suite ses interlocuteurs et envoie un détachement militaire stopper le train avant la frontière. Le convoi fait demi-tour et ramène son chargement humain au camp de Kistarcsa.

La nouvelle de l'échec infligé à la Gestapo se répand instantanément dans Budapest. C'est mal connaître Adolf Eichmann. Deux jours plus tard, il convoque Kastner : si Joël Brand n'est pas de retour avant huit jours, hurle-t-il, son arche de Noé de Bergen-Belsen sera remise sur les rails, direction Auschwitz, et son échantillon témoin anéanti ! Deux jours plus tard il fait convoquer d'urgence tous les membres du Conseil juif au bureau de son adjoint Hunsche. Celui-ci se montre extrêmement courtois, mais très bavard. Il les retient toute la journée sous le prétexte de régler de menus problèmes. A leur retour, les membres du Conseil apprennent avec stupeur que les 1 450 Juifs ramenés sains et saufs à Kistarcsa ont été embarqués de force le matin même dans un convoi de camions allemands qui a franchi la frontière : 1 450 gazés de plus.

Wallenberg consigne cette tragédie dans le second rapport qu'il adresse à Stockholm moins de dix jours après son installation dans la villa voisine de la légation. Le 14 juillet, il a téléphoné à son ami Kálmán Lauer. Une communication de vingt-six minutes, fréquemment interrompue. En langage codé, Lauer lui fait comprendre que le *War Refugee Board* lui a versé 110 000 couronnes pour l'« exportation » sur un compte spécial ouvert à son nom à la banque familiale. Raoul fournit aussitôt au directeur de la Croix-Rouge suédoise, Waldemar Langlet, et à sa femme Nina, de quoi placer les nombreux orphelins et enfants abandonnés, qu'ils ont recueillis après chaque rafle ou chaque départ de convois dans des immeubles bénéficiant de l'exterritorialité.

Le 17 juillet, il rédige son premier rapport. En allemand, comme toute la correspondance qu'il échangera par la suite avec son ministère. Il fait état d'un agrandissement des installations d'Auschwitz et de Birkenau, qui ont reçu jusqu'à 6 trains de 3 000 Juifs hongrois par jour le mois précédant son arrivée. « Les chambres à gaz, camouflées en douches, peuvent anéantir 6 000 personnes par jour, dont les cadavres sont enfournés dans des fours crématoires », écrit-il, en exprimant des doutes sur la capacité du chef de l'Etat hongrois à faire respecter son récent veto aux déportations.

Par le courrier du lendemain, Wallenberg fait partir trois lettres : une lettre de remerciement au roi Gustav remise par Samuel Stern et le Conseil juif ; une lettre personnelle à Lauer, dans laquelle il lui demande d'obtenir l'envoi de 200 enfants en Suède et de l'argent pour acheter fausses cartes d'identité et certificats de baptême ; un mot à sa mère : « Invite les Lauer à la maison. Je n'ose pas leur dire que les parents de Marika et un petit enfant de la famille sont sûrement morts en déportation. » Et il ajoute à ce courrier du 18 juillet 1944 un document hallucinant fondé sur des témoignages concordants : d'une part, ceux de deux Juifs polonais évadés le 7 avril du camp de Birkenau et, d'autre part, ceux d'un Polonais et d'un Tchèque évadés le 27 mai. Sous le nom de « protocole d'Auschwitz », ce texte, rédigé à la légation suédoise de Budapest, va faire, via Stockholm, le tour de toutes les chancelleries du monde libre. En voici les principaux extraits, soulignés de la main de Raoul Wallenberg :

... Le 1er avril 1944, un convoi de Juifs grecs est arrivé à Birkenau. Mille cinq cents d'entre eux ont été gazés à leur arrivée.

Entre le 10 et le 15 avril, un convoi constitué en majorité d'Aryens, la plupart polonais, est arrivé au camp de Lublin-Maïdanek avec 300 Juives très affaiblies. C'est par eux que l'on a su que, le 3 novembre 1943, 11 000 hommes et 6 000 femmes avaient été exterminés dans ce camp.

Ces Juifs avaient dû creuser des tombes très profondes devant lesquelles ils ont été fusillés par groupes de 200 à 300. Le tout en deux heures, au son d'une musique qui couvrait les cris. Seules 300 jeunes filles, affectées à des travaux de bureau ou de terrassement, ne furent pas exécutées mais envoyées à Birkenau avec les Aryens. Trois jours après leur arrivée, sur un ordre de Berlin, elles ont été gazées. Deux d'entre elles, qui avaient échappé à la mort ce jour-là par suite d'un malentendu, ont été fusillées le lendemain.

Fin avril, un nouveau convoi de Juifs grecs est arrivé. Trois mille ont été aussitôt exécutés.

Puis en mai, d'autres convois de Juifs français, hollandais, belges, grecs et d'Aryens polonais. Beaucoup sont placés dans les usines Buna à Auschwitz.

A partir de la mi-mai, les convois en provenance de la Hongrie sont parvenus en masse à Birkenau. Chaque jour voyait débarquer de 14 000 à 15 000 Juifs. Le chemin menant aux fours crématoires a été déblayé, de telle sorte que les convois pouvaient y aboutir directement.

Environ 10 % ont été admis dans le camp. Les autres étaient gazés immédiatement.

Dès lors, on a gazé à Birkenau plus que jamais auparavant. Le Sonderkommando est passé de 600 à 800 personnes, les colonnes de déblayage des routes de 150 à

700 personnes. Trois fours crématoires fonctionnaient déjà jour et nuit. On en a mis en marche un quatrième. Quand on s'est rendu compte que la capacité de ces fours était encore insuffisante, on a creusé quatre fossés de 50 mètres de long sur 15 mètres de large, où l'on incinérait jour et nuit les cadavres. Actuellement la capacité de liquidation est pratiquement illimitée. Les 10 % qui survivent portent l'uniforme de bagnard, mais ils ne sont pas tatoués. Ils se trouvent dans la section C du camp, d'où on les envoie dans d'autres camps tels que Buchenwald, Mauthausen, etc.

Un convoi de 1 600 Français aryens est arrivé à Birkenau. La plupart étaient des intellectuels, des gens ayant de hautes situations dans la finance, des officiers, des journalistes connus, des hommes politiques, d'anciens ministres. Dès leur arrivée, ils se sont révoltés et la répression a été très brutale. Certains ont été fusillés. L'attitude de ces Français a été très courageuse et pleine de dignité. Au camp, ils ont été isolés. Au bout de quinze jours, sur un ordre de Berlin, ils ont été envoyés à Mauthausen.

Auparavant, les Juifs portaient tous des numéros qui se suivaient, mais depuis la mi-mai existe une nouvelle série comportant la lettre A avant le numéro. On ignore la raison de ce changement.

Ces derniers temps, une centaine de Juifs sont arrivés de France, de Hollande et d'Italie. A Auschwitz existe un laboratoire d'expérimentation biologique, où travaillent des SS et des médecins en civil. On y fait des expériences sur des femmes et des médecins juifs. Jusqu'à ce jour, aucune femme slovaque n'a servi de cobaye à ces expériences. D'autres expériences sont également pratiquées sur des hommes, dans un endroit à part. D'autres aussi sur les tziganes. Ces expériences ont entraîné de nombreux décès. On a castré des gens. Le bloc où l'on procède à ces expériences est tout à fait isolé. Les volets des fenêtres sont fermés et personne ne peut y pénétrer.

Après avoir pris sur lui de faire connaître cette inimaginable vérité au monde, Raoul Wallenberg ne va plus être le même homme. Il se lance dans l'action, prend tous les risques, organise des réunions avec les représentants des autres puissances neutres : Suisse, Portugal, Espagne, Vatican. Il les met au pied du mur, écarte les vœux pieux, les abstractions velléitaires, les oblige à des actions ponctuelles et concrètes. Les fluctuations quotidiennes interdisent de concevoir un plan de longue haleine. Ce qu'il faut, c'est s'employer à élargir les possibilités de protection sur place au plus grand nombre et attiser les contradictions entre les autorités hongroises, soucieuses de sauvegarder leur représentation internationale, et les autorités allemandes d'occupation. Raoul va jusqu'à demander audience à Horthy, s'engageant à faire rayer son nom de la liste des criminels de guerre quand celle-ci sera définitivement arrêtée par les Alliés.

6

L'été des illusions

Quand, le 20 juillet, Hitler se rend au poste de commandement qu'il a établi à Rastenburg, en Prusse orientale, pour faire le point de la situation militaire avec les plus hauts dignitaires du régime, l'étau allié se resserre autour de la forteresse Europe, entamée à l'est, au sud et à l'ouest.

La poussée soviétique a sectionné en trois morceaux le front oriental : le groupe d'armées du centre, à demi anéanti, a reculé de 640 kilomètres jusqu'à la Vistule, aux abords de Varsovie, où le Feldmarschall Model vient tout juste de le sauver du désastre. Mais les cinquante divisions du groupe d'armées Schörner, qui tiennent le verrou balte, ne sont pas engagées dans la bataille. Plus au sud, les armées Tolboukhine, Petrov et Malinovski ont totalement reconquis l'Ukraine et s'enfoncent en Roumanie, menaçant les réserves pétrolières de Ploesti.

Sur le front opposé, après sept semaines de piétinement et de bataille confuse, la guerre de mouvement semble engagée : alors que le commandement allemand a utilisé toutes les réserves disponibles à l'Ouest, les Anglo-Américains reçoivent sans cesse des troupes fraîches et du matériel neuf.

Dans le bunker improvisé de Rastenburg, où sont réunis Hitler, Goering et Himmler, l'adjoint au chef d'état-major de l'armée de l'intérieur, un borgne au visage étrangement juvénile, le colonel Klaus Philip Schenk, comte von Stauffenberg, vient de faire son rapport sur le plan d'action destiné à mobiliser les réserves pour la défense du territoire du Reich. Il s'agit de mettre en œuvre les dispositions prévues à cet effet sous le nom d'« opération Walkyrie ». Dans son esprit, ce nom sert à couvrir des préparatifs d'une tout autre nature : ceux d'un projet de putsch antihitlérien qui a enfin pris forme depuis la récente entrée de cet officier supérieur dans la conspiration ourdie par les vieux conservateurs groupés autour du bourgmestre de Leipzig, Karl Goerdeler, l'ami du banquier suédois Jakob Wallenberg. La déconvenue des généraux allemands face à l'invasion anglo-américaine paraît augmenter les chances de succès du complot. Le 1er juillet, un échange téléphonique surpris entre le maréchal Keitel, le servile chef d'état-major du Führer, et le maréchal von Rundstedt, commandant en chef du front de l'Ouest, a jeté un jour cru sur le soudain défaitisme des gloires de la Wehrmacht. Las d'écouter les doléances de son interlocuteur, Rundstedt a explosé : « Faites la paix, pauvres imbéciles ! Que faire d'autre maintenant ? »

Les officiers d'état-major, chefs sans troupes, et les anciens politiciens sans audience, rêvant d'alternative, croient venu le moment d'agir. Pour négocier une paix à l'Ouest, on pourrait sans doute compter sur le plus populaire des maréchaux allemands, Erwin Rommel, l'ancien « Renard du désert ». Certains des conspirateurs éprouvent toutefois des scrupules à poignarder leur Etat dans le dos à la faveur de l'offensive ennemie. Scrupules honteux et tardifs de comploteurs à la manque, que le colonel-comte von Stauffenberg balaie d'un revers de son bras mutilé. L'opération Walkyrie, telle qu'il l'a mise au point à sa manière, ne peut plus être décommandée :

sa convocation à la conférence de Rastenburg le 20 juillet lui fournit l'occasion unique de placer une bombe sous les pieds du Führer. Dès que les initiateurs du coup d'Etat se seront emparés des postes clés à Berlin et auront arrêté les principaux chefs nazis, l'annonce de la mort de Hitler servira de signal à la révolte de l'armée contre les SS.

Or, à trois jours du jour J, le maréchal Rommel est grièvement blessé dans son command-car. Avec lui, la conjuration perd son pilier de soutien. On s'en affole à la Bendlerstrasse, siège berlinois de l'état-major et fief des comploteurs. Au moment de passer à l'action, le général Ludwig Beck, chef militaire du putsch, et Goerdeler, son chef civil, renoncent. Mais l'ardent colonel manchot n'a cure de leur pusillanimité. Il arrive à l'heure dite, avec, dans sa grosse serviette, généralement bourrée de documents chiffrés, une bombe de forte puissance munie d'un détonateur à retardement.

Réglé sur 12 h 42, l'engin explose comme prévu dans l'abri provisoire où se tient la réunion au sommet du Gotha nazi. Il y a plusieurs morts. Hitler, contusionné, les tympans crevés, s'en tire indemne. Sorti juste quelques instants avant l'explosion, Stauffenberg, qui croit l'avoir tué, prévient ses amis de Berlin et de Paris. Pendant quelques heures, ce 20 juillet, le mécanisme mis en place par les conjurés va fonctionner. A Paris, le général Heinrich von Stülpnagel, gouverneur militaire de la place, fait arrêter l'état-major SS avec, à sa tête, le général Oberg. Mais à Berlin c'est l'étouffement dans l'œuf de la conspiration. Personne n'a même tenté de prendre l'immeuble de la radio, de neutraliser le siège de la Gestapo, de s'emparer du Gauleiter de la capitale, Josef Goebbels. Par téléphone, Hitler a pu toucher un jeune officier de l'état-major, le chef de bataillon Remer, et lui faire savoir qu'il a échappé à l'attentat. Cet officier n'aura aucun mal à réprimer un coup d'Etat avorté.

La répression sera atroce : le colonel manchot Stauffenberg, fusillé le soir même dans la cour du seul immeuble tenu par les putschistes, un maréchal et trois généraux pendus quelques jours après par une corde à piano à un crochet de boucherie, d'autres officiers généraux contraints au suicide dès la nouvelle de l'échec ; tel le général Treschkow, qui se fait sauter à la grenade sur le front de l'Est, ou le général Wagner, qui se tire une balle dans la tête. Stülpnagel, lui, se rate. Rendu aveugle, il finira pendu. Le maréchal von Kluge, pourtant sans liens avec la conjuration mais tenu responsable des revers militaires à l'Ouest, mettra fin à ses jours pour échapper à l'humiliation d'un procès. Le tour de Rommel viendra plus tard.

Arrêté, Karl Goerdeler, qui n'a pas voulu prendre part au coup manqué du 20 juillet, mais qui connaît tous les opposants au régime, ne fera guère de difficultés pour en donner les noms. Près de 5 000 pendus, y compris tous les membres de leurs familles respectives.

Himmler va renforcer sa position à la faveur de cette répression. Il différera cependant l'exécution de l'ancien bourgmestre jusqu'au 2 février 1945, dans l'espoir de l'utiliser pour un contact avec l'Ouest par le canal des grands-oncles de Raoul Wallenberg. Car, si les données sont changées pour les conservateurs allemands et les collaborateurs — pétainistes en France, horthystes en Hongrie qui espéraient parvenir à un arrangement avec les Anglo-Américains —, le Grand Jeu n'en est pas terminé pour autant. Chef suprême de la SS, Himmler, qui voit son étoile monter plus haut encore dans le ciel nazi, entend s'approprier toutes les cartes.

Ministre de l'Intérieur depuis 1943, patron de toutes les polices du Reich, maître absolu de l'empire industriel et financier que constituent les camps de concentration, cet ancien éleveur de poulets est en passe de devenir l'homme le plus puissant de l'Europe allemande. Après l'élimination de l'amiral Canaris et l'absorption de l'Abwehr, il tient en main tous les réseaux du contre-espionnage et dirige en même temps les opérations militaires à l'Est. Avec ses traits mous, ses lorgnons, sa moustache chétive, le Reichsführer n'a rien d'un foudre de guerre. Mais cet homme craintif et tatillon, esclave de ses rites et de ses superstitions, concentre à présent tant de pouvoirs qu'il paraît à sa portée de donner ou non toute sa chance à la relance du Grand Jeu. Par le canal de Schellenberg, le chef du SD, il s'engage, encore avec lenteur et hésitation, dans la voie d'une tentative de paix séparée. Eichmann, le chef du bureau des Affaires juives (IV B 4) n'est pas moins utile : il a fait de l'extermination planifiée son domaine réservé auquel nul n'a accès.

En épargnant, au terme d'un massacre, quelques dizaines, voire quelques centaines de milliers de Juifs, Himmler s'imagine pouvoir encore tout obtenir des Alliés, y compris son maintien au pouvoir !... C'est avec ce personnage ambigu, plus intéressé à la survie de son Etat SS qu'à celle de l'Allemagne, qu'il faut désormais compter. Dans ses rêves de généticien amateur, il croit en son avenir, autant que Hitler croit en sa « baraka » quand, montrant à Mussolini, arrivé quelques heures après l'attentat, les débris encore fumants de son quartier général, il lui confie : « Vous voyez, il ne peut rien m'arriver. Mon destin est de poursuivre et d'achever ma mission historique. »

En Hongrie, l'impact du complot avorté est moins spectaculaire qu'en Allemagne. A l'écart de la conspiration, mais issu du même milieu conservateur que ses artisans et voulant croire comme eux à un arrangement à l'amiable avec Churchill et Roosevelt, Horthy doit rappeler à l'ordre ou mettre à l'ombre quelques-uns de ses diplomates trop ostensiblement engagés dans des contacts avec l'autre camp. Ne sachant s'il doit craindre plus Hitler — qui ne se rassasie pas du châtiment des traîtres — que Staline, dont les troupes menacent les Carpates, il croit jouer au plus fin en louvoyant.

Les hommes de Himmler étaient déjà en place à Budapest avant l'attentat. Il y a quatre mois que le capitaine Otto Clages, chef du commando F du service de contre-espionnage SS (SD), est installé à l'hôtel Mirabel, proche du Majestic où siège l'*Einsatzkommando Ungarn*. Clages oscille entre les deux hommes de confiance de Himmler : son patron Schellenberg jouant le rôle de frein, et Eichmann celui d'accélérateur dans la mécanique de la solution finale du problème juif. A leurs côtés œuvrent également les experts économiques, Becher et Pohl, encouragés par Himmler à poursuivre leur marchandage avec les dirigeants de la Waada.

Kastner ayant été enlevé trois jours plus tôt par les services hongrois, furieux d'être tenus à l'écart de cette négociation, c'est l'ingénieur André Biss qui se présente le 20 juillet au capitaine Clages avec un mémorandum, rédigé à sa demande pendant la nuit, pour contrer la menace d'Eichmann d'expédier à Auschwitz le convoi-témoin de Bergen-Belsen. Un sergent SS surgit au milieu de leur entretien, un télex à la main. A sa lecture, Clages se départ de son calme et bondit dans le bureau de son aide de camp. Il demande à Biss de revenir dans quarante-huit heures. En sortant, l'éminence grise de la Waada apprend la nouvelle qui a bouleversé son interlocuteur : l'attentat manqué de Rastenburg.

Le 22 juillet, Biss rapporte à Clages la version définitive de son texte que celui-ci s'engage à faire parvenir à Himmler par le premier avion. On est en effet à deux jours de l'expiration de l'ultimatum d'Eichmann. Il s'agit donc avant tout de gagner du temps. Dans cette note, Biss demande la poursuite du voyage vers l'Espagne du convoi-test bloqué à Bergen-Belsen et la fixation d'un rendez-vous à Lisbonne entre les représentants de la Waada, de l'Agence juive et de la SS pour l'établissement du contrat prévu. Il demande également le retour de Kastner à la tête de la délégation sioniste hongroise, l'arrêt des déportations, relayées à l'avenir par une émigration organisée. Condition préalable à la réalisation d'un accord : la sauvegarde des derniers Juifs hongrois déportés :

Les personnes en état de travailler représentent une valeur réelle pour l'économie allemande elle-même et celles qui ne le sont pas devraient être les premières à être échangées dans le cadre de nos accords : enfants de moins de douze ans, vieillards, mères inaptes au travail. Même si ce groupe entraîne des dépenses improductives, il représente une valeur économique potentielle susceptible d'être réalisée dans les délais les plus brefs... Nous rappelons que lors de nos dernières négociations avec MM. les Obersturmbannführer Becher et Eichmann, on a également reconnu que la contre-valeur à payer par nous (les camions d'abord) se traduirait par une économie de sang allemand. Un gaspillage de la substance juive actuellement entre vos mains, que ce soit pour des raisons idéologiques ou de rentabilité apparente, serait, selon nous, une maladresse qui porterait tort au peuple allemand lui-même. En résumé :

Le premier train spécial constitue le prélude à une transaction de grande envergure. En termes commerciaux, il s'agit ici d'un envoi d'échantillons que vous faites parvenir à votre client avant la vente d'un stock plus important. Le chiffre d'environ 1 600 hommes sur une quantité globale d'environ 600 000 à 700 000 ne pèse guère plus qu'un petit échantillon. La contre-valeur totale doit être livrée en matières premières, en marchandises, et surtout en camions. En ce qui concerne les contre-valeurs par tête, exprimées en dol-

lars ou en marchandises, nous n'avons encore rien conclu de définitif. D'un côté, M. Eichmann avait parlé à cette occasion de 100 vies juives contre un camion, tandis qu'on a évoqué d'un autre côté un prix compris entre 1 000 et 1 200 dollars... A Lisbonne, on pourrait obtenir un prix de 300 à 400 dollars par tête...

Nous avons payé jusqu'à ce jour environ 1 100 000 dollars en devises, en or, en brillants et en argent hongrois. La contre-valeur des marchandises déjà livrées ou en train de l'être s'élève environ à 800 000 dollars. Au total ce sont donc près de 1 900 000 dollars qui ont déjà été payés ou qui sont sur le point de l'être.

On nous objecte que l'absence prolongée de Joël Brand aurait une influence défavorable sur l'étape finale du convoi de Bergen-Belsen. Ce retard vient des difficultés de passeport et de visa dont ni Joël Brand ni nous ne portons la responsabilité.

Nous tous, communauté juive de Hongrie, partiellement déportée en Allemagne ou encore résidente en Hongrie, restons en votre pouvoir. Nous sommes par conséquent des otages qui garantissent le respect des engagements pris.

La remise à l'étranger du premier convoi d'environ 1 600 personnes peut faire aboutir toute la transaction. Au contraire, le retard de ce convoi pourrait suffire à constituer un obstacle insurmontable.

Le 26 juillet, Clages rapporte à Biss la réponse orale de Himmler : arrêt des déportations de Hongrie, ordre de diriger une partie du convoi-témoin de Bergen-Belsen sur la Suisse, où devront avoir lieu les contacts initialement prévus à Lisbonne, en raison de l'évolution de la situation militaire en France. Le lendemain, Kastner, remis en liberté par les agents hongrois, reprend la discussion avec le capitaine Clages et le lieutenant-colonel d'intendance SS Kurt Becher. Celui-ci rentre de Berlin le 2 août avec la confirmation de l'ordre de départ des 500 premiers voyageurs du convoi de Bergen-Belsen. Les 1 200 autres les rejoindront en Suisse dès que Becher et le délégué du Joint américain, qualifié par les négociateurs SS de « représentant plénipotentiaire de la puissance mondiale juive », au vu des télégrammes échangés entre la Waada de Budapest et les antennes sionistes d'Istanbul et de Lisbonne, auront conclu un accord ferme sur le paiement de la contrepartie, même réglé à l'étranger. Ainsi la négociation ne dépendra plus du retour de plus en plus problématique de Joël Brand.

De son côté, Raoul Wallenberg, ignorant tout du Grand Jeu qui se trame et dont il va devenir à son insu un des rouages, cherche à profiter de la période d'accalmie qui a suivi son arrivée à Budapest pour tenter d'organiser le « rapatriement » en Suède des 600 premiers détenteurs de passeports de protection délivrés par la section B de sa légation. Si un tel convoi parvenait à destination, il ferait tout ce qui est en son pouvoir pour faire partir de la même manière les 4 500 autres futurs bénéficiaires du quota de passeports provisoires autorisé par le gouvernement hongrois.

La Suède est en effet prête à accueillir ces quelques milliers de Juifs hongrois. Elle peut leur assurer une certaine immunité. Toutefois, le gouvernement antisémite Sztójay étant toujours en place, elle ne peut garantir la non-reprise des déportations. Ses avis seront écoutés dans la mesure où ses interlocuteurs hongrois et allemands l'imaginent impliquée dans le Grand Jeu, en tant que représentante de certains intérêts alliés. Déjà la connivence des neutres pratiquée sur le terrain par Wallenberg acquiert une certaine efficacité dans la mesure où il ne serait pas opportun de se mettre les non-belligérants à dos. L'apprenti diplomate, qu'on a laissé se jeter avec fougue dans la fournaise sans l'avoir informé des arrière-plans de sa mission humanitaire, dispose donc d'une certaine marge de manœuvre. Il ne sera pourtant jamais l'exécutant de la politique alliée, puisqu'il n'est pas même au fait de ses desseins.

Or, en cet été plein de promesses, quels sont ces desseins ? Contraints d'intervenir concrètement dans le cas trop patent des Juifs hongrois, certains gouvernements occidentaux s'inquiètent de la prise en charge des survivants. Le chiffre global des autorisations d'entrée accordées par six pays s'élève, pour la Hongrie, à 10 000 enfants et 40 000 adultes. Soit à peine le quart des Juifs alors officieusement dénombrés à Budapest. Et Londres s'alarme déjà de la perspective d'arrivée d'un trop grand nombre d'entre eux en Palestine, imposée par les Américains ou par la pression internationale. Le Cabinet britannique refuse de s'associer à une déclaration commune des deux signataires de la Charte de l'Atlantique, proposée par Roosevelt à Churchill, pour accepter l'offre de Horthy de la mi-juillet. « Selon un rapport de la Croix-Rouge internationale, écrit le ministre des Affaires étrangères Anthony Eden, le premier contingent d'un groupe de 40 000 Juifs s'apprêterait à quitter la Hongrie pour la Palestine. Nous ne pouvons accepter en ce moment autant d'immigrants. »

Or cette appréhension ne se nourrit d'aucun fait réel. Quand la Croix-Rouge suédoise veut entreprendre des préparatifs de départ de Juifs vers des lieux sûrs, elle se heurte du côté britannique à une mauvaise volonté évidente. Le 28 juillet, le secrétaire d'Etat aux Colonies écrit à propos de la mission Brand : « On nous parle de 800 000 Juifs à sauver. Il faudrait faire comprendre à la Croix-Rouge qu'elle n'a aucun titre pour envoyer des réfugiés vers des territoires sous notre contrôle. » Le 7 août, le Foreign Office communique au *War Refugee*

Board américain qu'après étude des capacités d'accueil, Londres ne pourrait accepter en Palestine qu'un maximum de... 4000 immigrants. Il n'y a donc place en Terre promise que pour un Juif de Budapest sur cinquante ! Et le *Colonial Office* n'accepte de faire délivrer 5 000 certificats d'immigration en Palestine, par le canal de la légation suisse, qu'à la condition de ne servir qu'à protéger sur place des ressortissants considérés dès lors comme étrangers.

Mais aux purs, tout est pur. Le Suédois Wallenberg, affrontant mille difficultés qui ne viennent pas toutes des nazis, conserve sa foi dans l'humanitarisme des Occidentaux. Pas la moindre trace d'amertume dans les rapports qu'il adresse à Stockholm ou dans sa correspondance avec sa mère, son ami Kálmán Lauer ou sa demi-sœur Nina à Berlin :

22 juillet. Dans un télégramme à Lauer, Raoul fait état de rumeurs courant à Budapest de paix séparée avec les Anglo-Américains.

24 juillet. *J'ai recruté douze employés. La majorité sont des volontaires. Nous avons pris possession d'une nouvelle maison pour le travail du rapatriement. Il est tout à fait faux de croire que notre rôle est terminé quant aux possibilités de secours aux Juifs.*

29 juillet. *Nous avons déjà une vingtaine de bénévoles pour le travail de ma section. La plupart sont d'origine juive, mais ne sont pas soumis au port de l'étoile. La légation de Suisse a fait de même. Il est d'ailleurs impossible de trouver des employés chrétiens.*

Les négociations avec l'actuel ministre des Affaires étrangères ont abouti à ce que le gouvernement hongrois accepte l'idée du rapatriement en Suède. Accepte aussi de donner des maisons convenables à nos Juifs. Accepte également de libérer du travail obligatoire les personnes qui peuvent faire état de passeports provisoires. Elles seront exemptées de l'obligation de porter l'étoile, ce qui est capital en matière de sauvetage, car l'interdiction de sortir et les risques qui s'y attachent sont éliminés de ce fait...

Il existe ici une souffrance sans limite qu'il faut absolument essayer d'atténuer.

Il faut tirer les Juifs de leur apathie. L'attitude de la population à leur égard a beaucoup évolué depuis mon dernier rapport. Il faut les débarrasser du sentiment qu'ils sont abandonnés. A cet égard l'intervention du roi Gustav a été d'une réelle efficacité. Des interventions du même ordre, émanant d'autres institutions étrangères, auraient une énorme portée et feraient réfléchir ceux à qui elles s'adresseraient. Je propose de nouveau que l'archevêque de Suède envoie un message aux évêques hongrois ; cette offre m'a été faite par le biais de l'Eglise. Le seul fait que les légations de Suède et de Suisse reçoivent des Juifs, les écoutent et enregistrent leurs identités a également encouragé ceux qui étaient portés à les aider.

D'autre part, les émissions radio des Alliés ne font que menacer de jugement pour crimes de guerre les responsables et les complices de persécutions antisémites. Il faudrait aussi parler de clémence pour encourager le changement d'attitude actuel. La propagande russe est meilleure, qui fait mention d'apaisement. Il vaudrait mieux promettre d'aider ceux qui auront protégé des Juifs.

4 août. *Chère maman, j'ai organisé un grand service avec quarante employés. Nous avons loué deux maisons de chaque côté de la légation et la section s'accroît de jour en jour. Ma secrétaire, la comtesse Nako, m'a offert une serviette, un almanach, un encrier, des fleurs et du champagne pour mon anniversaire ! J'ai loué une très belle villa du XVIIIe siècle sur la colline, d'où la vue est superbe.*

Wallenberg travaille non seulement à accroître le nombre des bénéficiaires de passeports de protection, mais aussi à transformer sa mission. Il pourrait se contenter de distribuer quelques milliers de ces sauf-conduits dont la validité est liée, aux yeux des autorités hongroises avec lesquelles il a passé des accords, au départ des titulaires pour la Palestine. Il a compris tout autrement son devoir au contact de la détresse : il restera pour assister jusqu'au bout les Juifs de Budapest et entraîner dans cette action diplomates et représentants de la Croix-Rouge.

Il n'a pas tardé à se rendre compte en effet qu'une émigration massive de ces Juifs vers la Palestine ou des pays neutres, telle que la proposait Horthy à la mi-juillet, tend à devenir une vue de l'esprit. Mais il ne peut se résigner à croire que le seul endroit au monde où il n'y ait jamais de quota pour accueillir les Juifs continue de se nommer Auschwitz. C'est pourquoi il pousse à la roue pour que prenne forme l'idée d'une protection internationale sur place, étendue si possible à tous les Juifs de Budapest. A la faveur des événements, il met sur pied le système de défense d'une communauté toujours menacée. La valeur de ses *Schutzpass* numérotés et rédigés en quatre langues sur papier à en-tête de la légation avec ses trois couronnes royales, la photo du titulaire, la double signature du ministre suédois Danielsson et de la sienne, font vite connaître son nom aussi bien des jeunes pionniers résistants de la Waada que des hommes d'Eichmann.

Or les événements se précipitent, qui donnent, en ce mois d'août, l'illusion de la fin prochaine du martyre juif et peut-être des horreurs de la guerre. A l'Ouest, les blindés américains de Patton foncent en trois semaines d'une chevauchée fantastique d'Avranches, aux portes de la Bretagne, jusqu'à Paris, où l'insurrection triomphe le 25 août. Le règne de Pétain s'achève piteusement dans un départ forcé vers l'Allemagne.

A l'autre bout de l'Europe, les thuriféraires de l'Ordre nouveau cherchent à tourner casaque ou cèdent la place à des équipes mieux vues des Soviétiques, selon un processus calqué sur le modèle italien. La Turquie neutre rompt ses relations diplomatiques avec le Reich le 21 août. Le 25, le roi Michel de Roumanie fait arrêter le maréchal Antonesco et proclame l'armistice, simple prélude du passage de ses troupes du côté de l'Armée rouge qui, le 12 septembre, va ainsi prendre au piège 23 divisions allemandes. Le 26 août, la Bulgarie se retire d'une guerre qu'elle n'avait jamais faite, pour combattre le 5 septembre du côté russe contre les forces germano-hongroises en retraite dans toute la péninsule balkanique.

La Hongrie va-t-elle rester le seul satellite de l'Allemagne ? Hésitant à changer de camp, l'amiral Horthy change en tout cas de gouvernement. Le cabinet Sztójay, imposé par Hitler le 19 mars, n'a pas résisté à ses tiraillements internes : le 7 août, bien qu'ayant un peu de sang juif dans les veines, le ministre d'Etat Béla Imrédy, directeur de la Banque de Hongrie et chef d'un parti antisémite rival de celui des Croix Fléchées de Szálasi, a dû démissionner sous la pression de ces derniers, avec deux autres ministres. Le 25, Horthy réunit un conseil des ministres extraordinaire : faut-il envisager une rupture avec l'Allemagne ? Le régent s'y refuse en prêtant aux Alliés occidentaux ses propres désirs, quand il définit ainsi une politique au-dessus de ses moyens : « Les Anglo-Saxons ne veulent pas voir les Russes en Hongrie ; je crois qu'ils voudraient que nous les retenions, aux côtés des Allemands, jusqu'à leur propre arrivée en Hongrie. » Tenu à un geste, il se contente de se défaire de Sztójay et de nommer à sa place un fidèle, le général Géza Lakatos, dévoué à sa personne comme l'était naguère Kállay.

Pour faire croire aux Allemands que tout continue comme avant et aux Alliés qu'il marche avec eux, le nouveau Premier hongrois déroute la population dès sa première allocution. Comme ses prédécesseurs, il dénonce l'« emprise criminelle des Juifs » sur la vie hongroise. Litanie rituelle que le dénuement des survivants rend atroce et grotesque. Mais Lakatos ne donne-t-il pas le change en annonçant que le sort des Juifs est une affaire exclusivement hongroise ?

Les files d'attente n'ont cependant cessé de s'allonger devant les bureaux de la section B de la légation suédoise, le plus souvent composées de femmes, les hommes étant pris par le service du Travail obligatoire. Les Juifs n'ont pas le droit de sortir avant 11 heures du matin. Pourtant ils font la queue dès l'aube. Tous les moyens sont bons pour tâcher d'obtenir les documents protecteurs, peut-être salvateurs. Certaines femmes sortent en fraude des immeubles spéciaux ou achètent le silence du concierge. Dehors, elles arrachent leurs étoiles ou les dissimulent malgré les risques d'arrestation. D'autres demandent à des amies aryennes de leur garder une place dans la file d'attente jusqu'à leur arrivée. Ceux qui en ont les moyens se font représenter par des avocats. Cela coûte fort cher. Les plus intelligents confient leurs demandes à la poste : ce sont les mieux servis.

Au début, Wallenberg devait examiner lui-même toutes les demandes de passeport. Rapidement, cela devient impossible : le service est submergé. Il faut parer au plus pressé, organiser à Pest, de l'autre côté du Danube, un bureau spécial pour la délivrance des passeports, au numéro 1 de la rue Jókai, le bureau de la rue Tigris se réservant le travail de l'administration intérieure. Le personnel est insuffisant, il faut encore en recruter.

Il faut également lutter contre les profiteurs et les faussaires qui trafiquent des « passeports Wallenberg » au cours du marché noir. Raoul congédie deux employés impliqués dans ce trafic. Il étend son action protectrice aux opposants sociaux-démocrates en danger.

Le 21 août, son chef, Danielsson, et le nonce du pape, Angelo Rotta, alertés sur l'éventualité d'une reprise des déportations des Juifs non titulaires de *Schutzpass*, ont remis à l'ancien gouvernement hongrois une mise en garde solennelle signée également des chargés d'affaires de Suisse, d'Espagne et du Portugal. Ils attendent un engagement du nouveau gouvernement.

Cependant, les autorités hongroises n'ont même pas été tenues au courant des progrès de la «négociation» entre la Waada et les SS. Bien entendu, Eichmann, fidèle à son personnage, a d'abord fait traîner les choses quand il s'est agi d'exécuter l'ordre du 2 août de Himmler. Il n'a expédié Krumey à Bergen-Belsen que le 12 pour procéder à la sélection du premier échantillon humain à faire passer en Suisse. Le 21 août, l'«arche de Noé» arrive enfin sur le pont de Sankt Margrethen, à la frontière de l'Autriche et de la Suisse, où le lieutenant-colonel SS Kurt Becher a amené Kastner de Budapest pour un premier rendez-vous avec le président de la section suisse du Joint, qui a reçu mission de prendre le convoi en charge, le banquier suisse Saly Mayer. Déception : du côté SS, le représentant de la «juiverie mondiale» n'a pas vraiment le pouvoir de conclure le marché proposé ; du côté de la Waada, le convoi ne comporte que 318 déportés. Eichmann invoquera un manque de moyens de transport pour n'en avoir pas fait sortir 500 comme promis par Becher. En vérité, il s'est vengé, en gardant à Bergen-Belsen notamment la famille de Kastner et celle de Brand.

Le 30 août, Himmler décide son rappel de Hongrie. C'est donc la deuxième fois qu'Eichmann est invité à regagner son Bureau IV B 4, depuis la demande initiale qu'en avait faite Horthy à la mi-juillet. Officiellement, le maître-d'œuvre de la Solution finale prend des vacances bien méritées. Mais c'est tout l'*Einsatzkommando Ungarn* qui quitte ce 30 août l'hôtel Majestic et la colline des Souabes de Buda. Résolu à ne lâcher sa proie qu'à la dernière extrémité, Eichmann se terre en fait quelque part en Hongrie, tapi dans l'ombre, attendant son heure.

7

Un printemps en automne

Budapest, le 12 septembre 1944. Rapport du secrétaire de la légation royale de Suède, Raoul Wallenberg, au ministère des Affaires étrangères à Stockholm :

Nous avons pu faire sortir jusqu'ici des camps d'internement 250 Juifs placés sous notre protection par les passeports provisoires que nous avons établis à leur nom. Il serait utile de faire connaître par la presse suédoise les avantages que les autorités hongroises accordent à nos passeports de protection comme preuve de leur bonne volonté.

Des équipes se relaient de jour et de nuit à la légation pour faire face à l'afflux des demandes. La plupart des 250 Juifs employés à la section B ont obtenu pour eux et leur famille des papiers du ministère de l'Intérieur qui les libèrent du port de l'étoile et leur permettent de garder leurs anciens appartements, bien qu'ils en soient officiellement privés.

Les locaux devenant trop exigus, il a fallu déménager rue Tigris toute l'administration intérieure et prendre une nouvelle maison de dix pièces, rue Minerva, pour recevoir les demandes de passeport. Celles-ci seront forcloses le 17 septembre, en raison de l'amélioration de la situation politique. Le personnel sera donc réduit à mesure que le travail diminuera. Nous continuerons à délivrer des passeports pour parer à tout risque éventuel de pogroms au moment du départ des Allemands.

Profitant du climat de détente créé par les demi-mesures du nouveau gouvernement Lakatos, Wallenberg s'emploie maintenant à faire démobiliser les Juifs embrigadés dans les bataillons du Travail obligatoire et dont les familles ont reçu des passeports de protection après leur départ. Certains ont été envoyés sur le front de l'Est comme travailleurs de première ligne, où ils courent les mêmes risques que les combattants mais sans aucun moyen de défense. Raoul discute pied à pied pour tenter de sauver ceux qui survivent. Il finit par obtenir d'un lieutenant-colonel du ministère de la Guerre que ses « protégés » soient au moins ramenés à Budapest et rassemblés dans un bataillon spécial, sous contrôle suédois, en attendant l'éventualité de leur « rapatriement » en Suède. Il en informe aussitôt les autres légations neutres afin qu'elles exploitent le précédent ainsi créé en faveur des Juifs placés sous leur protection. Le ministère envoie donc une circulaire aux chefs des différents bataillons de travail auxquels ont été affectés les Juifs pour dresser la liste des requis titulaires, souvent à leur insu, de passeports provisoires établis par les représentants de la Suède ou de la Suisse.

Un médecin juif, dont la famille a reçu, le 24 juin, l'un des 600 passeports de protection suédois délivrés par Per Anger, avant l'arrivée de Wallenberg, raconte :

« Le 19 septembre, on m'a ordonné de me rendre au bureau dont dépendait mon bataillon de travail, chargé de la réparation et de l'entretien des voies ferrées près de la gare. Un caporal m'a accompagné à la synagogue de l'avenue Aréna à Pest, transformée en cantonnement pour le bataillon spécial des travailleurs protégés par la Suède. Il m'a remis au capitaine de ce bataillon qui m'a tendu la main et m'a invité à m'asseoir : "Maintenant que vous êtes incorporé au *bataillon suédois*, me dit-il, vous pouvez rentrer tranquillement dormir chez vous.

Vous reviendrez, demain matin, pour pointer.'' De 8, la première semaine, notre effectif s'est accru jusqu'à 40. Tous les matins, nous nous présentons au capitaine ou au lieutenant, on discute jusqu'à midi de la situation politique et on rentre chez soi. »

Il est vrai que, depuis le départ d'Eichmann et la décision du général Lakatos de régler à sa manière le problème juif en Hongrie en prenant seul en charge le sort des Juifs de Budapest, ces derniers respirent, persuadés que le pire est maintenant passé. Certes, le gouvernement, qui ne peut se permettre d'avoir une politique cohérente dans ce domaine, éprouve le besoin de rappeler, de temps à autre, qu'il reste antisémite. Baignant dans le clair-obscur, il libère certaines catégories d'internés, quitte à les faire à nouveau arrêter. Ainsi, un ordre d'arrestation de plusieurs milliers de Juifs en situation irrégulière vient soudain semer la panique dans la communauté. Mais, sur l'intervention de Wallenberg, cet ordre est rapporté dans son exécution sans être invalidé dans son principe. Chaque jour, les optimistes impénitents notent les progrès de la libéralisation décrétée par le nouveau pouvoir. Les Juifs sont autorisés à sortir de 8 heures du matin à 8 heures du soir. Ils peuvent fréquenter librement la synagogue et recevoir des vivres de la Croix-Rouge.

Tout n'est pas rose. Une nouvelle mesure ambiguë oblige tous les Juifs, hommes et femmes, de quatorze à soixante-dix ans, à passer devant un conseil de révision en vue de prendre part aux travaux de fortification nécessités par la mise en état de défense du pays. Les Juifs déclarés inaptes doivent être regroupés dans des camps à 45 kilomètres de Budapest, sous la surveillance de la Croix-Rouge internationale. Mais le délégué de l'organisme genevois estimant et osant dire, pour une fois, que les camps prévus n'offrent aucune garantie d'hygiène qui lui permette d'envisager une telle prise en charge, le gouvernement renonce à appliquer cette dernière ordonnance.

L'ambassadeur plénipotentiaire du Reich, Veesenmayer, insiste pour que, à défaut de les envoyer participer à l'effort de guerre en Allemagne, les Hongrois expédient les Juifs requis en province, où les légations neutres et la Croix-Rouge n'ont pas la même liberté d'agir que dans la capitale. Mais le gouvernement s'y refuse, en plaidant que la dissémination des Juifs en province rendrait plus difficile leur regroupement dans les cinq camps d'internement prévus autour de la capitale pour l'éventualité d'une reprise des déportations dans le cadre d'un nouvel accord en discussion entre les deux pays.

Tout de même, on voit bien que les temps ont changé. Le conseil de révision n'a trouvé que 1 500 Juifs en état de partir. Les Allemands apprennent avec fureur que la visite médicale a été confiée en fait à des médecins juifs. Ils exigent une contre-visite. Le 7 septembre, les Juifs mâles de quatorze à soixante-dix ans doivent se présenter devant une commission mixte composée de médecins militaires hongrois et de médecins juifs : 2 000 seulement sont déclarés aptes au travail.

Les Suédois, omniprésents et de plus en plus influents à mesure que le pouvoir s'effrite, ont donc obtenu que les « protégés » du bataillon de travail constitué sous leur égide, non seulement ne portent plus l'étoile, mais soient commandés par les leurs et traités comme des travailleurs ordinaires. Mieux : Wallenberg fait transformer ce « bataillon suédois » en bataillon de travail international, réunissant tous les Juifs titulaires de passeports délivrés par les neutres. Cette « brigade internationale » va devenir pour eux une véritable planche de salut.

Autre succès personnel du diplomate suédois : le chef de la gendarmerie, László Ferenczy, qui vient d'effectuer une volte-face spectaculaire pour rentrer en cour chez Horthy en mettant ses régiments à la disposition du régent afin de chasser l'occupant allemand, permet à Wallenberg d'installer dans des immeubles de son choix les Juifs assignés à résidence, sous la protection de sa légation. Raoul est ainsi amené à louer ou à acheter, avec les crédits dont il dispose, des douzaines de maisons, villas et pavillons, dans le quartier où la bourgeoisie juive la plus active élisait naguère domicile, et à faire apposer sur leur porte d'entrée les trois couronnes de l'emblème suédois qui leur conféreront le privilège d'exterrioralité dont jouissent ambassades, légations et consulats de son pays. Il incite ses autres collègues neutres à suivre son exemple. Ainsi se formera bientôt, à côté des habitations marquées de l'étoile juive, au centre de Pest, une sorte de quartier international dont l'exterritorialité sera reconnue par le ministère hongrois des Affaires étrangères et où viendront s'abriter quelque 30 000 Juifs, dont 20 000 pris en charge par la Suède, 8 000 par la Suisse, 2 500 par la nonciature, 700 par le Portugal, etc.

A la fin de septembre, le quota admis par les autorités hongroises pour la délivrance de passeports de protection étant atteint, Raoul envisage la fermeture de la section dont il a pris la responsabilité à la légation. Le 29, il rédige ce qu'il pense être un de ses derniers rapports :

La situation s'est encore améliorée au cours de la deuxième quinzaine. Le centre d'internement de Kistarcsa et le camp de la rue Columbus ont été entièrement évacués, après que nous en avons fait libérer 500 à 600 personnes. La plupart ont bénéficé de nos passeports. Il ne reste actuellement que

450 Juifs internés chez les Hongrois, auxquels il convient d'ajouter un nombre inconnu d'internés chez les Allemands. Les autorités hongroises ne maintiennent dans les camps que les Juifs condamnés pour droit commun ou infractions aux réglementations raciales. Six à dix mille Juifs sont actuellement requis pour creuser des tranchées autour de la ville et pour déblayer les ruines des bombardements. Leur transfert vers les faubourgs doit commencer aujourd'hui. Les autorités chargées de leur hébergement semblent faire preuve de bonne volonté.

En fait, l'accord germano-hongrois pour l'évacuation totale des Juifs de Budapest a été quelque peu saboté du côté hongrois. Aucun Juif n'a encore quitté la capitale dans le cadre de cet accord. Les Allemands ont menacé de prendre les choses en main en concentrant dans la ville des sections SS qui avaient organisé les déportations à partir des provinces hongroises et de la Slovaquie. De l'avis général, ils ne pourraient vraiment passer à l'action qu'en usant de violence contre les autorités hongroises.

La semaine dernière, les Allemands ont arrêté et emprisonné les occupants de deux maisons juives situées aux abords d'une de leurs casernes qui venait d'être touchée par un bombardement. Quand ils les ont transférés dans un camp hongrois, une partie d'entre eux, dont deux titulaires de passeports de protection portugais, ont été libérés. Cette semaine, neuf employés juifs des Etablissements Weiss ont été arrêtés en flagrant délit de prospection en faveur des passeports de protection. Ils ont été relâchés en quarante-huit heures sur notre intervention.

Les bombardements rendent de plus en plus difficile notre travail à la légation, où nous avons réduit à une centaine le nombre de nos collaborateurs bénévoles à la suite de la décision de supprimer la section B. Quarante nous quitteront encore prochainement, mais ils pourront conserver la carte fournie par le ministère de l'Intérieur, qui les libère du port de l'étoile et du service du travail obligatoire. Ils seront 300 dans ce cas, avec leurs familles.

On peut donc considérer que la liquidation finale de la section interviendra dès l'examen des 8 000 dernières demandes. Au total, il aura été délivré quelque 4 500 passeports. Le nombre de Juifs libérés de l'obligation de porter l'étoile s'élèverait à 1 100 au terme de l'accord intervenu avec les fonctionnaires du ministère contactés par notre section. La libération générale des internés est également à mettre à l'actif de notre section.

Par le même courrier du 29 septembre, Raoul fait parvenir à son ami Kálmán Lauer une lettre qu'il termine ainsi : *Je fais tout mon possible pour rentrer à Stockholm, mais tu es à même de comprendre qu'il n'est pas facile d'en finir avec une action aussi ambitieuse. Tant que l'invasion de la Hongrie par les Soviétiques n'aura pas eu lieu, notre intervention reste souhaitable et nécessaire. J'essaierai d'être de retour quelques jours avant l'arrivée des Russes à Budapest.*

Les Juifs, pour leur part, s'habituent vite à l'idée qu'il est de moins en moins permis de leur faire du mal. Depuis la mi-septembre, l'action antisémite du gouvernement s'est singulièrement relâchée. Tout ne va pas encore bien, mais tout va mieux. Les magasins juifs peuvent lever leur rideau de fer, à condition d'être gérés par un Aryen. Si beaucoup de boutiques restent closes malgré tout, c'est que leurs propriétaires ont disparu, victimes des dernières déportations. Mais maintenant l'optimisme règne, non seulement chez les Juifs protégés du « ghetto international », mais chez les autres, ceux du grand ghetto dispersé des immeubles étoilés. Leur espoir se nourrit en outre de toutes les rumeurs qui circulent à Budapest : Horthy va rompre avec l'Allemagne, des négociations secrètes sont engagées, un armistice est peut-être en vue, la fin de la guerre approche. Plus d'Eichmann. Plus d'enfer. L'immense envie de vivre rend les Juifs de Budapest littéralement sourds et aveugles aux avertissements donnés par le petit noyau de pionniers de la Résistance sioniste.

Cette trêve, dont nul ne peut savoir si elle va durer, est en tout cas saluée comme le vrai cadeau offert par la nouvelle équipe gouvernementale. Mais n'est-ce pas un cadeau empoisonné ? Dans la crainte que la communauté ne perde sa volonté de lutte et fasse derechef confiance à la magnanimité de Horthy, les résistants sionistes s'efforcent de combattre un optimisme irraisonné, prématuré. Aussi, de leur côté, mettent-ils la pause à profit pour rassembler des armes, construire des abris, transformer des immeubles en bastions, dans la perspective d'un brusque retour de manivelle. Plus le général Lakatos paraît vouloir donner de gages aux Alliés, plus le chef des Croix Fléchées, Ferenc Szálasi, leur paraît se rapprocher du pouvoir derrière les boucliers SS. Sur quoi fondent-ils leur pessimisme ? Sur le récent exemple de la Slovaquie. A la fin d'août, une insurrection mal préparée a abouti à l'écrasement de la Résistance et à l'anéantissement des derniers Juifs slovaques, dont l'héroïne sioniste Gizi Fleischmann. Persuadé que les Juifs sont derrière ce soulèvement, Hitler a ordonné d'en finir avec les 35 000 survivants sauvés en 1942 par une intervention du gouvernement fantoche du cardinal Tiso. Les Slovaques fourniront, avec les Grecs, leur dernier contingent aux chambres à gaz d'Auschwitz.

Pour les Juifs hongrois, dont le destin reste en suspens, qu'est-ce qui est plus proche, la libération ou la mort ? Rien n'est encore joué. La détermination du Führer, tenue pour absurde en juillet et en août encore par maints généraux de la Wehrmacht, exprime en septembre la volonté fanatique d'un peuple qui n'est pas près de s'avouer vaincu. Entre-temps, l'avance fulgurante des Alliés s'est arrêtée sur les deux fronts, à la stupéfaction du haut commandement allemand.

A l'Ouest, le général américain Eisenhower est à l'origine de ce coup de frein, décidé contre l'avis de l'Anglais Montgomery, partisan d'une offensive en direction de la Ruhr, qui aurait permis de frapper le Reich au cœur. Le méthodique chef suprême du corps expéditionnaire estime ses troupes trop éloignées de leurs bases de ravitaillement. Carburant et munitions leur arrivent par camions à des distances de plus de 500 kilomètres. Alors que la Ire armée américaine arrive devant Aix-la-Chapelle, le patron des forces alliées ordonne une pause rendue nécessaire par le raidissement de la défense allemande.

A l'Est, Staline lui aussi stoppe l'avance de l'Armée rouge. L'allongement des lignes de communication mettant celle-ci à la merci d'une contre-offensive, la *Stavka*, le Grand Etat-Major soviétique, préconise un regroupement des forces avant le nouvel assaut. Certes, les maréchaux Malinovski et Tolboukhine, commandants des deux fronts d'Ukraine, sont sur le point de pénétrer en Hongrie. Mais Hitler ordonne de jeter dans la bataille toutes les forces disponibles : « Budapest doit être défendu comme si c'était Berlin », proclame-t-il. En Allemagne, il a décrété la levée en masse et formé ainsi vingt-quatre divisions de « brigadiers populaires ». Sous la conduite du ministre Albert Speer, efficace maître d'œuvre de la production, les industries d'armement battent des records : 2 000 chasseurs sortent chaque mois des usines, alors que, voilà cinq ans, le Reich avait commencé la guerre avec 771 chasseurs. Le Führer s'exalte, comptant sur l'apparitions d'armes nouvelles pour forcer le destin : les missiles V1 et V2, les premiers avions à réaction, comme le ME 262, les chars super-

Tigre et super-Panther, les sous-marins Schnorchel à long rayon d'action, et — pourquoi pas ? — la bombe atomique. Cette frénésie d'inventions vient peut-être un peu tard pour renverser désormais le cours de la guerre, mais la troupe et la population, subjuguées par Goebbels, croient dur comme fer aux nouvelles armes.

Plus sceptique, Speer fait estimer les réserves de carburant. Elles ne cessent de diminuer. A quoi bon fabriquer tant d'avions s'ils ne peuvent voler, tant de tanks s'ils sont empêchés de rouler, tant de canons autotractés s'ils doivent être tirés par des chevaux ou des bœufs ? L'Allemagne hitlérienne a encore de quoi tenir, certes, mais elle arrive au bout de ses ressources humaines. On appelle sous les drapeaux des garçons de quinze à dix-huit ans, des hommes de cinquante à soixante ans. En fouillant les lycées, les bureaux, les usines, on réussit à enrégimenter un demi-million d'hommes, mais leur départ gêne la production. L'Allemagne nazie ne fait pas travailler les femmes, confinées par la doctrine hitlérienne à la cuisine, à la procréation et à l'éducation des enfants, et la main-d'œuvre étrangère, maintenant que l'ennemi est aux portes de la patrie, n'est plus à portée de main. Heinrich Himmler se prend à regretter le gaspillage de main-d'œuvre des années précédentes, mais il ne peut ressusciter les cinq millions de Juifs disparus sous le ciel russe ou dans les chambres à gaz de son empire...

Sur les différents fronts tenus par la Wehrmacht et la SS, l'accalmie de septembre tire à sa fin. Elle a tout de même permis à Hitler de liquider le soulèvement militaire de Varsovie. Le 3 octobre, les derniers combattants polonais sont contraints de se rendre après six semaines d'une résistance surhumaine, et moins désespérée, à l'origine, que le sursaut des Juifs du ghetto, écrasé dix-huit mois plus tôt. Le Führer doit cette ultime satisfaction à Staline, dont l'armée, campant aux abords de la Vistule, est restée l'arme au pied, refusant d'aider des insurgés aussi hostiles au communisme qu'au nazisme.

Le 5 octobre, en revanche, l'Armée rouge force le défilé des Portes de Fer qui, sur le Danube, ouvre la route de Belgrade, rivalisant de vitesse avec les partisans de Tito qui l'y devanceront. Au sud des Balkans, les Anglais, débarqués en Grèce, libèrent le Péloponnèse et reprennent le contrôle de la Crète aux parachutistes allemands. Le 9 octobre, au nord de l'Europe, la poussée russe contre Riga bouscule les 280 kilomètres du front balte et enfonce le dispositif allemand sur une profondeur de 100 kilomètres. Le lendemain, les Russes pénètrent en territoire hongrois, libérant la ville frontalière de Szeged. Une gigantesque bataille de chars s'engage dans la plaine de Debrecen.

Affolé par l'imminence de l'invasion soviétique, le régent Horthy a d'abord cherché à ouvrir une négociation avec les Anglo-Saxons. Le 22 septembre, ses émissaires en Italie sont rentrés d'un contact décevant au quartier général allié de Caserta : leurs interlocuteurs occidentaux leur ont fait comprendre que l'interlocuteur logique, pour la Hongrie, se trouve à l'Est.

Pour cette mission douloureuse, à laquelle il lui faut se résigner, le vieux régent désigne son fils, le jeune Nicolas Horthy, qui, dès le mois d'août, s'est employé à établir des contacts avec tous les adversaires nationaux de l'Allemagne : communistes, sociaux-démocrates, libéraux, ainsi qu'avec les partisans yougoslaves et autres « agents de Moscou ». Mais les tergiversations de son père, qui a toujours préféré le fascisme au bolchevisme, ne facilitent pas les préliminaires de véritables pourparlers à l'Est. Ancien attaché militaire à l'ambassade de Hongrie en URSS, le lieutenant général Faragó a réussi fin septembre à reprendre contact avec Moscou. Il est donc décidé qu'un avion décollera discrètement du terrain de parade militaire de Budapest avec une délégation hongroise composée de Faragó, du fils de l'ancien Premier ministre Teleki, Géza, et de Nicolas Horthy junior. L'amiral donne son accord, puis se rétracte au dernier moment. La délégation s'envole pour Moscou, mais son fils reste à ses côtés, au château royal de Buda. Elle est chargée d'obtenir certaines assurances en cas de cessation des hostilités, notamment sur une participation des forces anglo-américaines à la libération de la Hongrie, conformément au partage d'influences dont Churchill a tracé les contours au crayon bleu sur une carte de l'Europe, lors de sa dernière rencontre avec Staline. Or les deux émissaires se heurtent, dès le début, aux conditions posées par Molotov pour la signature d'un armistice : ralliement de l'armée hongroise, qui doit prendre à revers l'armée allemande, neutralisation des SS à l'intérieur de la Hongrie et retour aux frontières d'avant 1938. Les pourparlers traînent en longueur, et l'ambassadeur SS à Budapest est en mesure d'en suivre au jour le jour les pénibles progrès, grâce aux éléments fascistes qui noyautent toujours l'entourage du régent... et à la maladresse des autres dirigeants hongrois. Le général Lakatos, qui ne brille ni par l'intelligence ni par l'habileté diplomatique, adresse tout à trac aux Allemands une note leur demandant de ne plus déplacer de troupes sans l'accord préalable de l'état-major de l'amiral Horthy. C'est bien la preuve que celui-ci cherche à se désolidariser militairement de ses alliés.

Mais il est trop tard : ni Lakatos ni même Horthy ne sont plus capables d'imposer leur loi en Hongrie. Hors de la Transylvanie et des provinces orientales, où campent les avant-gardes soviétiques, les Allemands se comportent comme en territoire occupé. Des lambeaux de souveraineté subsistent encore à Budapest, où le régent feint de croire qu'il règne et que son fidèle général Lakatos gouverne. C'est à cette illusion que s'accrochent aussi les Juifs de Budapest. Eux non plus n'imaginent pas la Hongrie sans Horthy. Ils ne veulent pas voir que le vieil amiral, qui les persécutait « gentiment » depuis 1920, a cessé d'intimider ou de rassurer. Et que l'équilibre politique précaire dont ils profitent n'est qu'un répit.

Au sein de la Waada, le clan des négociateurs, avec Kastner et Biss, partage l'optimisme de la communauté. Pour d'autres raisons : leur négociation secrète avec les SS va leur permettre enfin d'établir un contact direct — et qu'ils espèrent salvateur — entre un représentant de Himmler et un émissaire de Roosevelt. Le président américain a envoyé en Suisse un délégué du *War Refugee Board*, le quaker Roswell D. McClelland, avec l'autorisation de débloquer 20 millions de francs suisses : la contribution des Etats-Unis au paiement de la grande rançon pour la sauvegarde des Juifs survivants de Hongrie. L'annonce de l'arrivée d'un homme de confiance du président américain à Genève a visiblement impressionné le SD, le service de contre-espionnage SS. Le capitaine Otto Clages, chef de la force F du SD à Budapest, vient d'avoir à ce sujet, le 30 septembre, un échange téléphonique avec Himmler. Il en rapporte la teneur aux dirigeants du comité de sauvetage sioniste, avec en conclusion cette incroyable nouvelle : le Reichsführer a ordonné d'interrompre les « actions » dans les camps. En clair, les Juifs déportés n'iront plus dans les chambres à gaz. Les négociateurs de la Waada ont le triomphe modeste. Mais ils sont plus que jamais persuadés que leurs efforts sont en train de sauver plus de vies que les entreprises, à leurs yeux périlleuses, des jeunes pionniers résistants. En ces premiers jours d'octobre, il fait très beau à Budapest, où le roux mordoré de l'automne colore à peine les hauteurs de la ville, comme si le soleil lui-même souriait de l'inquiétude des éternels pessimistes.

« On aperçoit à peine quelques étoiles jaunes dans les rues », note un médecin rescapé du service du travail obligatoire. « On oublie toutes les souffrances et les jours d'angoisse. On se sent revenir des êtres humains. »

A cause de l'avance russe, écrit Raoul Wallenberg dans son rapport du 1er octobre, *le moral des Juifs est remonté. Beaucoup ont enlevé leur étoile de peur d'une ultime vengeance allemande. Rien ne justifie cette crainte pour le moment. Le conseiller de la légation d'Allemagne s'engage à laisser libres les porteurs de passeports de protection neutres. D'ailleurs, le commando SS spécialisé dans les déportations a quitté Budapest pour Berlin. Notre section n'a pu fermer, en raison des récents bouleversements intervenus, et nous avons même dû tripler le personnel qui s'occupe du travail obligatoire. Un département nouveau a été mis sur pied, dans un bureau de quatre pièces, pour organiser le transfert des Juifs protégés dans des maisons « aryennes » et installer un hôpital, en liaison avec la Croix-Rouge suédoise. Un autre département pour les achats a été créé dans les locaux de la légation de Finlande sous le contrôle de notre ancien vice-consul à Zagreb.*

Le premier département, chargé d'héberger les protégés suédois et installé rue Arany János à Pest, prend en charge la protection et l'approvisionnement des immeubles. Le second, qui sera amené à s'occuper de tous les ressortissants dont les pays n'ont pas de représentation diplomatique en Hongrie, est confié au chancelier de la légation, Lars Berg, à son adjoint Carlsson et à Ekmark, le vice-consul venu de Zagreb. La section humanitaire dirigée par Wallenberg devient la section C et crée son propre hôpital avec des médecins juifs.

Raoul intervient personnellement auprès des Affaires étrangères pour que les vêtements expédiés de Stockholm au comité de secours aux déportés soient effectivement distribués par la légation de Suède à Vienne aux déportés internés dans des camps autrichiens. Il cherche d'autre part à se renseigner sur le sort des Juifs déportés dans les régions libérées par les Russes...

Un Juif à l'aspect caricatural, nez crochu, cheveux frisés, bouclettes de rigueur, marche dans une rue de Budapest. Botté, casqué, un officier SS l'interpelle. Furieux, le Juif se retourne et le toise :

« Comment osez-vous vous adresser sur ce ton à un libre citoyen du royaume nordique de Suède ? »

Il brandit ses papiers sous le nez de l'Allemand, qui s'excuse, claque les talons, fait le salut hitlérien et s'en va.

Tandis qu'à Budapest cette histoire court les rues, à Genève, Georges Mandel-Montello, secrétaire au consulat de la république du San Salvador, soumet une proposition à son consul : à l'instar des pavillons de complaisance que la marine de son pays distribue si généreusement à certains navires, pourquoi ne pas attribuer d'office la citoyenneté san-salvadorienne aux Juifs hongrois qui en feraient la demande ?

Le Suisse, représentant les intérêts du San Salvador en pays de l'Axe, devrait être chargée de l'opération. En attendant l'aval de son gouvernement, Mandel-Montello télégraphie à Wallenberg pour lui demander de s'occuper provisoirement de la protection des citoyens de son pays résidant à Budapest. Pas un seul Salvadorien n'habite alors la capitale. A partir de ce jour, il y en aura de plus en plus. Par la suite, le San Salvador légalisera officiellement leur citoyenneté. Entre ses *Schutzpass* suédois et les passeports salvadoriens, Wallenberg peut procéder à une distribution à la carte. En est-il encore besoin ?

Très tôt, le dimanche matin 15 octobre, un soleil radieux fait scintiller les toits de la ville et miroiter le Danube qui la traverse du nord au sud, dissipant le brouillard grisâtre qui flotte toujours plus ou moins sur la plaine limoneuse où les artères de la rive gauche se succèdent en arc de cercle autour de Pest. C'est l'été de la Saint-Martin. Dans la nuit, des messages du Grand Quartier général de l'armée hongroise sont arrivés aux unités de l'arrière, annonçant l'imminence d'un cessez-le-feu avec les Russes et la fin de l'alliance militaire avec le Reich. Dans les camps des bataillons de travail obligatoire, où sont embrigadés les Juifs non protégés, l'atmosphère devient soudain très cordiale. C'est le dimanche de la fraternisation. Les sous-officiers et les soldats de l'encadrement se font amicaux avec leurs « hommes ». A la caserne François-Joseph, des gradés vont jusqu'à déclarer aux travailleurs juifs : « Maintenant, nous sommes du même côté ! » Et à leur distribuer des armes ! En une matinée voici les requis, forçats ou prisonniers, transformés en compagnons d'armes de leurs gardes-chiourme hongrois.

Cet incroyable revirement fait partie du plan « secret » élaboré par l'état-major de Horthy depuis les premiers contacts pris avec les Alliés en vue d'un armistice. La garde du château royal, nid d'aigle dominant la rive droite du Danube, a été renforcée, une troupe d'élite motorisée de 1 000 soldats ramenée à 20 kilomètres de la capitale, sous les ordres directs du général Bakay, un fidèle du régent. Bakay, disparu le 10 octobre, enlevé par des agents allemands, a été remplacé par le général Aggteleki. Il s'agit de tenir, pendant les quelques jours nécessaires aux Russes qui viennent de franchir la Tisza, à une centaine de kilomètres, pour percer le front et foncer sur Budapest. Simultanément, les deux principales armées hongroises, commandées par les généraux Béla

Miklós et Lajos Veress dans les Carpates, doivent s'allier aux Russes et les aider à pourchasser les Allemands, conformément à l'accord préliminaire conclu à Moscou le 11, sans autre précision quant à la date fixée pour l'arrêt des hostilités. Pour faciliter l'effet de surprise, tous les appuis ont été recherchés, y compris ceux des requis juifs, dès l'annonce de la capitulation. A 13 h 27, le dimanche de la Saint-Martin, Budapest diffuse une proclamation du chef de l'Etat, le régent Horthy, annonçant que son pays est prêt à se retirer de la guerre « pour ne pas servir de terrain de combats d'arrière-garde » au Reich, seul responsable des persécutions inhumaines infligées aux Juifs et aux démocrates.

Le cauchemar est terminé ! Dans les rues, la joie explose. Wallenberg voit des Juifs arracher leur étoile, la brûler en public, former des rondes pour danser la *hora*. L'euphorie durera moins d'une demi-journée : le message radiophonique de Horthy n'était qu'un enregistrement, déjà périmé au moment de sa diffusion.

8

Le règne des Croix Fléchées

Informé dans ses moindres détails du projet du régent par les agents hongrois qui peuplent les antichambres du château royal, le SD a tendu un piège à Horthy en l'incitant à agir prématurément. Le vieil amiral aurait dû prévoir une concentration d'unités blindées à Budapest, comme le 8 juillet, avant de faire lire sa proclamation à la radio. Mais ce ne sont pas les Hongrois, ce sont les Allemands qui vont investir la capitale avec leurs panzers. Cinq jours plus tôt, ils ont capturé le plus sûr allié du régent, le général Bakay, le seul qui aurait peut-être eu la capacité de réussir l'opération de retournement. Ils ont surtout préparé un contre-feu en dépêchant à Budapest, dès la fin de septembre, deux spécialistes des coups de main décisifs : le colonel SS Otto Skorzeny, encore auréolé de la gloire attachée à la libération de Mussolini, interné au Gran Sasso par le gouvernement du maréchal Badoglio lors du brusque changement de camp de l'Italie l'année précédente ; et le général SS Bach Zelewsky, vainqueur des insurgés de Varsovie, qui a apporté avec lui un énorme mortier, expérimenté avec succès en Pologne et à Sébastopol. Avec eux, des unités d'élite allemandes ont discrètement rallié Budapest.

En rappelant des Carpates, au début d'octobre, la 10e division hongroise d'infanterie, l'état-major de

Horthy a créé pour les nazis une situation d'urgence. Dans les deux camps alliés d'hier — au château royal et à l'hôtel Majestic —, la marge de manœuvre d'un coup s'est rétrécie. De part et d'autre, aucun recul n'est plus possible.

Un Conseil de la Couronne est prévu pour le dimanche 15, à 10 heures du matin. Il s'agit de mettre au point les modalités pratiques du cessez-le-feu, dont la proclamation par le régent est fixée au 18 octobre. A 8 h 45, le jeune Nicolas Horthy, son héritier désigné, dont tout le monde connaît à Budapest les contacts presque ostentatoires avec l'opposition, reçoit un coup de téléphone : les émissaires de Tito, avec qui il négocie depuis des semaines, lui fixent rendez-vous à 10 heures au deuxième étage d'un immeuble de Pest donnant sur une place proche du Danube. Il s'y rend en voiture avec trois gardes du corps, suivi d'un détachement militaire. La voiture s'arrête au lieu fixé par ses interlocuteurs, à l'angle de deux rues désertes. Des silhouettes arborant l'étoile jaune viennent à sa rencontre. Horthy junior est assailli en mettant pied à terre. Ses hommes tentent de le dégager à l'aide de grenades. Mais Skorzeny et le capitaine Otto Clages, déguisés également en Juifs, ouvrent le feu, tuant l'un des gardes du corps, blessant grièvement un autre, ainsi que le chauffeur, et matraquant le fils Horthy, dont ils s'emparent pour le jeter à l'arrière d'un camion, roulé dans un tapis persan. Au cours de la fusillade, Clages reçoit dans le ventre une balle qui le blesse mortellement. Le troisième garde du corps profite de la confusion pour s'enfuir jusqu'à une cabine téléphonique, où il a tout juste le temps d'alerter le palais, avant d'être rejoint et assommé à son tour par des hommes de la Gestapo porteurs de l'étoile de David.

Bouleversé, le vieux régent réunit ses conseillers avec une heure de retard. Sous le coup de l'émotion, il décide de précipiter les événements en proclamant immédiatement l'armistice, sans attendre la date du 18. Avant la lecture du texte qu'il a préparé pour la radio, l'ambassadeur plénipotentiaire du Reich, Edmund Veesenmayer, se fait brusquement annoncer au château pour une demande d'audience urgente. Horthy le reçoit en plein Conseil de la Couronne et lui fait part de la décision qui vient d'être prise. Veesenmayer ne le laisse pas achever sa phrase : « Votre fils vient d'être arrêté en flagrant délit de trahison : il avait rendez-vous avec des partisans communistes de Yougoslavie. » Le vieillard proteste vainement. Son fils sera déporté au camp de Mauthausen...

Dès le départ de l'ambassadeur, Horthy signe le texte de sa proclamation et donne l'ordre de le communiquer à la radio pour qu'il soit diffusé le plus vite possible. Peu avant 13 heures, un envoyé extraordinaire du Führer, l'ambassadeur Rahm, demande à son tour à être introduit auprès du régent. La ville, dit-il, est menacée de destruction totale. Il ajoute des menaces concernant le sort du jeune Nicolas. Effondré, à bout de nerfs, le vieil amiral promet tout ce qu'il veut : il va rapporter ses décisions, acceptant de se ranger de nouveau aux côtés du Grand Reich. Trop tard. A 13 h 27, sa proclamation est lue au micro de Radio-Budapest.

Moins de deux heures plus tard, des hordes de jeunes gens hongrois amenés par des camions allemands, vêtus de chemises vertes et armés jusqu'aux dents, se répandent dans les rues, scandant des slogans contre Horthy, réclamant la levée en masse contre les Russes et la mort pour tous les Juifs, tandis que les SS investissent les locaux de la radiodiffusion hongroise. La station diffuse alors un appel du chef de l'état-major hongrois, János Város, enjoignant aux combattants du front, qui n'est plus guère éloigné de la capitale, de rester à leur poste et de poursuivre la lutte.

Au château royal, c'est l'affolement. Les ordres en

code destinés à l'armée ne passent plus, interceptés par les officiers des services de transmission aux ordres des nazis. Le général Aggteleki est arrêté par son propre adjoint. Le palais est isolé. Les blindés allemands franchissent le Danube d'est en ouest par le boulevard Teréz et le pont Elisabeth. Les Croix Fléchées s'emparent des bâtiments publics et assiègent la synagogue de l'avenue Aréna, à Pest, où sont enfermés, depuis 48 heures, 300 « protégés » suédois sous la surveillance de l'armée.

La veille, alerté par Hugo Wohl, Wallenberg y était venu faire lever la garde. Mais celle-ci était revenue aussitôt après son départ. Le matin, elle s'est encore opposée à la sortie des protégés, et quand tout à l'heure la radio a diffusé la proclamation du régent, elle les a mis en joue en criant : « Horthy capitule, mais pas nous ! »

A la légation où, toute la matinée, l'on s'est occupé du départ pour la Suède d'un contingent d'authentiques ressortissants rapatriables, on apprend alors que les 300 requis juifs affectés au bataillon international sont encerclés dans la synagogue par des Croix Fléchées armés de grenades. L'ambassadeur Danielsson appelle aussitôt le général Lakatos au téléphone. Le Premier ministre lui fait répondre qu'il est en train de déjeuner. Le représentant suédois, furieux, lui donne un quart d'heure pour le rappeler, sous peine d'un grave incident diplomatique. Lakatos rappelle et promet d'obtenir l'aval des autorités militaires pour lui remettre le contrôle du bataillon de travail international. Lars Berg et Hugo Wohl, les deux principaux collaborateurs de Wallenberg, foncent à l'hôtel Palace, où un colonel, prévenu de leur visite, les attend en faisant nerveusement les cent pas devant la porte. Il les informe qu'un coup d'Etat a eu lieu, qu'il n'a lui-même plus aucun pouvoir, et que la seule chose à faire est de s'adresser directement à l'état-major.

A 18 h 30, l'ambassadeur SS Veesenmayer qui, au

début du mois, lui a apporté un message personnel de Hitler l'encourageant à briguer la succession de Lakatos, intronise officiellement le chef des Croix Fléchées, Ferenc Szálasi. Ainsi proclamé chef du gouvernement, Szálasi lance à son tour, à 19 heures, un appel radiophonique pour la poursuite de la guerre contre les Soviets « au nom de la crainte de Dieu et de l'enseignement du Christ ». Suit un ordre du jour du nouveau chef d'état-major. Des affiches apparaissent sur les murs, fixant le couvre-feu à 21 heures. Interdiction est faite aux Juifs de quitter les maisons marquées de l'étoile de David qui leur ont été assignées. Tout Juif trouvé dans la rue sera fusillé sur-le-champ.

Vers 20 heures, des fusillades éclatent à Pest aux alentours de la synagogue. A la nuit tombante, le sang juif coule dans les rues du centre. Lars Berg et Hugo Wohl, qui ont obtenu de se faire accompagner d'un sous-officier, se hâtent vers la synagogue. Le militaire a reçu l'ordre oral de faire sortir tous les travailleurs requis détenteurs d'un passeport de protection suédois pour les mettre à l'abri à l'intérieur des bâtiments dépendants de la légation de Suède. Quand le trio arrive sur les lieux, tous les signes annonciateurs d'un pogrom sont en place. Le lieutenant du détachement qui garde la synagogue exige un ordre écrit. Il faut d'interminables palabres pour qu'il laisse enfin les trois hommes pénétrer à l'intérieur. Ceux-ci procèdent à l'appel des « protégés » suédois et leur ordonnent de sortir. Ils escortent jusqu'aux bureaux de la légation ceux qui craignent de rentrer chez eux.

Autour de la place Teleki, célèbre pour son marché aux puces, quelques groupes juifs, coupés de leur mouvement de résistance, se sont barricadés en compagnie d'une poignée de militants ouvriers, avec des fusils et des grenades. Ils engagent le combat contre les Croix Fléchées. Tard dans la nuit, deux poches de résistance sont cernées par des troupes d'élite allemandes appelées en renfort et appuyées par des chars Tigre. Personne ne se rend. Les munitions épuisées, les prisonniers se laissent exterminer. Quand les coups de feu cessent, au petit matin, les Allemands s'acharnent sur les immeubles du quartier, qu'ils détruisent au canon. A l'aube, ils y raflent tous les Juifs, sans distinction d'âge et de sexe, abattant sur place les récalcitrants.

Cette nuit-là, de fiévreux conciliabules se tiennent en d'autres points de la capitale hongroise. Les dirigeants de la Waada sont rentrés d'une tournée en ville à leur siège de la rue Semsey Andor. Devant la tournure prise par les événements, Komoly, Kastner, Biss et Henzi Brand n'ont plus qu'un seul espoir : que leurs relations avec les hommes de Himmler les protègent des Croix Fléchées. Ils misent entièrement sur le capitaine Clages, dont ils ignorent la mort, et sur le lieutenant-colonel Kurt Becher, c'est-à-dire sur leurs contacts avec les Allemands, qui restent leur ultime chance de salut.

Les jeunes pionniers de la résistance sioniste se réunissent à la « Maison de verre » de la rue Vadász, sur laquelle flotte le drapeau rouge à croix blanche de la légation helvétique. Il s'agit d'une entreprise de miroirs officiellement achetée par les représentants suisses à son propriétaire juif, Arthur Weiss, transformée en annexe de la légation et aménagée en refuge par le consul Charles Lutz pour permettre à une organisation clandestine, dirigée par une jeune fille, Elisabeth Eppler, de reproduire les certificats et les *Schutzpass* délivrés par les neutres. Les animateurs du mouvement pionnier décident, cette nuit-là, de passer dans la clandestinité [1].

1. Sur la résistance sioniste à Budapest, se reporter à l'excellent récit de Gilles Lambert, *Opération Hazalah* (Hachette Littérature), auquel ce chapitre doit beaucoup.

Au château royal, cependant, règne la plus grande confusion. Le régent et son entourage n'ont aucune nouvelle des deux généraux du front sur lesquels reposait le plan « secret » de résistance. Le palais ressemble à un navire privé de gouvernail en pleine tempête. A l'aube du 16 octobre, une colonne allemande conduite par le colonel SS Skorzeny se forme au pied de la colline du château pour se lancer, sans grand risque, à l'abordage, l'armée hongroise ayant déminé le terrain pendant la nuit. Suivie de quatre chars lourds et de blindés légers bourrés d'explosifs, la colonne Skorzeny n'a aucun mal à atteindre la Porte de Vienne, puis le sommet de la colline, où la garnison bluffée reste l'arme au pied. La colonne se développe en tenaille, investit le ministère de la Guerre, où un millier d'hommes se laissent désarmer. Les seuls combats ont lieu dans les jardins : 7 morts, 26 blessés. Skorzeny pénètre le premier dans les appartements du régent, à l'intérieur de la citadelle aux énormes murailles de brique. Horthy ne s'y trouve plus. Averti du coup de force, le vieil amiral s'est enfui par les souterrains pour trouver refuge, quelques minutes auparavant, chez un ancien ami du Kaiser, le général SS Wildenbruch. C'est là qu'il signe, trois heures plus tard, son abdication et la démission du gouvernement Lakatos. Non sans un lâche soulagement. Sa détention ultérieure dans un somptueux château d'Allemagne lui donnera une auréole de martyr suffisante pour échapper à l'accusation de crime de guerre... Avant de s'y faire escorter par Skorzeny, quatre jours après son arrestation, Horthy aura légalisé le gouvernement Szálasi.

Pendant ces quelques jours, le « guide national » des Croix Fléchées cherche à respecter les formes : il sollicite du régent déchu sa nomination au poste de président du Conseil, et présente l'équipe gouvernementale au Parlement. Cette fiction ne durera pas. Tirant parti de l'abdication forcée du vieil amiral après vingt-quatre ans de règne absolu, Szálasi se proclame lui-même chef de la Nation et cumule désormais tous les pouvoirs pour faire face au gouvernement d'unité nationale constitué à Debrecen par le général Miklós, passé du côté des Soviétiques, avec tous les partis antifascistes — des communistes aux horthystes modérés et repentis — coalisés sur la base du « programme de Szeged », première ville hongroise libérée par l'Armée rouge le 10 octobre. Investi, lui, par Hitler et ses *Panzerdivisionen*, Szálasi a saisi fiévreusement une chance inespérée. Hier, ses bandes de Nyilas, cette racaille vociférante, crainte et méprisée, incarnaient le désordre dans la rue ; aujourd'hui son parti, minoritaire et discrédité, s'empare du contrôle de l'appareil d'Etat. Remerciant le Führer par télégramme, le 21 octobre, « pour la fidèle camaraderie qui s'est manifestée si magnifiquement sous le signe de la communauté de destin germano-hongrois », le nouveau maître de la Hongrie s'apprête à réaliser ses rêves les plus fous... et les plus sanguinaires.

Aux yeux des hobereaux qui ont gouverné le pays durant un quart de siècle, un Szálasi installé au château royal paraît d'une bouffonnerie incongrue. Cet ancien capitaine d'active, qui avait quitté l'armée pour l'activisme politique, n'a jamais été admis dans la classe dirigeante. Horthy n'a guère d'estime pour son successeur de sang arménien, slovaque et allemand, auquel ne se mêle qu'un quart de sang hongrois. Plein d'une haine antibourgeoise, antilibérale, antisémite et anticommuniste, Ferenc Szálasi a fondé en 1935 le Parti de la Volonté nationale, dont les membres arborent la chemise verte et l'insigne de la croix fléchée. Fort de 150 000 adhérents, il obtient 31 sièges aux élections de 1939. Mais son parti est dissous en 1941 car Hitler, malgré l'admiration tapageuse que lui voue Szálasi, préfère son rival Béla Imrédy. Sur l'échiquetier politique hongrois, le premier joue le rôle d'appoint d'un Doriot en France occupée : un leader pour les basses œuvres de la rue. Par deux hommes liges, Baky et Endre, qui représentent son mouvement dans les gouvernements Sztójay et Lakatos, il grignote le pouvoir dans l'attente du grand soir promis à ses fidèles. Il s'emploie à devenir le seul partenaire possible pour les nazis. Le coup d'Etat du 15 octobre lui gagne enfin le gros de l'armée hongroise, dont une petite fraction seulement est passée à l'ennemi soviétique. L'ordre des Croix Fléchées règne à Budapest.

Cela commence par un bain de sang : 200 cadavres de Juifs dans les rues de Pest le 16 au matin. Simple mise en train. Le nouveau ministre de l'Intérieur, Gábor Vajna, donne licence aux «chemises vertes», placées sous les ordres de son frère, de tuer les passants suspects. On dépantalonne les hommes : s'ils sont circoncis, c'est la torture ou la mort. Les maisons marquées sont systématiquement pillées. Interdiction est faite à leurs occupants de sortir et de recevoir quiconque, médecin, sage-femme ou fossoyeur, pendant dix jours. A mi-chemin entre Hitler et Ubu, le «Guide» légifère à tour de bras : l'âge de la réquisition des Juifs pour le travail obligatoire est abaissé de quatorze à dix ans. Il nomme le lieutenant-colonel de gendarmerie Ferenczy commissaire aux Affaires juives et fait placarder une affiche : «Tout Juif surpris dehors sera coupé en quatre et jeté dans le Danube.»

On arrivera toujours à compter les morts, même ceux qui n'auront pas de sépulture. Les chiffres sont les veilleuses de la vérité.

Dès le 18 octobre, Vajna passe un accord avec Veesenmayer. Fondé de pouvoir d'Eichmann, qui ne reviendra à Budapest que le 21 novembre, l'ambassadeur réclame 50 000 nouveaux esclaves juifs pour le Reich. Policiers et Nyilas, marchant en équipes mixtes, embarquent tous les hommes de seize à soixante ans trouvés dans les maisons juives. Il n'y a pas de protection qui tienne : le coup de filet du 19 octobre ramène 22 000 Juifs. Ce jour-là, un agent secret de l'OSS alerte Washington. La semaine suivante, les rafles touchent les Juives de seize à quarante ans qui n'ont pas eu le temps de se cacher. Le 26, Vajna présente ses comptes à Veesenmayer : après élimination des inaptes, il peut former un premier convoi de 25 000 hommes et de 10 000 femmes à destination de l'Autriche.

Depuis le 17, tous les privilèges et exemptions accordés par les gouvernements Sztójay et Lakatos sont supprimés. Sous la coupe du nouveau tyran, la Hongrie paraît mépriser désormais les accords passés au temps de Horthy.

Aucune capitale, hors Berlin, n'a reconnu le nouveau pouvoir issu du coup de force allemand. En l'absence de représentation diplomatique hongroise, Stockholm rappelle les membres de sa légation à Budapest. L'ambassadeur Danielsson en informe les responsables du comité de secours aux déportés. Ceux-ci le supplient de rester à son poste, même sans lettres de créance, pour que soit poursuivie l'action humanitaire de la légation. Danielsson prend sur lui d'accepter. Ce diplomate de carrière, si protocolaire, est prêt à fermer les yeux sur les illégalités commises en son nom. Pour sauver de la déportation un détenteur de faux passeport suédois, il n'hésitera pas à authentifier sa signature, grossièrement imitée. Il laisse toute liberté d'initiative à Wallenberg pour le sauvetage d'un maximum de Juifs.

Chef d'une entreprise de vie et de mort, l'héritier de la tradition Wallenberg va donner maintenant toute sa mesure, jouant tour à tour du charme, du bluff, du chantage, de l'arrogance, pour faire au moins respecter de la nouvelle police les plaques d'exterritorialité qu'il a fait apposer sur les 32 immeubles loués ou acquis par ses soins et bourrés de réfugiés. Dès le 16 au matin, il a octroyé, d'autorité, deux semaines de permission à tout le bataillon de travail placé sous sa protection. Il va rechercher lui-même à la gare de Józsefváros, près de la place Teleki à Pest, ceux qui ont été raflés à domicile et que les Allemands s'apprêtent à déporter « en contrebande ». Il les fait embaucher comme employés dans les bureaux de la légation. En deux jours, Wallenberg distribue également 102 passeports de protection à des opposants sociaux-démocrates. Une vingtaine de Juifs sans passeport se cachent dans un chalet de bois des jardins de la légation, où Danielsson abrite également sous les combles le professeur Albert Szent Györgyi, prix Nobel de chimie pour sa découverte de la vitamine C en 1936, et chef spirituel de la Résistance.

Pendant toute la semaine écoulée, écrit Raoul Wallenberg dans son rapport à Stockholm, *les Juifs ont tenté de se cacher dans des caves, des boutiques vides, chez des amis aryens, à la Croix-Rouge, partout, pour échapper aux rafles quotidiennes. Des bandes de voyous se sont attaqués à nos protégés en leur arrachant et en déchirant nos passeports. Ils ont à deux reprises violé l'exterritorialité des locaux de la Croix-Rouge. Tout le personnel permanent de la section B avait disparu avec les clefs des pièces et des placards. J'ai passé la journée du 15 à sillonner les rues à bicyclette pour tenter de récupérer le nécessaire. Quarante membres du personnel n'ont pas reparu.*

J'ai tout de même obtenu du nouveau ministre des Affaires étrangères, le baron Gábor Kemény, la garantie du statu quo *pour notre personnel, le non-internement des 4 500 titulaires de passeports et l'autorisation de préparer leur rapatriement.*

L'un des premiers à découvrir le point faible du nouveau pouvoir assoiffé de respectabilité, Raoul adopte une tactique de harcèlement : il bombarde de notes les dirigeants ou leurs subordonnés, en faisant appel à leur orgueil maladif. Rédigées avec la plus extrême politesse, ces notes confirment chaque conversation, chaque transaction, chaque accord arraché au cours d'une incessante et épuisante négociation. C'est une forme de guérilla épistolaire. Le ministre Kemény, auquel il s'adresse à titre personnel comme s'il traitait de puisssance à puissance, finit par lui accorder ce qu'il demande pour enrayer le flux de ses notes. La première date du 20 octobre et donne le ton de celles qui vont suivre :

Ces derniers jours, certaines prescriptions, contraires à l'accord intervenu sur le statut du personnel juif de la légation suédoise et des familles qui en dépendent, ayant été émises, la légation recevrait avec la plus grande satisfaction les explications de Votre Excellence sur le maintien de cet accord. Elle lui serait très reconnaissante d'en informer les autorités de police, les formations politiques armées, le Département des étrangers et l'organisation du Travail obligatoire. Ce personnel et ces familles peuvent produire, sur requête, des cartes d'identité délivrées par les soins de votre ministère ou du ministère de l'Intérieur, ces dernières étant estampillées par la légation et portant la signature de notre ambassadeur. La légation propose que cet accord soit rendu public par la radio. Elle vous serait reconnaissante de prendre ces mesures dès aujourd'hui.

Le 22, Wallenberg demande la protection de la police pour l'immeuble du personnel de la légation situé à l'entrée de Pest, au 1, rue Jókai. Le 26, six notes pour étendre cette protection à tous les bâtiments placés sous pavillon neutre, pour communiquer la liste des « protégés » raflés dont il souhaite une libération rapide — parmi lesquels un vieillard de quatre-vingt-un ans, Imre Vajda, que l'on oblige à creuser des tranchées —, pour indiquer les lieux de détention des victimes des brutalités dans les locaux de la Croix-Rouge et contre lesquelles il élève les plus vives protestations, etc.

Pour gagner à sa cause le falot baron Kemény, qui est la caution sociale du gouvernement Szálasi, Wallenberg entreprend de séduire sa toute jeune femme, Elisabeth, dont il a fait la connaissance lors d'une réception huit jours après le coup d'Etat. Il tient d'un ancien libraire juif, Karl Muller, venu le voir avec son uniforme de capitaine de réserve bardé de décorations, que la baronne a été son employée sous le nom de Fuchs et qu'elle a été faite Aryenne d'honneur pour épouser son mari. Celui-ci en est très épris et elle attend un bébé.

Raoul fait comprendre à la baronne que le père de cet enfant risque de figurer un jour sur la liste des criminels de guerre préparée par les Alliés. Pour l'honneur de son nom, il lui faut mettre un frein à la persécution d'un peuple dont elle-même est issue. Retrouvant en quelque sorte le rôle d'Esther auprès du roi de Perse Assuérus dans la Bible, la jeune femme obtient de son mari qu'il satisfasse à toutes les exigences du Suédois.

Elle le confirme par écrit à Wallenberg : non seulement le message radiophonique dont il a demandé la diffusion passera sur les ondes, mais elle a convaincu le baron de se rendre lui-même au studio pour éviter tout risque de sabotage. C'est chose faite le 29 octobre. Diffusé le soir, l'appel suivant sera même rediffusé le lendemain matin :

Les passeports étrangers doivent être respectés par toutes les autorités militaires, la milice, l'association des camarades du front de l'Est. Les détenteurs de passeports émis par les légations neutres, passeports de protection, passeports col-

lectifs, certificats d'émigration ou de travail, ne peuvent être requis pour le service obligatoire. Ils jouissent du droit d'exterritorialité dans les bâtiments des légations neutres et de la Croix-Rouge, ou placés sous leur pavillon.

Un vrai miracle : le gouvernement est revenu sur son ukase du 17 octobre ! En échange du service rendu, la baronne Kemény demande à Raoul de lui procurer des passeports de protection pour quelques personnes compromises dans l'entourage de son ministre de mari, ainsi que de la viande... et un pyjama de soie ! Wallenberg s'empresse d'accéder à ses désirs... et de faire profiter les autres légations neutres des dérogations aux dispositions arrêtées par le régime des Croix Fléchées. Ainsi s'instaure un travail d'équipe international, dont Raoul partage la coordination avec le consul suisse Charles Lutz. En réponse à leurs démarches répétées, le gouvernement Szálasi s'engage même, par mémorandum, à « laisser partir les 4 500 porteurs de passeports suédois et les 7 000 titulaires de visas d'admission en Palestine, avec 50 kilos de bagages enregistrés ». Ces émigrés devront être rassemblés pour le départ au plus tard le 15 novembre. Le gouvernement hongrois espère qu'à cette date ses légations de Stockholm et de Berne auront pu rouvrir leurs portes.

Le 31 octobre, une réunion se tient au ministère des Affaires étrangères pour entériner ce mémorandum. Y assistent, outre les représentants des ministères concernés, l'inévitable László Ferenczy, le consul de Suisse, Lutz, et le secrétaire de la légation de Suède, Wallenberg. Il y est décidé qu'une voiture officielle et une escorte armée seront mises à la disposition des diplomates neutres pour aller rechercher tous leurs « protégés » pris pour les travaux de fortification à l'extérieur de la capitale, y compris ceux qui auraient été dépouillés de leurs passeports ou de leurs lettres de protection. Ceux-ci doivent être considérés comme astreints au travail obligatoire au service de la légation qui les a pris en tutelle, sans avoir à se présenter au bureau de contrôle des étrangers. L'appel se fera sur place.

Une fois de plus, Wallenberg et Lutz ont joué sur le désir du nouveau gouvernement d'obtenir une reconnaissance internationale, ou tout au moins la considération des puissances neutres. Ils exploitent donc à fond cette situation, qui n'empêche pas la persécution des Juifs de Budapest mais qui a pour effet d'en préserver quelques milliers.

Le 4 novembre, un décret signé du « chef de la nation » annonce au peuple hongrois que la fin du règne des Juifs approche : il stipule en effet la confiscation au profit des mutilés de guerre de tous les biens encore en possession de familles juives, qui ne pourront plus disposer que d'une table, de trois chaises, de deux lits par foyer et de réserves de nourriture et de chauffage pour seulement quatre jours.

Dans le ghetto international formé par les bâtiments d'habitation sous pavillon neutre, 13 000 Juifs ont trouvé un abri, précaire — les bandes de Nyilas ne respectent pas toujours les consignes — mais préférable à l'insécurité des quartiers juifs. Sans doute n'ont-ils pas davantage droit aux cartes d'alimentation. Là encore, Wallenberg a tourné la difficulté en fabriquant des certificats ornés des trois couronnes suédoises qui font impression sur des policiers à demi illettrés. Avec un peu de chance, les porteurs de ces certificats pourront conserver le droit de faire des achats alimentaires.

Toutes ces concessions, multipliées à contre-courant de la ligne officielle du programme antisémite de Szálasi, n'ont qu'un but : la reconnaissance du régime, au moins par la Suède. Wallenberg promet à Kemény ce qu'il n'est pas en état de tenir. Mais il gagne du temps. Car si les jours des derniers Juifs survivants à Budapest sont comptés, ceux des Croix Fléchées le sont aussi.

L'Armée rouge accroît sa pression sur le front germano-hongrois. Au nord, elle s'approche des frontières de la Prusse. Pour la première fois depuis les guerres napoléoniennes, l'Allemagne va devoir défendre son sol. Hitler ordonne la pratique de la terre brûlée : que tout soit détruit plutôt que de tomber dans des mains ennemies. Il faut faire sauter les centrales électriques, les usines, les conduites d'eau, les installations téléphoniques, brûler les archives, les états civils, les fermes, les œuvres d'art, les théâtres, les églises. « Pas un seul épi allemand ne doit servir à nourrir l'ennemi, aucune bouche allemande ne doit le renseigner. Il ne doit rencontrer que la mort. » Cette tactique démente est appliquée sur le front Est, non à l'ouest, où Aix-la-Chapelle est épargnée au moment de tomber.

Szálasi apprend avec regret la fermeture des camps d'extermination d'Auschwitz et de Birkenau, dont les installations sont détruites avec leurs archives. De cette manière, Himmler satisfait à la fois le Führer, qui ne veut pas que l'on laisse des traces du génocide, et les émissaires avec lesquels il négocie en sous-main une solution « humanitaire » au problème juif en Hongrie.

Car, dans cette atmosphère de fin du monde, le Grand Jeu se poursuit, avec ses deux parties connexes : le sauvetage de Juifs, même déportés, puisqu'on ne les gaze plus, et l'éventualité d'une paix séparée qui n'intéresse plus guère les Alliés mais qui continue de hanter les rêves de Himmler. C'est aussi dans cette perspective que le baron Kemény se fait fort d'obtenir l'autorisation de transit par l'Allemagne des 4 500 Juifs « protégés » rapatriables en Suède. A Budapest, où l'incohérence règne avec les Croix Fléchées, la Croix-Rouge suédoise, dirigée par Waldemar Langlet, ouvre trois maisons d'enfants pour les familles de « protégés ». Les fonds de secours, de source américaine, arrivent à destination et les fonctionnaires hongrois corrompus ferment les yeux sur ces arrangements impurs, orchestrés par Raoul Wallenberg.

Le Reichsführer SS laisse faire. Persuadé qu'il arrive au terme de la mission qu'il s'est assignée et qu'il tient enfin le fil direct avec les Américains, il attend avec impatience la rencontre de son lieutenant-colonel d'intendance, Kurt Becher, avec le délégué personnel de Roosevelt, Roswell McClelland, arrivé en Suisse.

Sur l'intervention de l'ambassade américaine à Berne, les autorités helvétiques accordent le visa d'entrée vainement demandé par Becher. Pour lui comme pour son chef, ce visa est la preuve du pouvoir « judéocratique » représenté par leurs interlocuteurs de la Waada de Budapest. Pour la quatrième fois, le 27 octobre, Rezsö Kastner est autorisé à prendre le train pour la frontière suisse. Kurt Becher prend, de son côté, l'avion pour recevoir les dernières instructions de Himmler. Auparavant, il a assuré aux dirigeants de la Waada d'une part qu'Eichmann avait l'ordre de préparer le départ du reste du convoi-témoin (l'arche de Noé) de Bergen-Belsen pour Sankt Margrethen, d'autre part que les déportés seraient traités à l'avenir comme des prisonniers de guerre. Mais Himmler et lui ont encore besoin de se couvrir vis-à-vis d'autres dignitaires nazis, voire du Führer lui-même, en maintenant la version de concessions échangées contre des biens stratégiques.

Le 5 novembre a lieu le tête-à-tête prévu à l'hôtel Savoy-Baur-en-ville, à Berne, entre le lieutenant-colonel SS Kurt Becher, représentant personnel de Himmler, et le quaker américain McClelland, directeur pour la Suisse du *War Refugee Board*. L'importance de cette entrevue réside moins dans le contenu de l'entretien que dans la rencontre elle-même. Elle constitue une violation flagrante des accords de Téhéran, stipulant le boycott total du Reich jusqu'à sa capitulation inconditionnelle.

A celui qui se présente en mandataire du second personnage du Reich, successeur présomptif du Führer, celui qui passe pour le confident de Roosevelt demande la grâce des Juifs survivants dans les territoires encore sous contrôle nazi, contre l'engagement de son gouvernement d'entériner le transfert de 20 millions de francs suisses promis par le délégué du Joint. Libre ensuite aux Allemands d'utiliser ce premier acompte à l'achat de marchandises en Suisse, en attendant les versements ultérieurs.

Le 8 novembre, Becher et Kastner reviennent ensemble à Budapest où, entre-temps, la ville est devenue un enfer pour les Juifs.

9

La marche de la mort

« Ce soir, en rentrant chez moi, j'aurai probablement moi aussi un bébé », dit d'un ton enjoué Raoul Wallenberg, qui, le 3 novembre, est allé dîner chez la jolie petite baronne Kemény. Son hôtesse s'esclaffe, mais le diplomate suédois n'a plus de raison de lui cacher ce qui est arrivé cet après-midi à la légation.

Une des Juives réfugiées dans les locaux de la rue Tigris a ressenti les premières douleurs annonciatrices de l'accouchement. Un médecin-chef de l'hôpital János, qui se cache également là, lui signe une lettre de recommandation pour la faire admettre d'urgence dans un service de maternité. Mais, devant la ruée de l'Armée rouge en direction de la capitale, tous les hôpitaux civils de Budapest viennent d'être évacués vers l'ouest. A 7 heures du soir, la parturiente est de retour rue Tigris. Dehors, la canonnade se rapproche. Sa délivrance coïncidera-t-elle avec leur délivrance ? Raoul sort de son bureau au moment où le médecin prépare une table, fait chercher des linges et stérilise ses instruments.

« Venez chez moi, lui dit Wallenberg, vous serez plus tranquille pour procéder à son accouchement. C'est un petit appartement de deux pièces qui a l'avantage d'être encore bien chauffé. »

Après y avoir installé la femme, son mari et le médecin, il ressort pour se rendre à l'invitation de la baronne, laissant son chauffeur à la disposition du médecin, en cas de complications. Ce chauffeur, Vilmos Langfelder, un ancien ingénieur de Budapest protégé par des attaches familiales en Suède, fait partie depuis peu des 300 employés embauchés par la section de Wallenberg. Sous les bombes il va, à la demande du médecin, se procurer des seringues, un masque à oxygène dans un dispensaire de la banlieue ouest et, vers minuit, ramène le matériel avec une sage-femme qui lui a spontanément offert son assistance. En fait d'aide, la sage-femme, qui est une toxicomane, se fait à elle-même une injection de morphine, à peine arrivée chez Wallenberg, et s'endort au moment où Raoul rentre de son dîner. Laissant les deux pièces à ses hôtes, il se retire dans l'entrée glaciale de l'appartement pour passer la nuit allongé sur un canapé, avec son manteau bleu en guise de couverture. A 7 heures du matin, il est réveillé par les premiers cris du nouveau-né, qui viennent rompre le rythme assourdissant de la canonnade. Il va dans sa chambre, et s'émerveille du spectacle de cette jeune accouchée tendant les bras vers son bébé : c'est une fille. Le père propose à Wallenberg d'être le parrain de cette petite Juive née dans la clandestinité avec sa complicité. Et lui laisse le choix du prénom.

« Comme elle me rappelle un portrait de ma grand-mère enfant, répond Raoul tout ému, je dirai Nina ou Maria. »

Sa filleule s'appellera Maria-Eva.

Prévenues par téléphone, les deux authentiques grands-mères du bébé, planquées dans une des maisons protégées de Pest, s'apprêtent à prendre le tramway n° 6 pour se rendre à Buda. Le tramway passe, bondé. Dans l'attente du suivant, elles le regardent s'engager sur le pont de l'île Margit, quand il est littéralement précipité dans le Danube, avec d'autres véhicules : le pont Margit vient de sauter. Le centre de la ville est à portée immédiate des tirs russes, dont les servants sont arrivés l'avant-veille dans les faubourgs, à moins de 12 kilomètres.

Sur ordre de Hitler, le front germano-hongrois est devenu la priorité absolue du haut commandement de la Wehrmacht. Si Budapest venait à tomber, la route de Vienne et de Prague serait ouverte à l'invasion soviétique, l'Allemagne du Sud directement menacée. L'ordre de tenir à tout prix la ligne du Danube s'accompagne d'envoi de matériels nouveaux, comme les chars super-Tigre, à peine sortis des usines d'Albert Speer. Le bastion magyar passe avant tous les autres secteurs de l'immense front de l'Est.

C'est un fait que, durant la dernière semaine d'octobre, les forces germano-hongroises ont fait mieux que se défendre face aux coups de boutoir de l'Armée rouge. Elles contre-attaquent dans la plaine de Debrecen, bientôt transformée en cimetière de blindés. Le changement de régime à Budapest a finalement entraîné peu de défections, et le Honvédség, l'armée nationale hongroise, se bat farouchement à côté des divisions SS. Mais les Soviétiques jettent sans cesse de nouvelles forces dans la bataille.

Pour Staline, la Hongrie est un enjeu à la fois militaire et politique. Maintenant que la Roumanie et la Bulgarie ont glissé dans le camp russe, la conquête et l'absorption de l'ancien royaume du régent Horthy protégerait un autre flanc de l'URSS. Pensant déjà à l'après-guerre, le Kremlin se constitue au fil des combats un glacis avantageux en Europe orientale et centrale. La Hongrie fasciste de Szálasi reste le dernier régime hostile de la région. Les maréchaux Malinovski, Petrov et Tolboukhine ont charge de l'abattre à tout prix.

L'armée Malinovski pousse vers Uzhorod pour opérer sa jonction avec l'armée Petrov avançant au nord. C'est ce mouvement en tenaille que les troupes germano-hongroises cherchent furieusement à empêcher. Or, le 27 octobre, Uzhorod, capitale de la Ruthénie, à l'extrémité de l'ancienne Tchécoslovaquie, tombe entre les mains de l'armée Petrov. Le jour de la Toussaint, Staline ordonne au deuxième front d'Ukraine de passer à l'offensive au nord-ouest en direction de Budapest.

Pour garder la capitale hongroise, l'état-major allemand a concentré une masse compacte de 250 000 hommes et dressé un système puissant de fortifications auquel prennent part les bataillons juifs du Travail obligatoire. Dans la ville même, la garnison germano-hongroise a eu le temps de bétonner les immeubles, de multiplier les nids de mitrailleuses et les casemates équipées de canons antichars. Sur l'hippodrome, aménagé en piste d'atterrissage, des Junker-88 déversent sans arrêt, en un pont aérien, du matériel, des pièces de rechange et du plasma sanguin. Budapest doit être défendue rue par rue et devenir pour les Russes un enfer comparable à ce qu'a été Stalingrad pour la Wehrmacht.

L'offensive de la Toussaint permet aux Russes de faire en 48 heures un bond en avant de 100 kilomètres entre la Tisza et le Danube. Le 2 novembre, le 2e et le 4e corps mécanisé sont stoppés par un déluge d'artillerie devant les faubourgs nord de la capitale. Une autre tentative de pénétration, cette fois par l'est, échoue à nouveau. Arrêtées dans leur élan à moins de 12 kilomètres de Budapest, les forces soviétiques, épuisées par quatre mois de combats, ne sont pas en état de livrer l'assaut final. Le général Chlemine, commandant la XLVIe armée d'Ukraine, signale à l'état-major que les munitions et le carburant ont du mal à suivre : les pluies diluviennes de l'automne ont fait des routes autant de pistes boueuses, défoncées par les chars et les camions. La canonnade que l'on entend le 4 novembre au matin, quand s'effondre le pont Margit, emportant le tramway n° 6 avec ses passagers, n'annonce pas encore aux Juifs de Budapest une fin prochaine à leur martyre.

Vivre à Budapest est devenu l'enfer. Pillant, brûlant, violant, torturant, assassinant à leur guise, les Croix Fléchées se livrent à leur occupation favorite : la chasse aux Juifs, dont les rangs se sont grossis des réfugiés de la province, rescapés des déportations, et des déserteurs du service du Travail obligatoire refluant par bataillons entiers avec la brusque retraite germano-hongroise. Ces bataillons de travailleurs juifs requis pour le front se sont désagrégés au sein du désordre général, notamment parce que leurs gardiens, des paysans hongrois qui les surveillaient, l'arme au poing, et qui souvent les torturaient à mort, commençaient à déserter eux-mêmes en masse. Accueillis dans les faubourgs par des hordes de Croix Fléchées, qui les obligent à courir et s'amusent à faire des cartons sur les retardataires, les évadés du STO s'enfuient dans la ville à la recherche d'abris et de cachettes. Repérés par les jeunes pionniers sionistes qui patrouillent dans les rues en uniformes de *Levente*, de Croix Fléchées, voire de SS, à la manière des sicaires de Judée qui prenaient le visage de l'ennemi romain pour mieux le combattre, quelques centaines d'entre eux sont conduits dans un refuge, rue Colombus, où la Waada a pu installer un camp destiné à rassembler et à héberger les prochains convois-témoins pour la Suisse, en accord avec ses interlocuteurs de la SS.

Cette situation est caractéristique de la dislocation totale de l'administration hongroise et de ses services de police. C'est la fin de toute autorité, mais aussi de toute sécurité, l'autorité des services allemands eux-mêmes allant s'effritant. Ce qui rend de plus en plus aléatoires les possibilités d'intervention par leur canal, auxquelles s'accrochent toujours les négociateurs de la Waada, repliés désormais, André Biss et la femme de Joël Brand, Henzi, en tête, à l'hôtel Pannónia à Pest, où les membres de l'ex-légation roumaine ont été mis en résidence surveillée depuis la défection de leur pays.

Le régime des Croix Fléchées devient de plus en plus instable. Au temps de Horthy, les efforts de sauvetage, sionistes ou suédois, en faveur des Juifs, se heurtaient à un monstre froid : la machine de l'Etat. En ces premiers jours de novembre, la machine déréglée transmet quelques ordres de clémence au milieu des invites au massacre. Le « guide » national Szálasi demande à ses bandes de Nyilas d'apprendre aux Juifs, sans faire de distinction, à nager en les jetant dans le Danube rejoindre les passagers du tramway n° 6. En même temps, il fait accorder des autorisations de sortie pour les Juifs placés sous la protection des neutres : 7 800 Juifs reçoivent le droit de partir pour la Palestine par le canal de la légation helvétique, 4 500 vers la Suède — en attente depuis septembre — 700 vers le Portugal, 300 vers l'Espagne. Ces autorisations ne permettent nullement de quitter Budapest, qui est pratiquement coupée du monde et en voie d'encerclement. Au moins devraient-elles assurer une meilleure chance de survie sur place. Encore faut-il échapper aux bandits en uniforme, voire aux assassins sans uniforme, qui ne respectent qu'un seul des mots d'ordre incohérents de Ferenc Szálasi : « Tuez les Juifs ! »

Le 7 novembre à midi, le lieutenant-colonel László Ferenczy téléphone à Wallenberg : les Juifs protégés par les légations neutres ont trois jours pour emménager dans un certain nombre de maisons juives du Ve arrondissement riverain du Danube, à Pest, qui devront auparavant avoir été vidées de leurs occupants. Le 8 au matin, les Juifs sans *Schutzpass* sont jetés à la rue. Une véritable razzia policière. Tandis que les « neutres » sont occupés à résoudre ce problème compliqué du fait du dépassement des quotas d'attribution de passeports et de la circulation de documents falsifiés ou fabriqués, des gendarmes escortent une fois de plus vers la gare de Józsefváros une colonne de requis juifs affectés au bataillon de travail placé sous protection suédoise. Prévenu à temps, Raoul les rattrape au volant de sa petite voiture. Il arrive à la gare sur le coup de 4 heures du matin, au moment de l'embarquement, que Ferenczy est venu contrôler en personne en comparant les papiers présentés par les « protégés » à la liste établie par la légation. Wallenberg monte dans le train, passe de wagon en wagon, libérant tous ceux qui se réclament de sa protection, avec ou sans papiers. Le lendemain, il recommence, ramenant des centaines de travailleurs libérés dans les caves de la légation. Sur le quai de la gare, il s'est heurté au capitaine SS Dannecker, envoyé par Eichmann, qui a menacé de l'abattre. C'était le dernier train à pouvoir quitter Budapest.

Chaque jour, deux collaborateurs de Wallenberg, Lars Berg et Carlsson, sillonnent les rues à bord de leur voiture diplomatique à la recherche de « protégés » raflés à la faveur du déménagement. Le premier, grand Viking blond, parle allemand et se fait passer pour un officier du SD auprès des Croix Fléchées. De simples coups de gueule suffisent pour récupérer les prisonniers. Ses deux collègues étant rapidement débordés par l'ampleur des rafles, Wallenberg obtient le concours de pionniers sionistes clandestins de type aryen pour former des commandos de sauvetage habillés en Croix Fléchées ou en SS. Deux Aryens authentiques se joignent à eux : un retraité de la gendarmerie — qui en connaît tous les usages — et un capitaine d'infanterie fiancé à une Juive.

Raoul paie lui-même de sa personne dans ces opérations de récupération, se plantant au milieu des miliciens déchaînés avec son vieil imperméable usagé ou son manteau bleu marine et son ineffable chapeau Eden. Il débusque également quelques collaborateurs suédois de la police hongroise, qu'il s'empresse de signaler à son ambassadeur Danielsson pour neutraliser leur activité. Il n'hésite pas à doubler le nombre de *Schutzpass* mis en circulation, à leur faire conférer, grâce à ses bonnes relations avec le couple Kemény, une valeur légale qu'ils n'ont pas, à l'égal des passeports normaux émis par son pays.

Loin de renoncer aux usages et aux formules diplomatiques, il se dit, par exemple, au regret d'avoir à adresser la note suivante (n° 312) au ministre des Affaires étrangères : *Un certain Georges Schiller, bénéficiaire de notre protection et requis pour le Travail obligatoire, a été arrêté le 9 novembre en pleine rue. Après six jours de prison, il a été amené le 15 novembre au siège du parti des Croix Fléchées avec une quarantaine d'autres personnes, traînées là à coups de fouet. On les a alors alignés dans une pièce appelée par les miliciens « la cave de l'inquisition » et soumis à d'odieuses tortures, puis à d'abominables humiliations comme nettoyer les cuvettes des WC avec la langue. Une note diplomatique est-elle appropriée pour exposer de tels faits ?*

Des notes « exposant de tels faits », Wallenberg aura, hélas !, l'occasion d'en envoyer beaucoup d'autres. D'abord parce que les logements attribués rue Jókai et rue Arany János aux 4 500 protégés toujours en instance de rapatriement sont insuffisants pour héberger les 13 000 protégés récupérés lors du déménagement. Raoul obtiendra la disposition de dix-neuf autres bâtiments, la fourniture de plaques d'exterritorialité à leur adresse et la reconnaissance du dispensaire de la Croix-Rouge suédoise abritant 150 requis malades en tant qu'hôpital du ghetto international ainsi constitué.

Ensuite un fait nouveau, particulièrement dramatique, va aggraver le calvaire des Juifs de Budapest : la reprise des déportations sous une forme nouvelle, non à destination des « moulins » d'Auschwitz, qui ont été sabordés, mais des lignes de défense de Vienne. Russes et Américains ayant rendu inutilisables, par leurs bombardements, les voies ferrées hongroises, à partir du 10 novembre, il est devenu impossible d'expédier le bétail humain réclamé par l'IG Farben à Buna-Monowitz, secteur industriel d'Auschwitz. Eichmann, consulté en tant qu'expert en convois, suggère d'expédier en Autriche les Juifs valides de Budapest, hommes et femmes. Il n'y a plus de trains pour remonter le cours du Danube ? Et alors ? Ils n'auront qu'à y aller à pied. Un simple parcours de 240 kilomètres jusqu'à la frontière : il se fera un plaisir de les recevoir en personne au poste de Hegyeshalom, où un vaste camp a été aménagé.

C'est une tuilerie-briqueterie désaffectée du vieux Buda qui a été choisie par le lieutenant-colonel Ferenczy comme point de départ de cette « marche de la mort » qui, selon les calculs d'Eichmann, doit en moins de quatre semaines amener à pied d'œuvre, par vagues successives, un troupeau de 70 000 Juifs hongrois en état de travailler. Il suffit de huit étapes quotidiennes de 30 kilomètres à raison d'un départ tous les trois jours. Si Eichmann tourne ainsi les dernières instructions de Himmler, c'est que, dans son esprit, la mort est au bout du voyage, comme pour les précédentes « actions » de son *Sonderkommando*, et non l'hypothétique construction d'une ligne de défense...

Depuis le prétendu déménagement du 8 novembre, les riverains du Danube peuvent voir comment sont rassemblés les participants à ces marches forcées qui vont jalonner de cadavres la route de Vienne. Les Juifs, raflés dans les maisons évacuées et dans les rues, sont amenés sur les escaliers reliant les deux niveaux du quai Rudolf mis en rang par cinq et, quand les colonnes sont complètes, dirigés vers la tuilerie-briqueterie. La plupart des hommes valides étant pris pour le Travail obligatoire, il y a là 70 à 80 pour cent de femmes, d'enfants et de vieillards. Au début. Plus tard, on y adjoindra les requis des bataillons de travail. Il y a aussi des détenteurs de papiers de protection, vrais ou faux, arrêtés sans distinction à la faveur de l'aménagement du ghetto international.

La première colonne prend la route le 13 novembre. Encadrées par des soldats et des gendarmes, des files lamentables de marcheurs avancent sous une pluie battante glaciale, épuisés, crevant de faim, grelottants, fiévreux, malades. La nuit, ils dorment à même le sol, dans les fossés du bord de la route. Quelques femmes enceintes avortent, offrant un spectacle sanglant aux militaires goguenards. Des vieux supplient qu'on les achève. Ils n'obtiennent que des ricanements. Les retardataires trop faibles pour continuer sont abattus sur place. Les corps qui pendent en guirlandes aux branches des arbres ne sont pas ceux de suicidés. Parfois on organise des simulacres d'exécution. On force les marcheurs à creuser une fosse commune. On les fait aligner sur le bord, puis on les relâche en se tordant de rire.

Et la marche reprend. Parfois on s'arrête pour une fouille générale. Tout Juif sur lequel on trouve un billet de banque est dévêtu et fouetté à mort. A la nuit tombante, on immerge parfois un condamné dans un tonneau plein d'eau. Quand il est transformé en bloc de glace, on fait défiler devant lui le groupe auquel il appartient. Dans les villages, les places de marché constituent les lieux de halte, à ciel ouvert, entre deux étapes. Un groupe de 300 jeunes, surpris par la nuit en rase campagne, est contraint de poursuivre sa marche sur 59 kilomètres. Ils finissent par échouer dans une grange qui s'effondre sous leur poids. Sept morts de plus.

Le 16 novembre, un général de la Waffen SS, Jüttner, et son adjoint Grassler, partis de Vienne accompagnés du commandant du camp d'Auschwitz, Rudolf Höss, arrivent en voiture à l'hôtel Majestic où, en l'absence d'Eichmann, les attendent Becher et Krumey. Ils expriment un étonnement quelque peu indigné d'avoir croisé sur la route ces marcheurs, ces moribonds et ces cadavres. Himmler ne vient-il pas de leur exprimer sa décision de mettre un terme aux exterminations massives ? Ce qu'ils ont vu cet après-midi sur la route, ce spectacle révélateur exposé aux yeux de tous — de la population riveraine, des neutres de passage — est à l'opposé des récentes directives du Reichsführer. Ils exigent que soient annulés les ordres de déportation à pied. Dès le lendemain, les 7 000 marcheurs du second « convoi », à peine engagés sur la route par laquelle était arrivé le trio SS, sont reconduits à Budapest !

C'est que, ce jour-là, le ministre de Suède, Danielsson, et le nonce apostolique, Mgr Rotta, viennent remettre au chef de la nation hongroise, Szálasi, un mémorandum sévère au sujet des déportations : *Depuis le mois d'août, un demi-million de Juifs ont encore été déportés et les légations des pays neutres, sachant ce que la déportation signifie, ont entrepris une action diplomatique pour en empêcher le renouvellement. Ayant appris de source sûre ce qui se passe, les représentants des puissances neutres ne peuvent se soustraire à l'obligation de demander :*

1. *La suspension des ordres de déportation en cours ;*
2. *Un traitement humain des internés dans les camps de concentration ;*

3. *Une application rigoureuse des engagements du gouvernement hongrois à l'égard des Juifs placés sous la protection des gouvernements accrédités à Budapest.*

Dès le lendemain, 18 novembre, Szálasi répond à cette démarche par un long mémorandum en allemand. En résumé, il établit un statut particulier pour six catégories de Juifs :

1. ***Les Juifs porteurs de passeports de protection étrangers.*** *Ils devront, le 20 novembre au plus tard, à 16 heures, être concentrés dans la maison dite de Palestine, où ils devront rester jusqu'à leur départ. Ils auront le droit de se promener dans leur quartier entre 8 heures et 9 heures du matin. Leur nombre ne pourra être augmenté.*

2. ***Les Juifs « prêtés » au gouvernement allemand*** *pour travailler à l'effort de guerre le sont à titre individuel. L'Etat hongrois, dans l'intérêt de la nation, et après accord avec le gouvernement allemand, les laisse travailler à l'étranger... Leur traitement dépendra de leur attitude.*

3. ***Les Juifs qui sont encore en Hongrie devront être concentrés dans un ghetto clôturé.*** *A l'intérieur de ce ghetto, ils pourront se déplacer librement, mais n'auront pas le droit d'avoir le téléphone ou la radio. Il y aura quatre entrées au ghetto aux quatre points cardinaux. Les Juifs n'auront le droit d'en sortir que dans un seul cas : celui où ils seraient prêtés pour le travail à l'étranger.*

4. ***Les Juifs ayant des certificats d'exemption*** *(médaille d'or du courage, invalides de guerre) sont exonérés de toutes les lois raciales, mais ne peuvent prendre aucune part à la vie du pays.*

5. ***Les Juifs d'Eglise*** *(prêtres, religieux) doivent être placés dans des maisons spéciales et envoyés le plus tôt possible à l'étranger.*

6. ***Les Juifs détenteurs de passeports étrangers*** *devront quitter le pays avant le 1er décembre.*

En apprenant le nombre de femmes tombées en route

au cours de la première « marche de la mort » jusqu'au camp frontalier de Hegyeshalom, l'imprévisible Szálasi, paraît-il, aurait éclaté en sanglots. Il annule ses ordres précédents : la police hongroise ne doit plus aider les Allemands à former un autre « convoi » de marcheurs. L'ambassadeur SS Veesenmayer veut bien se montrer conciliant : Vienne lui a téléphoné que l'on n'a pas besoin de femmes pour les travaux de terrassement aux abords de la frontière autrichienne.

A la demande des dirigeants de la Waada, qui attendent anxieusement les résultats de la négociation poursuivie en Suisse par un émissaire de Kurt Becher à Saint-Gall, l'économiste Herbert Kettlitz, le lieutenant-colonel d'intendance SS intervient auprès de Himmler pour faire également annuler un ordre d'Eichmann qui avait fixé à dix ans la limite d'âge inférieure pour les déportations à pied. Eichmann ne dissimule pas sa fureur. Absent de Budapest, il a l'impression de ne plus pouvoir compter sur personne pour en finir avec les Juifs de là-bas, pas même sur l'inconditionnel Szálasi, pas même sur son patron, Himmler.

En effet, ce même 18 novembre, le Reichsführer, toujours pressé par Becher, adresse pour la première fois une instruction par écrit — les précédentes n'étaient que verbales — au général d'armée SS Pohl, chef du service central de l'intendance, et au général d'armée SS Kaltenbrunner, chef du service central de sécurité du Reich : *Affaire secrète. J'interdis, avec effet immédiat, toute extermination de Juifs et ordonne, au contraire, que l'on prenne soin des sujets faibles et malades. Je vous en tiens personnellement responsables, même pour le cas où cet ordre ne serait pas strictement appliqué par les instances subalternes. Signé : Heinrich Himmler.*

Cet ordre est le premier engagement important pris par le chef de la SS, tenu de fournir une preuve de sa bonne foi à l'envoyé de Roosevelt en Suisse, McClelland : il met fin, tout au moins sur le papier, à la poursuite de la « solution » décidée à la conférence de Wansee. En contrepartie, il attend toujours, pour le principe, le versement de 20 millions de francs suisses sur un compte spécial ouvert dans une banque helvétique. Il attend surtout du gouvernement américain une reconnaissance de son rôle dans la recherche d'une solution humanitaire au problème juif. Persuadé qu'il ne lui sera pas tenu rigueur des massacres précédemment perpétrés, Himmler se prépare à jouer l'ordonnateur des pompes funèbres du Reich vaincu.

A son retour à Budapest, le 21 novembre, Eichmann, qui ne décolère pas, se venge comme il peut de ces déconvenues. Il réunit aussitôt ses collaborateurs immédiats au ministère hongrois de l'Intérieur avec le chef de la milice des Croix Fléchées, Solymossy, et l'inévitable László Ferenczy, le commissaire aux questions juives. A leur surprise, ceux-ci apprennent de sa bouche que les enfants, les vieillards et les malades ne l'intéressent plus. Demandant ce qu'il conviendrait alors d'en faire, ils s'entendent répondre que le « IIIe Reich n'est ni une pouponnière ni un hospice »...

Suspendues depuis le 17, les déportations à pied pour la frontière autrichienne sont aussitôt reprises. De la tuilerie-briqueterie du vieux Buda, les colonnes, composées cette fois d'adultes, se remettent en marche. Cette décision reflète le conflit opposant les deux clans de la Gestapo, celui de Schellenberg (chef du SD) et celui de Kaltenbrunner. Le duel est plus acharné que jamais. Chacun a un allié au sein de l'équipe Szálasi à Budapest : Schellenberg joue la carte du baron Kemény, le ministre des Affaires étrangères ; le clan Eichmann-Kaltenbrunner s'appuie sur le sinistre Gábor Vajna, le ministre de l'Intérieur. Eichmann réussit à imposer ses vues en prétextant que la présence de 250 000 Juifs — estimation sûrement excessive — serait nuisible à la défense de la capitale hongroise contre l'étreinte soviétique et constituerait un danger dans le dos des forces allemandes de première ligne.

Les « marches de la mort » s'achèveront le 10 décembre à Hegyeshalom. Au total, 37 000 Juifs seront partis à pied de Budapest. Il y en aura 27 000 à l'arrivée. Les manquants sont ces milliers de cadavres qui jalonnent la route le long du Danube. Mais ce sont aussi les quelques centaines de chanceux arrachés au troupeau par les sionistes clandestins, par Raoul Wallenberg, par Charles Lutz, par les prêtres que dépêche l'évêque de Györ, par les délégués de la Croix-Rouge internationale.

Gilles Lambert rapporte à ce sujet le témoignage d'un de ces rescapés, qui avait été déménagé le 9 novembre d'une « maison juive », où s'entassaient vingt familles, pour être conduit avec elles sur le quai Rudolf parmi des femmes, des vieillards, des enfants dévêtus : « Nous avions des *Schutzpass* de protection que les pionniers nous avaient fait parvenir quelques jours plus tôt, mais les Nyilas les déclarèrent nuls et les déchirèrent :

« "Tous les Juifs sont devenus protégés suisses ou suédois, dit un officier en riant. Nous savons bien qui fabrique ces papiers."

« Enfin, un ordre fut lancé : A la briqueterie !

« Là, un spectacle désespérant nous attendait : des milliers de gens affamés, malades, gémissants, étaient entassés dans les hangars et dans les cours... Deux envoyés de la légation suisse, qui avaient pénétré la veille dans la briqueterie, réclamant la libération des "protégés", avaient été arrêtés. Ils se disaient suisses. Confondus par un mouchard, ils avaient été torturés ; leurs plaintes avaient retenti toute la nuit. Au matin, leurs corps, pantelants, avaient été exposés dans la cour par les Nyilas. Ils étaient pratiquement écorchés vifs !... Un matin, l'ordre fut lancé de se mettre en rang. Puis le cortège s'ébranla... On avait l'impression que cette marche allait finir dans un camp d'extermination, ou même dans la campagne, devant des mitrailleuses.

« Dès le départ, une rumeur avait circulé : il y a des pionniers autour de nous, dissimulés parmi les Nyilas. C'était vrai. Pendant la nuit, de jeunes sionistes arrivaient, en rampant, à approcher des groupes endormis à la belle étoile malgré le froid. Habillés en soldats, armés, ils nous apportaient des vêtements, des chaussures, de l'eau, du pain — et surtout des encouragements :

« "Vous devez tenir jusqu'à la frontière. Les diplomates des pays neutres négocient avec les nazis hongrois et avec les gendarmes. On va vous ramener à Budapest en camions..."

« Un matin, en effet, je vis une Studebaker avec un fanion étranger remonter notre colonne. On me dit que c'était un diplomate suédois, qui ne ménageait pas sa peine pour arracher des innocents à la mort. Il allait, disait-on, jusqu'à menacer les gendarmes et les Nyilas ! Et, bientôt, le bruit courut que le diplomate avait ramené en ville des Juifs protégés suédois. Qu'il reviendrait en chercher d'autres. »

Dans sa voiture, Wallenberg transporte en effet non seulement des vivres et des médicaments, mais une machine à écrire pour établir des passeports en cours de route. Il n'est pas le seul.

J'ai vu 14 morts en traversant Moson-Magyaróvár, note-t-il dans un rapport. *Le secrétaire de la légation portugaise a dénombré 42 cadavres abandonnés. Nous avons été jusqu'à la frontière : Eichmann s'y trouvait, accueillant les déportés par des coups et sévices divers, avant de leur promettre des travaux forcés aux fortifications.*

Avant leur livraison aux Allemands, Raoul obtient du commandant hongrois du camp de Hegyeshalom d'organiser un poste de secours avec pharmacie et cuisine roulante. Il ramène à Budapest des porteurs de *Schutzpass*, puis revient avec une caravane internationale de ravitaillement. Camions de la Croix-Rouge et voitures de légations ou de la nonciature remontent lentement la file des marcheurs, sauvant les plus faibles, Wallenberg et Anger s'occupant des cas individuels, d'autres diplomates, vrais ou faux, se chargeant d'acheter les gardes avec du rhum, des cigarettes, de l'argent fourni par le Joint à travers la Waada.

« Il ne fallait pas réfléchir, racontera l'un d'eux, le Dr Alexandre Ungar, roulant en voiture diplomatique suisse, avec chauffeur, secrétaire et authentique policier ''acheté'' 300 dollars. La vie elle-même perdait sa signification... »

Ainsi sera sauvée sur la route d'Hegyeshalom, après un calvaire de 100 kilomètres, la mère de Hannah Szénes, l'héroïque parachutiste de Palestine, fusillée en octobre dans sa prison. Son camarade, Joël Palgi, a pu, lui, s'en évader à temps, le 22 novembre, et trouver refuge à la « Maison de verre » dépendant de la légation suisse, où il organise une véritable petite Haganah avec des commandos de déserteurs du STO déguisés en Nyilas et en SS.

Pendant la dernière semaine de novembre, tandis que la mise en place du ghetto en plein centre de Pest est menée tambour battant, en prévision de la réticence des Juifs à s'y laisser enfermer, instruits par la cruelle expérience de tous les ghettos créés dans les territoires occupés par les Allemands, les Croix Fléchées bouclent tous les immeubles des quartiers juifs. Cherchant à se concilier les faveurs de Wallenberg, le lieutenant-colonel Ferenczy l'avertit qu'il a reçu ordre de liquider toute la population qui s'y trouve pour ne pas laisser de témoin à l'arrivée probablement imminente des Russes. Raoul fonce chez la baronne Kemény, qui fait à nouveau intervenir son mari auprès du ministre de l'Intérieur Gábor Vajna et de son frère Ernö, devenu chef des Croix Fléchées. Ils démentent bien entendu l'existence d'un ordre de cette nature.

Mais, le 29 novembre, Elisabeth Kemény doit quitter Budapest, évacuée sur Merano, en Italie du Nord, pour sa sécurité personnelle. La veille de son départ, elle a encore permis à Raoul d'empêcher la déportation des « protégés » du San Salvador. Car le trafic ferroviaire a été rétabli. Les Croix Fléchées recommencent à livrer aux Allemands les Juifs valides qu'ils trouvent lors de l'installation du ghetto, en les conduisant à la gare de marchandises de Józsefváros, au sud de Pest. Le 29 novembre, Wallenberg enfourche une bicyclette pour se rendre à cette gare. Il se précipite sur le quai et constate qu'il ne s'y trouve que des gardes allemands, ne parlant pas un mot de hongrois, pour encadrer les déportés. Alors, il se met à arpenter le quai en hurlant en hongrois devant chaque wagon : « Que ceux qui ont des papiers rédigés en hongrois les montrent ! » Il fait prendre au commandant SS pour des papiers de protection les certificats de vaccination, les quittances de loyer, les reçus d'imposition dûment estampillés qu'on lui tend.

Comme un chien de berger tournant en rond autour de ses moutons, Raoul, juché sur sa bicyclette, ramène son troupeau en ville.

Dans 48 heures expire l'ultimatum d'Eichmann à Kastner autorisé par Kurt Becher à se rendre une dernière fois en Suisse, flanqué du capitaine SS Krell, pour débloquer la négociation qui s'enlise entre Kettlitz et le Joint. Puisque, dit le chef de l'*Einsatzkommando*

Ungarn, « par vaine sentimentalité, les autorités hongroises répugnent aux déportations, il reste une possibilité : liquider sur place tout ce tas de sales Juifs ». Les Suédois tentent, par Kemény, de faire interdire aux tueurs l'accès du petit ghetto international où se terrent les protégés des neutres et du Vatican ? Qu'importe ! Tout le monde aura accès au grand ghetto central qui s'installe, des gendarmes aux nervis. Des Juifs convertis auront beau peindre une croix blanche sur leur porte : ce changement de signe fera peut-être impression sur les gendarmes, pas sur les bandes de voyous de plus en plus audacieux dans cette capitale où l'ordre ancien a disparu. La loi devient dérision quand un ministre de l'Intérieur laisse tirer à vue tout Juif se hasardant hors des limites que seuls pourront violer les bandits et les assassins.

Dans les premiers jours de décembre, ce qu'on appelait le quartier juif à Pest, délimité par les rues autour des trois principales synagogues, devient définitivement le ghetto fermé, comme naguère à Varsovie. Une palissade haute de 2,60 mètres se dresse le long des immeubles, des terrains vagues, des carrefours, barrant les rues, bouchant toutes les issues. Les bombardements n'en ont retardé l'édification que d'une semaine. Quatre passages seulement sont pratiqués aux points cardinaux et sévèrement gardés dès les premiers jours par des Croix Fléchées et des SS ; 85 000 Juifs sans protection y sont claquemurés, à 12 kilomètres du front et à la merci d'Adolf Eichmann.

10

L'abominable Danube rouge

« La situation à Budapest commence à sentir le roussi, informez-moi sans délai au sujet 15 prospérités des champs », a télégraphié le lieutenant-colonel Kurt Becher à l'émissaire de la Waada de Budapest, Rezsö Kastner. Dans le code qu'ils ont adopté pour leur laborieuse négociation, « prospérité des champs » signifie « million de francs suisses ». Kastner attend à la frontière de l'Autriche et de la Suisse, en compagnie du capitaine SS Krell, l'arrivée promise du second convoi-témoin de Bergen-Belsen. Dans son hôtel, à Saint-Gall, l'expert SS Kettlitz attend en vain le solde de l'acompte après le premier virement de 5 millions. Mais le représentant du Joint se fait tirer l'oreille. Les fonds n'arrivent pas. C'est que, devant les soupçons réciproques de tentative de paix séparée nourris par les Alliés et par les Russes, les Américains ont, entre-temps, durci leur position. Du coup, la Waada ne jouit plus en Suisse du crédit du Joint, pas même d'une bonne disposition à pratiquer le bluff en sa faveur.

André Biss, devenu l'intendant de la Waada, sait pertinemment que les 15 autres millions ne suivront pas, alors que Becher et Himmler croient, à des degrés divers, le règlement en cours et ont besoin de cette fiction pour justifier leur tournant politique. Or Biss est chargé d'obtenir d'eux des garanties contre Eichmann et les ultras du gouvernement hongrois pour empêcher que la fermeture du ghetto ne soit le prélude à la liquidation des Juifs de Budapest. Le 8 décembre, il apprend par un télégramme de Kastner que le convoi des 1 368 déportés de Bergen-Belsen a enfin eu l'autorisation d'entrer en Suisse, avec la propre famille de celui-ci. Krell et Kettlitz confirment en même temps le premier versement effectué par le Joint. En principe, le voyage du « groupe échantillon » de Bergen-Belsen a été entièrement couvert par les valeurs réunies et versées en Hongrie à l'intendance SS. Les versements en Suisse représentent l'acompte pour des livraisons ultérieures de Juifs et, surtout, pour le prix du maintien en vie du reste des Juifs hongrois.

En fait, les 1 368 « privilégiés » du train de Bergen-Belsen seront les derniers à sortir librement de l'enfer nazi, ainsi que Kastner lui-même, « dans l'intérêt de la poursuite de la transaction ». Pour se venger de la défection de Joël Brand, Eichmann a d'ailleurs fait retenir sa mère et ses trois sœurs, ainsi qu'un certain nombre d'autres personnalités qui avaient quitté Budapest à la fin de juin dans le cadre de cette opération de sauvetage très particulière : tous ces laissés-pour-compte mourront au camp de Bergen-Belsen...

Pour obtenir une relative immunité du ghetto de Budapest menacé d'anéantissement, Biss va se livrer à un bluff étonnant : il réunit la totalité de ses ressources et passe commande, au nom du Joint, de 30 camions à un revendeur de Slovaquie pour le compte de la Waffen SS. Or il s'agit de camions de fabrication allemande importés par l'Etat slovaque dans le cadre d'un accord économique passé avec le Reich, son tuteur et son allié !... Ce sont donc en fait des camions allemands que Biss livre à la Waffen SS.

Cette livraison suffit néanmoins à convaincre Becher d'intervenir auprès de Himmler en faveur du ghetto menacé. Quelques jours plus tard, le général SS Winkelmann, doyen de la garnison allemande de Budapest, convoque le ministre hongrois Emil Kovács, responsable de la décision d'anéantir la population du ghetto, pour lui transmettre l'ordre téléphonique de Himmler de ne pas y toucher « dans l'intérêt de l'économie du Reich ». Il est temps...

Depuis le 8 décembre, les deux ghettos, l'international (ouvert) et le central (fermé), coincés entre la rive est du Danube et le centre de Pest, se trouvent directement sous le feu des canons soviétiques, sans parler des bombardements aériens. Ce sont les seuls risques que les autres habitants de la capitale partagent avec eux. Les Russes sont à ses portes et attaquent de trois côtés à la fois, au sud, au nord et à l'est. Franchissant le Danube, l'armée de Malinovski a fait sa jonction au début du mois avec celle de Tolboukhine. Le 11, l'Armée rouge occupe Vác, position clé sur le Danube. En dépit de furieuses contre-attaques allemandes, on commence à se battre dans le sud de la ville. L'île de Csepel, zone industrielle de Budapest, où l'on avait commencé d'entasser les Juifs en juin, tombe à son tour le 13. Le 16, la loi martiale est proclamée dans la capitale, 300 000 civils sont requis pour élever en toute hâte des fortifications sur la route de Vienne. Le gouvernement Szálasi, qui a renouvelé, le 4 décembre, son pacte d'alliance avec Berlin, s'apprête à plier bagage et à se replier sur Sopron, une ville proche de la frontière autrichienne...

A mesure que l'étau se resserre, le pouvoir hongrois perd toute autorité. Les rues appartiennent de plus en plus aux bandes de voyous armés arborant l'insigne des Croix Fléchées. Elles attaquent, pillent ou tuent tous les

« suspects » qui leur tombent sous la main. Les documents de protection, faux ou authentiques, les 100 000 *Schutzpass* en circulation pour 13 000 « protégés » officiellement admis, ne servent plus à grand-chose. Tout le dispositif des maisons, immeubles et bâtiments placés sous pavillon neutre ou sous l'emblème de la Croix-Rouge, est en train de s'effondrer. Wallenberg pour la Suède, Lutz pour la Suisse parviennent encore à alerter la police pour qu'elle débarrasse les lieux bénéficiant de l'exterritorialité diplomatique des bandes de criminels qui les envahissent sans vergogne. Mais là aussi, comme dans les gares où ont repris les déportations de requis du STO, les succès sont de moins en moins fréquents.

Au début, Raoul a réussi à imposer une sorte de « protocole des protégés » et à le faire respecter par l'inspecteur de police Tarjataky, responsable du quartier international. Faire sortir des « protégés » qui ont été conduits dans le ghetto fermé pour les ramener dans les immeubles également protégés, a d'abord été assez facile. Contre une rémunération journalière, les policiers ont accompagné les fonctionnaires de la section C du consulat pour visiter le ghetto central et y récupérer ceux dont les noms figuraient sur leurs listes. Mais, au bout de trois semaines, le ghetto international n'est pas un asile plus sûr que l'autre.

Le 3 décembre, Wallenberg poursuit encore sa politique de harcèlement de l'administration par des notes de mise au point ou de protestation contre les fouilles des « maisons suédoises », les enlèvements de requis du bataillon de travail « suédois », les rafles dont sont victimes des membres du personnel de sa légation. Il y crée même une section spéciale de recherche des disparus.

Le 6 décembre, 6 000 enfants hébergés dans les locaux de la Croix-Rouge sont transférés dans le ghetto central, pourtant déjà saturé. Le 8, au moment de l'offensive russe, Raoul écrit à sa mère : *J'ai 40 cas de disparition et de torture rien que dans le personnel de ma section. L'effectif est actuellemcnt de 355 personnes, dont 40 médecins et directeurs de maisons. Deux hôpitaux de 150 lits ont été improvisés. Dans le ghetto international préparé pour recevoir 17 000 personnes, il y a déjà 33 000 habitants : 23 000 dans les maisons suisses, 7 000 dans les nôtres, 2 000 à la Croix-Rouge, etc. Je pressens qu'après l'arrivée des Russes, il me sera difficile de rentrer tout de suite. Je ne me vois pas à Stockholm avant Pâques. Et encore, tout cela, c'est la musique du futur. Personne ne peut savoir comment les choses vont se passer.* A peine évoque-t-il sa « bonne amie » partie pour Merano, après trente-neuf jours d'affectueuse assistance...

Le 9 décembre, Wallenberg intervient auprès de la Kommandantur pour faire libérer 17 manquants, sur les 100 travailleurs « protégés » que sa légation a dû s'engager à fournir à l'organisation allemande, à condition qu'ils lui soient restitués tous les soirs.

Le 10, il dénonce à la police cinq Nyilas qui ont forcé la porte d'un couvent à 4 heures du matin pour se faire remettre trente Juifs, dont cinq enfants, qui y étaient hébergés et les fusiller sur un quai du Danube.

Dans la nuit du 13 au 14, il surgit à l'intérieur du palais Károlyi, une bâtisse jaune de style baroque où le vieux Waldemar Langlet a installé le siège central de la Croix-Rouge suédoise. Les Croix Fléchées y font irruption sur le coup de minuit pour débusquer la cinquantaine de Juifs qui s'y cachent. De son air le plus naturel, Wallenberg s'adresse à eux en allemand et fait diviser leurs prisonniers en trois groupes : les porteurs de papiers suédois, qui resteront sous la protection de la Croix-Rouge, les femmes sans papiers de protection, qui seront conduites au ghetto fermé, et les requis du

Travail obligatoire, qui seront remis à la police. Il tient à surveiller lui-même le déroulement des opérations pour empêcher les excès des Nyilas qu'il suit jusqu'à 6 heures du matin, avant de regagner le second logement qu'il a loué à Pest pour être plus près de « ses » gens.

Ce soir-là, deux engins explosent, sans faire de victimes, au théâtre de la ville, où se tient un grand meeting du parti des Croix Fléchées. Les militants se ruent vers les sorties pour se lancer à la chasse aux suspects. Ils vont même chercher, au fond des prisons, des inculpés dont le sort est en suspens. L'un d'eux, pionnier d'un mouvement sioniste de gauche, est désigné, sans preuve, comme l'auteur de l'attentat, car on l'a trouvé porteur d'une grenade. Le 19, l'organe du Parti, *La Sentinelle nationale*, révélera qu'il s'agit d'un Juif « talmudiste », Hermann Mendel, dix-neuf ans, né à Safed en Palestine. Son corps restera une semaine pendu à un gibet dressé place de la Liberté, en face de la légation helvétique, avec cet écriteau : « Ce Juif a lancé une grenade contre le Parti. »

Le 14 décembre, ne doutant de rien, Wallenberg s'enhardit à exiger de la direction supérieure de l'Organisation Todt la remise à la légation de Suède des requis dont elle dispose et qui sont porteurs de lettres de protection suédoises, « conformément à l'ordonnance du ministère du Travail hongrois du 23 novembre et à l'accord du 4 décembre... ». Le lendemain, il obtient encore du chef de la police que des policiers montent la garde aux portes du ghetto central à la place des Nyilas.

Mais trouvera-t-il longtemps des interlocuteurs autres que des mitraillettes ? Chaque jour, la situation se dégrade à mesure que les autorités se désagrègent. Le dernier de son *Sonderkommando*, Eichmann lui-même, qui n'a pu parvenir à toutes ses fins par manque de personnel, d'organisation et aussi de soutien de ses supérieurs, quitte ses quartiers généraux de l'hôtel Majestic le 18 décembre. Il laisse une ville en proie aux pillards, aux tueurs incontrôlés, aux nazis hongrois, aux déserteurs et à une police qui ne sait plus de quel côté est la légalité ou qui se cherche déjà des alibis pour l'avenir. Si des bandes de criminels, avec ou sans uniforme ou insigne, peuvent ainsi prendre la loi en main, pénétrer en territoire protégé par l'exterritorialité, enlever des réfugiés pour les mettre à mort sur les quais du Danube, rien n'empêche plus d'autres bandes de se former, de patrouiller en armes dans les rues pour tirer les victimes des griffes des assassins, mettre en échec les tentatives de pogroms, repousser les assaillants des maisons d'enfants, s'emparer des vivres et ravitailler les ghettos. La seule chance de succès de ces volontaires, dont quelques-uns sont employés à la section de Raoul, à la légation, est de ressembler à des bourreaux...

Le 22 décembre, tandis que s'intensifient les bombardements et le fracas des armes, l'ambassadeur Danielsson donne six jours au gouvernement hongrois pour assurer la sécurité des locaux et des propriétés de sa légation sous peine d'un rappel de la mission diplomatique royale par Stockholm. Wallenberg part pendant ce temps à la recherche de dizaines d'enfants enlevés des asiles, des refuges de la Croix-Rouge, des orphelinats. Il se rend le lendemain avec Per Anger au ministère des Affaires étrangères, où on refuse de les recevoir, puis aux services de police installés à l'hôtel Majestic, d'où ils sont éconduits. Après un passage à la nonciature et un tête-à-tête de trois heures avec Lutz à la légation de Suisse, Raoul dit à ses collaborateurs : « C'est fini ! Ils commencent à prendre des mesures contre les diplomates. Etes-vous prêts à me suivre encore une fois dans la gueule du loup ? »

Il emmène alors l'un d'eux au tribunal des Croix Fléchées demander carrément des nouvelles des disparus. C'est cette instance qui entame l'action contre les diplomates étrangers coupables d'« ingérence dans les affaires intérieures hongroises ». Mais le chef étant absent à cette heure tardive, les deux Suédois se retirent sans demander leur reste. « J'aime les jeux dangereux », dit simplement Raoul.

Dans la nuit, nouvelle alerte aérienne. Une patrouille de Croix Fléchées ivres en profite pour faire irruption à l'intérieur du ghetto fermé et descendre dans une cave où se sont abrités les occupants d'un immeuble. Ils tirent dans le tas à la mitraillette et jettent leurs grenades avant de se sauver, laissant derrière eux une centaine de cadavres. Deux autres centaines de personnes seront ainsi massacrées dans le ghetto en principe protégé par la police, avant que la famine ne vienne décimer sa population. Tout compte fait, le sort de quelque 100 000 autres Juifs cachés dans Budapest ne sera guère plus enviable : 10 000 tomberont sous les balles ou les coups des assassins déchaînés.

A la légation de Suède, l'ambassadeur Danielsson confie à Per Anger la mission de remettre au gouvernement, sur le point de quitter la capitale pour Sopron, une ultime note du corps diplomatique décidé à rester sur place dans l'intérêt des ressortissants qu'il représente :

Le moment n'est plus de discuter s'il convient ou non d'enfermer les Juifs mis hors la loi par votre législation dans un ghetto. Nous, représentants des puissances neutres, demandons qu'au moins leurs enfants soient exemptés de cette mesure. On nous a répondu que les Juifs constituaient un danger en soi pour le pays, mais la justice et la conscience interdisent d'en faire supporter les conséquences à des êtres que l'âge rend incapables de nuire. Pourquoi contraindre ces innocents à vivre reclus dans la promiscuité de la souffrance, de la misère et du désespoir, sous prétexte de leur appartenance raciale ?

Réponse des Croix Fléchées la veille de Noël : les orphelinats placés sous la protection de la Croix-Rouge en dehors du ghetto sont systématiquement investis par leurs patrouilles qui exécutent le personnel, laissant des milliers d'enfants abandonnés à eux-mêmes, sans soins et sans nourriture, dans leurs dortoirs de fortune. D'autres enfants, tirés de leurs refuges, sont poussés jusqu'à la caserne des Nyilas. Le commando de sauvetage envoyé aussitôt par Wallenberg, avec de faux papiers, tente de les récupérer. Mais déjà ces enfants ont été emmenés sur les quais et précipités dans le fleuve glacé « pour apprendre à nager ». Une trentaine d'entre eux sont parvenus à se sauver, mais trois ont été repris avant de gagner le refuge protégé et ramenés sur le quai pour être passés par les armes. Un seul échappe à l'exécution en se jetant à l'eau et en gagnant l'autre rive, distante de 350 mètres, à la nage. Un moniteur, que Wallenberg avait sauvé quelques jours plus tôt d'un départ au Travail obligatoire, est à son tour plongé dans le fleuve pour servir de cible aux tireurs...

Ce même matin du 24, à 5 h 30, les Croix Fléchées attaquent les bureaux de la légation finlandaise et cherchent à mettre la main sur les collaborateurs de Wallenberg qui s'y trouvent. Carlsson réussit à s'échapper. Arrêté, Lars Berg demande à pouvoir passer prendre quelques affaires à son domicile. En fait, il conduit ses geôliers droit chez un officier SS de sa connaissance qui l'en débarrasse illico. Raoul, prévenu, quitte le dispensaire de la Croix-Rouge suédoise installé avenue Üllöi, au sud du ghetto, où il a escorté des enfants rescapés de la razzia nocturne, pour regagner le siège de sa légation sur la colline de la rive opposée. En approchant, il se rend compte que celle-ci est également investie par les Croix Fléchées. Il file chez un capitaine de gendarmerie acquis à ses vues, qui le conduit aussitôt à l'un des chefs du contre-espionnage, soucieux de se ménager un alibi en cas d'invasion soviétique. Ce dernier se débrouille pour faire mettre soixante gendarmes à la disposition du capitaine, qui viennent dégager la légation dans la soirée.

A l'heure où les derniers cabinets ministériels désertent Budapest, avec les responsables du Parti au pouvoir, en même temps que Kurt Becher et ses « experts économiques », la police hongroise et les SS eux-mêmes deviennent paradoxalement le dernier recours contre les excès des éléments primitifs, des repris de justice et des sadiques Nyilas, en état d'ivresse plus ou moins permanent. Ainsi Carlsson amène-t-il un jeune officier SS à la caserne Raditzky, dont les caves sont transformées en abattoirs humains et où des Croix Fléchées, livrés à eux-mêmes et à leur sport favori, sont en train de torturer des Juifs. Le SS abat cinq des tortionnaires et libère leurs victimes à la demande du diplomate suédois.

Interpellé en pleine rue et poussé sous une porte cochère pour un examen de son intimité par une bande de Nyilas, un autre officier SS en civil est pris pour un Juif, roué de coups et traîné au poste de la milice le plus proche, où il est précipité dans un sous-sol au milieu de détenus juifs destinés à être fusillés le soir même sur les quais du Danube en prélude au réveillon. Le SS circoncis parvient à lancer par le soupirail une boule de papier porteuse d'un message pour qu'on avertisse son unité. Message transmis. Une escouade de Waffen SS vient le libérer. En représailles, elle passe par les armes la totalité de l'effectif de Croix Fléchées.

Tard dans la soirée, Raoul, menacé de mort, qui s'est installé à Pest avec son inséparable sac de montagne, fait une réapparition dans les locaux de la légation pour donner congé à tout le personnel en lui conseillant de se cacher : seuls les standardistes resteront à leur poste pour maintenir les liaisons téléphoniques avec les maisons marquées des armoiries aux trois couronnes. Avant de se disperser, les employés disposent toute la vaisselle de la légation sur la table pour prendre au moins en commun le repas du réveillon. Raoul leur a fait obtenir des laissez-passer grâce aux relations qu'il a nouées avec un des responsables de la police criminelle encore en place, Pál Szalai, membre du Parti. Celui-ci intervient le jour de Noël pour faire relâcher tous les employés encore détenus arbitrairement. Un de ses amis, Károly Szabó, servira désormais d'intermédiaire pour maintenir le contact entre eux. La circulation dans Budapest devient plus qu'aléatoire. Les sirènes ne sonnent même plus l'alerte, tant les bombardements ne cessent de se succéder. L'eau commence aussi à manquer par suite de la destruction des canalisations. C'est en ce jour de Noël que débute le siège de Budapest.

Depuis le 20, les Russes donnent l'assaut général. Retranché derrière la « ligne Marguerite », le groupe d'armées F de la Wehrmacht rend coup pour coup aux troupes du troisième front d'Ukraine chargées de couper la retraite vers l'ouest des 138 000 hommes de la garnison. Au sixième jour des combats, tandis que le deuxième front d'Ukraine attaque Pest, de l'autre côté du Danube, la XLVIe armée soviétique arrive dans la banlieue occidentale de la ville et pénètre dans les faubourgs de Buda. Renforcée par les unités qui se sont repliées dans la capitale, la garnison est complètement encerclée. Douze divisions, comprenant 188 000 combattants allemands et hongrois, se trouvent prises au piège, au moment où, à l'ouest, le maréchal von Rundstedt annonce à Hitler l'échec de sa contre-offensive dans les Ardennes.

Dans l'esprit fiévreux du Führer, la gigantesque ligne de défense tenue par la Wehrmacht se réduit alors à deux points de la carte du front : Malmédy, en Belgique, et Budapest. Sur le papier, les forces allemandes comptent encore près de 10 millions d'hommes, toutes armes confondues, y compris les recrues trop jeunes du *Volksturm*, mobilisées sur place, et les troupiers trop vieux pour la tâche qui les attend. En dépit de sa démence et de son déclin physique évident, le chancelier du Grand Reich est encore capable d'insuffler du fanatisme à ses troupes épuisées, levées en masse pour le salut de la patrie en danger.

Il n'écoute plus que sa voix intérieure et refuse tout conseil. Il s'obstine à disperser cette armée sur la moitié du continent, lui faisant défendre des positions sans importance au lieu de la concentrer sur des secteurs vitaux. Comme Napoléon en 1813, il ne peut admettre la perte de son empire. S'il alimente le bastion hongrois en hommes et en matériel parce qu'il tient à sa bauxite et à son pétrole — ultime source d'approvisionnement de l'aviation et des blindés —, il réserve tous ses soins, depuis le début du mois, aux préparatifs de la bataille des Ardennes qui doit lui permettre, croit-il, d'obliger les Occidentaux à une paix séparée. Il a concentré là 28 divisions et les deux tiers des avions disponibles. Son objectif : Anvers. En s'emparant du principal port d'approvisionnement allié, il pense couper en deux les forces américaines et prendre les Anglais au piège, à ce même piège qui, en 1940, avait conduit l'armée française à la débâcle. Il compte sur ses divisions SS d'élite et sur ses missiles pour surprendre et paniquer les Alliés, et porter à leur arrogance un coup décisif. Il fait à cet effet expédier derrière les lignes des commandos en jeeps et en uniforme américain chargés de créer la confusion et de dérouter l'adversaire.

A la veille de l'offensive éclair, fixée au 16 décembre, il réunit l'état-major à son nouveau quartier général de Bad Nauheim, proche du front occidental, pour lui annoncer l'imminente rupture de la coalition ennemie : « Aujourd'hui, le torchon brûle entre eux. Nous sommes dans la position de l'araignée au milieu de sa toile. Si nous leur portons demain le coup prévu, ce front commun édifié sur une base artificielle entre capitalistes et bolcheviques va s'écrouler dans un fracas épouvantable. »

A l'aube, l'armée Rundstedt passe à l'attaque. Malgré l'avantage de la surprise initiale, elle ne parvient pas à percer les lignes américaines, ni même à atteindre la Meuse. Les pertes sont très lourdes et, si les Allemands sont satisfaits d'avoir, pour la première fois, capturé des GI's par milliers, ils ont trois fois plus de prisonniers dans leurs rangs. Et à Noël, Anvers n'est plus menacé.

Il faut alors tenir Budapest à tout prix. Venues de l'ouest, cinq divisions blindées et trois d'infanterie passent à la contre-attaque pour soulager la garnison assiégée. Marchant sur Bicske et Buda, elles disposent, dans ce secteur restreint du front hongrois, de neuf fois plus d'hommes, dix-sept fois plus de chars et onze fois plus de canons que les Russes, dont les défenses sont enfoncées. Au prix de pertes colossales, les Allemands célèbrent la fin de l'année par la reconquête de la ville d'Esztergom, mais leur avantage s'arrête là. Les efforts de la garnison de Budapest pour percer les lignes russes et rétablir la jonction avec les forces bloquées dans le secteur de Komárom échouent à leur tour.

Le 30 décembre, tous les faubourgs de Budapest sont aux mains de l'Armée rouge. Mais Budapest reste à prendre. Deux parlementaires soviétiques, les capitaines Ostapenko et Steinmetz, se sont présentés le 28, sous la protection de drapeaux blancs, à un poste militaire hongrois, porteurs de propositions de reddition alléchantes pour la garnison : la ville sera épargnée et déclarée ouverte, les militaires désarmés libres de partir rejoindre les leurs à l'Ouest, aucune poursuite ne sera engagée contre eux pour crimes de guerre. Les deux émissaires sont fusillés le surlendemain, au mépris de toutes les conventions.

La neige tombe régulièrement depuis le début du siège, assourdissant à peine le fracas des explosions. La population se terre dans les caves ou dans les abris. Les avions aux ailes frappées de l'étoile rouge vrombissent en passant au ras des toits, mitraillant tout ce qui bouge. Budapest ressemble à une ville fantôme, avec ses rues vides, enfouies sous l'épais manteau blanc. On rencontre des cadavres un peu partout, ceux des victimes des patrouilles de Croix Fléchées, mais aussi du mitraillage en rase-mottes de l'aviation soviétique. Des ombres parfois se faufilent dans les ruines. Des détonations sèches et puis le grand silence qui précède le déluge de flammes et le grondement à nouveau des canons. Le couvre-feu est fixé à 20 heures.

A 5 h 30, le matin de Noël, le parachutiste palestinien Joël Palgi a été tiré du sommeil, dans son abri de la légation suisse, par le sifflement caractéristique d'un obus. Le dôme de l'église de Saint-István, frappé de plein fouet, a littéralement explosé. Un feu d'enfer a éclaté de toutes parts, dont la densité lui a rappelé cette nuit merveilleuse où, à El-Alamein, la VIIIe armée britannique commandée par Montgomery a amorcé son offensive victorieuse contre l'Afrika Korps du maréchal Rommel. Sous le tir de mille batteries d'artillerie et de centaines de lance-roquettes, la destruction de la ville progresse depuis, rue par rue, maison après maison, comme un incendie de forêt qui se propage sans laisser un seul îlot de verdure intact sur son passage.

Palgi voit les habitants ne sortir de leurs trous que pour bondir entre les explosions à la recherche de ravitaillement ou pour un raid de pillage, au bout de quelques jours de ce siège infernal. On n'enterre plus les morts. Très vite, les passants furtifs s'habituent à ignorer leur présence et les pilotes de chars qui sillonnent les rues n'hésitent pas à aplatir les corps sous leurs chenilles.

Quand l'un des 30 000 chevaux de la garnison également pris dans la nasse s'affale sur la chaussée, touché à mort, des groupes d'hommes et de femmes se précipitent et s'agglutinent autour de sa charogne, qu'ils dépècent de leurs couteaux ou de leurs ongles. En quelques minutes, il ne reste qu'une carcasse et, tout autour, les cadavres des tués par des éclats d'obus... Le pouvoir est aussi dans la rue, passé presque entièrement aux mains des Croix Fléchées que personne ne contrôle plus. Leurs groupes n'attendent même plus la nuit pour attaquer les immeubles « protégés », devenus autant de pièges pour leurs occupants juifs.

C'est ce que vient expliquer, le 26 décembre le chef de la brigade criminelle Pál Szalai à Wallenberg, qui lui a envoyé son chauffeur Langfelder avec Károly Szabó pour le recevoir exceptionnellement au salon du premier étage de la légation. Deux policiers l'accompagnent, qu'il laissera ensuite à Raoul comme gardes du corps.

« Deux hommes, lui dit-il, sont maintenant à Budapest les maîtres de la vie et de la mort : Kurt Rettmann, un quadragénaire taciturne, responsable des assassinats en masse perpétrés sous le régime légal des Croix Fléchées, et un pharmacien nommé Csiki, qui a pris la tête des bandes illégales pour s'approprier le pouvoir à Buda. Méfiez-vous-en.

— Celui-là, je le connais, répond Raoul. Il m'en veut à mort parce que je l'ai fait renvoyer d'une firme suisse où il était employé. »

Le lendemain, Szalai arrange une rencontre entre Wallenberg et le leader des Croix Fléchées Ernö Vajna, frère du ministre de l'Intérieur, arrivé de Sopron par avion avec les pleins pouvoirs de Szálasi pour tenter de rétablir un peu d'ordre dans la capitale assiégée. Wallenberg obtient l'autorisation de rendre visite au ghetto fermé en compagnie du policier. En traversant le pont Erzsébet plein de trous béants recouverts de planches, ils peuvent entendre d'invisibles haut-parleurs russes appeler la population à la révolte, puis enchaîner sur une chanson hongroise à la mode : « Tu fuis en vain, tu cours en vain... » En dépit du veto de Vajna, Szalai prend sur lui, après la visite du ghetto, d'y envoyer 100 gardiens et 20 officiers pour le protéger. Paradoxalement, il devient plus difficile d'assurer la protection du ghetto international, précisément parce qu'il est ouvert.

Le 28, Raoul fait une apparition inattendue, après l'heure du couvre-feu, chez Per Anger. Vêtu d'un pardessus noir et d'un cache-col, tête nue, il est étrangement pâle. Il vient d'apprendre qu'une maison protégée 16, rue Benczur, près du Bois de la Ville, à l'est du ghetto de Pest, est envahie par des Croix Fléchées qui se proposent d'emmener ses occupants sur les bords du Danube. Il demande à Anger de lui prêter sa voiture pour se rendre sur place. Cette fois il arrive à temps pour empêcher l'irréparable.

Raoul ne couche plus jamais deux fois de suite au même endroit, tantôt à la Banque de Suède, rue Harmincad, tantôt au palais Károlyi, tantôt ailleurs, mais toujours à portée de ses « protégés ». Le 29, il se précipite à l'immeuble du 1, rue Jókai, où des Nyilas ont enlevé et battu le responsable, Lajos Turi, à défaut d'y trouver l'un des premiers collaborateurs de Wallenberg, Béla Forgács.

Le lendemain, c'est le tour de la maison suédoise du

21, rue Katona József d'être attaquée. Les gendarmes alertés ne s'opposent pas à ce que les Croix Fléchées emmènent ses habitants pour « vérification d'identité ». Quand Raoul arrive sur les lieux, il ne reste qu'un capitaine, retour du fameux tribunal des Croix Fléchées.

« Où sont mes protégés ? crie Raoul.

— Dans le Danube.

— Pourquoi ? hurle-t-il.

— C'étaient des Juifs. »

Sur les 50 otages enlevés, 45 ont été fusillés. Cinq seulement ont pu gagner à la nage l'autre rive, où ils sont recueillis par des policiers et transportés à l'hôpital de la Croix-Rouge suédoise, 22, avenue Üllöi. Pour fêter la Saint-Sylvestre, le lendemain à minuit, des Croix Fléchées poussent les 60 occupants d'une autre maison suédoise tout nus vers les quais.

Le 1er janvier 1945 au matin, entre le pont suspendu des Chaînes, le pont Erzsébet et le pont Ferenc József, à Budapest, le Danube est rouge.

11

Un plan pour la Hongrie

A l'aube de cette dernière année de la guerre, les nouvelles, comme les morts, vont vite dans une cité en proie aux bombes et aux tueurs. Budapest assiégée est une jungle de pierres où le plus fort impose sa loi. Les animaux du zoo ont été sacrifiés à la consommation des affamés. Dans la «cave d'inquisition» du parti des Croix Fléchées, un prêtre, András Kun, commande, de son crucifix levé, l'exécution de Juifs alignés contre le mur, après tortures.

Un commando de Croix Fléchées se présente au Ritz, l'hôtel le plus luxueux de Pest, où siège l'un des deux services de la Croix-Rouge internationale, dirigé par le délégué suisse Hans Weyermann. Il vient y chercher le président de la Waada, Ottó Komoly, qui n'a pas suivi les autres dirigeants du comité à l'hôtel Pannónia, gardé par la police à cause de ses occupants roumains. Pour une simple formalité : un bref interrogatoire. Nul ne le reverra. Sa dépouille a été jetée le jour même dans le Danube, avec celle d'Arthur Weiss, le propriétaire de la «Maison de verre» de la rue Vadász, placée sous protection de la légation suisse, arrêté en même temps par un autre commando.

Ce jour-là, Wallenberg apprend également la disparition d'un de ses employés les plus dévoués, Péter

Sugár, l'un des héros de ce qu'il appelle son « commando de la vie ».

Le 3 janvier, il se rend à l'hôtel de ville, quartier général de toutes les polices, pour protester auprès du commissaire en chef, Sedey, contre la privation totale de vivres des 55 000 cloîtrés officiellement recensés au ghetto central. Et l'on veut y enfermer les 35 000 protégés du ghetto international ! Raoul s'installe carrément devant la machine à écrire et y tape un protocole en allemand qui impressionne le commissaire. Puis il retourne à la Banque nationale de Suède, rue Harmincad, où il cache des protégés dans la chambre forte n° 3. Il y a rendez-vous avec le chef de la brigade criminelle Szalai pour suivre sur une carte, plantée de petits drapeaux, les progrès de l'Armée rouge. Sa voiture est criblée d'éclats de grenade. « Ça me rappelle une aventure de jeunesse aux Etats-Unis, dit-il en souriant, mais je n'étais pas en aussi grand danger qu'à présent. » Sa calvitie précoce ne dément pas son allure d'étudiant attardé.

Le 4, de bon matin, il vient donner des directives pour que le déménagement des résidents du quartier Pozsonyi, où se trouvent les maisons protégées, vers le ghetto central, soit entrepris dans l'ordre. Le chef du bureau de l'annexe de la légation suédoise, rue Tátra, s'est suicidé dans la nuit en s'injectant de la morphine. Par le truchement de Szalai, Wallenberg obtient du chef du parti des Croix Fléchées, Vajna, délégué du gouvernement de Sopron, un sursis de 48 heures pour la poursuite du transfert au ghetto. Le lendemain, il passe directement un accord avec lui pour le maintien sur place de 3 700 protégés suédois, en échange du ravitaillement de la police par les soins de la légation, qui dispose encore de quelques réserves. Le 7, il lui confirme par écrit les termes de cet accord arraché à la dernière minute, au prix d'un petit subterfuge : *Son Excellence le ministre de Suède Danielsson me charge de vous transmettre son extrême gratitude et vous assure que la légation de Suède sera, de son côté, toujours prête à aider les Hongrois dans le besoin... La Kommandantur du quartier de Saint-István recevra donc de vous l'ordre de n'entreprendre aucune action contre nos employés juifs circulant librement dans le ghetto international, notamment au cours de la distribution des vivres à laquelle ils doivent procéder. L'exterritorialité de leur résidence sera mieux respectée que jusqu'à ce jour. J'insiste tout spécialement sur ce point de notre accord, car, hier encore, une nouvelle infraction à ce droit a été commise par le personnel des Croix Fléchées de l'avenue Andrássy au district de la rue Klotild, pourtant protégé par une plaque diplomatique reconnue de votre Gouvernement. Aujourd'hui, des miliciens y ont pénétré de nouveau pour saisir les vivres. Je vous demande donc de prendre toutes les mesures pour retenir les fortes têtes de votre Parti. Je profite de l'occasion pour exprimer tous mes souhaits pour le salut de votre capitale et pour votre propre avenir.*

Retranché au ministère des Affaires étrangères, dans les hauts de Buda, Ernö Vajna suit en effet avec inquiétude l'évolution de la situation militaire : il n'ignore pas que l'on se bat à Ujpest, dans le nord de la ville, et qu'à l'est les avant-gardes soviétiques sont à la lisière du Bois de la Ville. Mais il n'est plus obéi de ses militants de quartier.

Le 8 janvier, une bande de Croix Fléchées, avec à sa tête un garçon de café habillé en tenue de SS, pénètre dans la cave du 1, rue Jókai, qui abrite les employés juifs de l'annexe de la légation suédoise de la rue Tátra. Les Nyilas sèment la panique en tirant des coups de feu et donnent aux habitants trois minutes pour sortir. Un paralytique et une fillette apeurée sont abattus sur-le-champ. Les 280 occupants de l'immeuble «protégé», dépouillés de toutes leurs affaires, sont poussés à coups de crosse dans la rue et conduits dans une maison de deux pièces sans aucune place pour s'asseoir. Première sélection : 83 vieillards et mères de tout jeunes enfants sont dirigés sur le ghetto fermé. Deuxième sélection : une quarantaine d'hommes et de femmes qui se portent volontaires pour les y rejoindre sont divisés en deux groupes et emmenés à 8 heures du soir vers une destination inconnue.

Au même moment, un autre détachement de Nyilas force la porte du bâtiment de la Croix-Rouge suédoise, 22, avenue Üllöi, mais la standardiste parvient à joindre Raoul, qui alerte Károly Szabó. Reconnaissable à son vieux manteau de cuir, le coéquipier de Szalai surgit à la tête d'un groupe de policiers armés de mitraillettes qui déloge les agresseurs.

Le lendemain, dans la maison où sont entassés les « évacués » de la rue Jókai, les Croix Fléchées attachent ensemble 80 de leurs prisonniers — dont tous les médecins — pour les conduire, nu-pieds et en manches de chemise, sur les bords du Danube où ils sont exécutés.

Le 10, Wallenberg, qui ignore la tragédie de la rue Jókai, fait venir Károly Szabó dans l'abri de la Banque de Suède. Il lui annonce son désir d'aller au-devant des Russes. Peut-il l'aider à franchir la ligne du front qui passe à travers la ville ? Il s'agit de mettre les Soviétiques au courant de l'effroyable situation qui y règne afin de hâter sa libération. Mais Raoul a des projets de plus grande envergure. Non seulement il veut solliciter l'aide soviétique pour approvisionner les rescapés du ghetto en nourriture et en médicaments, mais encore il entend représenter la Suède auprès du gouvernement de la Hongrie libre et se rendre à Debrecen afin de soumettre au général Miklós un plan de sauvetage pour le pays tout entier.

Szabó revient le soir. Il a trouvé un capitaine qui est prêt à guider Wallenberg et son chauffeur, le fidèle Langfelder, s'ils veulent passer de l'autre côté des lignes. Dans la nuit, Langfelder et un autre collaborateur de la section, György Szöllösi, préparent l'équipement de la voiture de Raoul pour un long voyage. Ils y mettent une provision de vivres et dissimulent dans le réservoir d'essence de l'or et des bijoux que Wallenberg veut prendre avec lui. Il pense pouvoir se rendre à Debrecen, capitale provisoire de la Hongrie libérée et de là regagner Stockholm, sa mission terminée.

Le lendemain, 11 janvier, il a un dernier contact officiel avec les représentants du régime des Croix Fléchées en allant remettre une note en main propre au chef de la police Tarjataky : *A la demande de la légation de Suède, la Kommandantur centrale a envoyé deux cars de police au siège de la Banque Hazai, rue Harmincad, suivant l'usage international de protection des représentations étrangères. La légation assurera la subsistance du personnel de garde qu'elle souhaite voir rester à demeure pour empêcher toute incursion intempestive.*

Raoul rentre ensuite à la banque en compagnie de Károly Szabó, auquel il fait ses ultimes recommandations pour préserver la vie et les intérêts de ses protégés contre les dangers immédiats, mais aussi dans la situation inconnue que va créer l'arrivée des Russes. Il fait également ses adieux à ses collaborateurs repliés dans le sous-sol de la banque. « Que pouvons-nous faire de plus ? » leur demande-t-il. La réponse est unanime : rien.

Il se fait alors conduire par Langfelder à la section de transport de la Croix-Rouge internationale, dirigée par le Dr Karl Wilhelm, au 16, rue Benczur, à proximité du Bois de la Ville, dont le personnel est composé de requis juifs du STO. Il lui demande l'hospitalité pour quelques jours, car son appartement de Pest n'est plus sûr depuis qu'un officier de police nommé Alexandre Mogen lui a montré l'ordre écrit qu'il avait reçu de l'y assassiner. Il a toutes les raisons de penser que les avant-gardes russes vont déboucher par ici : il serait de l'intérêt de tous qu'il y ouvre une section de la légation suédoise en Hongrie libérée et d'apposer sur la porte l'armoirie royale aux trois couronnes. Wilhelm est tout à fait d'accord.

Le 12 janvier, Raoul vient rendre une dernière visite à la Croix-Rouge suédoise de l'avenue Üllöi. Là, il met sa signature au bas de quelques passeports de protection supplémentaires. Quand on lui demande de prolonger ceux qui expirent le 15, il sourit : « C'est inutile. » D'un geste il montre les ruines qui entourent la « Maison de Suède », comme on l'appelle : « Regardez plutôt. » Et, au bas d'un passeport de protection, il écrit un nom : « Stalingrad. » Les Russes, ajoute-t-il, sont en train de s'infiltrer dans le quartier par les souterrains. Il conseille à ses collaborateurs Hugo Wohl, Pál Hegedüs et Fleischmann d'attendre leur arrivée dans les caves d'une banque voisine avec le reste du personnel. Lui-même va passer de leur côté d'ici peu, pour tenter de se rendre à Debrecen et d'y représenter la mission suédoise.

Wallenberg demande à Langfelder de faire un crochet par l'hôtel de ville avant de rendre une visite d'adieux à ses collègues de la légation suisse. Il a en effet un dernier rendez-vous avec Szalai, qui fait annuler par le général allemand Schmidthubert l'ordre de destruction du ghetto donné par un irresponsable à une escouade de Croix Fléchées. « Si vous ne donnez pas immédiatement un contrordre, a-t-il dit au général, Wallenberg vous désignera aux Russes quand ils occuperont la ville et vous serez pendu. »

« Parfait ! » s'exclame Raoul, en lui expliquant son

intention de déménager chez un ami par précaution, les locaux de la légation n'étant plus sûrs pour sa propre personne. « C'est là que j'attendrai les Russes. Après la libération de Buda, venez me retrouver à notre siège de l'avenue Üllöi, d'où nous partirons voir ensemble le maréchal Malinovski. Avec le passeport que je vous ai fait établir, je vous emmènerai bientôt en Suède et vous présenterai à notre roi. En attendant, je vous saurai gré de veiller sur nos protégés. »

Ni l'un ni l'autre ne semblent alors au courant de la razzia effectuée dans la maison de la rue Jókai : des 280 résidents qui en ont été évacués dans les atroces conditions que l'on a vues, il ne reste, ce soir-là, que 13 survivants aux mains des Croix Fléchées, dont 5 seront exécutés et 3 se suicideront, en se jetant par une fenêtre du quatrième étage de leur repaire à l'hôtel de ville...

Raoul vient précisément de quitter cette bâtisse pour la légation de Suisse, où le délégué pour la Palestine, Moshe Krausz, lui rend les 200 000 pengös et des papiers qu'il lui avait confiés lors de l'attaque de la légation de Suède sur le mont Gellért. Raoul lui fait part de son intention de rencontrer au plus vite le maréchal Malinovski, en tant que diplomate de la puissance protectrice des intérêts soviétiques en Hongrie durant le conflit, afin de prévenir le massacre du ghetto par les nazis grâce à un raid éclair de l'Armée rouge.

Wallenberg n'a que le temps de rentrer rue Benczur avec son sac de montagne, son sac de couchage et son inséparable chauffeur Langfelder, juste avant le couvre-feu. Il s'est assuré, en passant, que les quelque vingt policiers de garde affectés à la surveillance des provisions du ghetto international stockées rue Tátra demeureront à leur poste, moyennant des passeports de protection établis à leur nom... Une soudaine accalmie se produit dans le vacarme nocturne, du côté du Bois de la Ville. L'oreille est si habituée au tonnerre des canons, aux ululements des roquettes, au sifflement des obus et des balles, que ce silence inattendu paraît lourd de menaces. Et puis un haut-parleur se fait entendre au loin : « Soldats hongrois, citoyens, patriotes, cessez de vous battre au service des nazis ! Votre ville est en cours de destruction. L'armée allemande ne viendra pas vous secourir. Rendez-vous, sauvez ce qui peut encore l'être avant qu'il soit trop tard ! »

Les tirs reprennent au milieu de la nuit, soudain beaucoup plus proches. Les mitrailleuses crépitent sans arrêt mais, peu avant 7 heures du matin de ce samedi 13 janvier, on peut déjà apercevoir à l'extrémité de la rue Benczur, sortant du Bois de la Ville enneigé, dans la fumée des décombres, des soldats aux manteaux courts, apparemment taillés dans des couvertures, et aux bonnets bruns, bordés de fourrure. Ceux qui entrent les premiers dans les locaux de la Croix-Rouge internationale ont l'air petits, gros et gauches, mais comme ils paraissent merveilleusement sympathiques !

Raoul Wallenberg se fait présenter au sergent russe par un interprète de la section de transport de la Croix-Rouge, Béla Révay, comme diplomate préposé par le gouvernement de Stockholm à la protection des Juifs... et des prisonniers de guerre soviétiques. Il exhibe ses papiers de « chargé d'affaires de la Suède en territoire hongrois libéré par l'Armée rouge ». Il demande à entrer immédiatement en rapport avec un officier supérieur. Le sergent laisse ses hommes pour aller chercher son commandant, le major Dimitrov Demtchikov, qui s'est, entre-temps, rendu maître de tout le quartier.

Avec beaucoup de courtoisie, le major accède à la demande pressante de Raoul de laisser un lieutenant et deux hommes à la garde du siège de cette antenne de la légation suédoise, pour éviter de mauvaises surprises aux réfugiés qui peuplent le 16, rue Benczur. A force de tuer pour défendre leur vie, il arrive aux militaires recrus de combats de tirer sur tout ce qui vit. Quand ils ne se laissent pas aller à d'autres violences et se vengent sur la population d'avoir perdu tant de leurs camarades pour la libérer peut-être malgré elle...

Confiant à tout hasard son portefeuille et son argent au Dr Wilhelm, Raoul monte avec Vilmos à bord d'un véhicule que lui procure le major pour le suivre à l'arrière des lignes jusqu'au poste de commandement, où l'attend le général Tchernitchev. Il a juste pris des affaires de toilette et des vêtements de rechange.

La nuit suivante, les policiers qui gardent le ghetto international constatent que les troupes allemandes amorcent leur repli sur Buda, tandis que miliciens et gendarmes tiennent encore l'avenue Pozsonyi.

Le lundi 15, les Russes atteignent l'avenue Üllöi. Terrés dans leur cave, 300 protégés de la Croix-Rouge suédoise écoutent anxieusement les rafales d'armes automatiques. Vers 2 heures du matin, les affrontements à la grenade commencent tout autour de l'immeuble, où le médecin de la légation soigne sous le porche des blessés allemands.

A 6 heures du matin, le mardi 16, quinze des policiers de garde, dont le chef, l'officier de police Csató, a établi un contact avec les Soviétiques par l'intermédiaire d'un médecin juif de la Croix-Rouge suédoise parlant le russe, guident les soldats à travers le ghetto international, libéré sans un coup de feu. Ce jour-là, un fonctionnaire de la Croix-Rouge internationale, le Dr György Gergely, aperçoit Wallenberg dans sa voiture, escortée par quatre militaires russes. Il demande à l'accompagner auprès du maréchal Malinovski mais n'en obtient pas l'autorisation. Il y a trois valises et un sac de couchage sur la banquette arrière de la voiture.

Un chimiste, Seteszy, a également vu Raoul discuter dans un abri avec des officiers russes.

Aux premières heures de la matinée du mercredi 17, les requis juifs employés à la section de transport de la Croix-Rouge suédoise voient enfin Wallenberg réapparaître, dans son éternel costume de sport, 16, rue Benczur, en compagnie du major Demtchikov. D'excellente humeur, il revient chercher son sac de montagne et son portefeuille. Il fait ses adieux en plaisantant avec les uns et les autres sur son déménagement pour le Grand Quartier général de l'armée Malinovski à Debrecen. Il dit en particulier à son ami d'enfance László Petö — celui qui, à son arrivée à Budapest, en juillet, l'avait introduit auprès du Conseil juif — qu'avant de prendre la route il va faire un tour rue Tátra voir ses protégés libérés du ghetto international. Petö manifeste le désir de l'y accompagner.

La voiture bleu clair, au volant de laquelle se trouve le fidèle Vilmos Langfelder, n'est pas la sienne. Il a laissé celle-ci dans un garage, car elle n'est plus en état de faire un long trajet. A bord se trouvent un médecin, le Dr István Szabados, et un requis du STO. Langfelder reste taciturne, comme à son habitude. Voilà une semaine qu'il a quitté sa sœur et son beau-frère dans l'un des immeubles de la légation pour suivre son « patron » dans la clandestinité. Il est pour lui plus qu'un chauffeur, une sorte de factotum, à la fois secrétaire particulier et homme de confiance. Cet ingénieur-machiniste avait reçu un passeport de protection quand il avait été requis par le STO, grâce aux liens familiaux de son beau-frère en Suède. Il avait été affecté en décembre à la chancellerie de l'avenue Üllöi.

Deux motocyclistes encadrent la voiture : l'un devant, avec un soldat en armes sur le siège arrière, l'autre derrière, avec un officier dans un side-car. Durant le parcours à travers les décombres de Pest, Raoul dit à ses compagnons d'un air enjoué en désignant cette escorte :

« Ceux-ci ont été commandés pour mon compte. Mais je ne sais s'ils sont chargés de me protéger ou de me surveiller. Je ne sais pas si je suis invité ou prisonnier. »

Arrivé à l'annexe de la légation, 6, rue Tátra, Raoul monte seul au premier étage, où est installée la chancellerie, tandis que ses compagnons partent à la recherche d'amis et de parents dans le ghetto international. L'officier russe attend leur retour en faisant les cent pas sur le trottoir. Wallenberg exprime à ses collaborateurs sa joie que l'on ait pu sauver la majorité des protégés. Il s'enquiert auprès d'Ödön Gergely des conditions dans lesquelles leur libération a eu lieu et il lui demande de s'occuper d'eux parce qu'il ne pourra pas revenir de Debrecen avant au moins huit jours. Il est très pressé. La voiture l'attend en bas pour le conduire au quartier général de Malinovski et au siège du gouvernement provisoire de Debrecen. Il dit à son collaborateur Rezsö Müller qu'il doit prendre contact là-bas avec le commandement soviétique et ce gouvernement. Il ne sait pas du tout combien de temps il sera absent. Il faut continuer l'action sans lui, de la manière la plus utile.

« Dois-je vous laisser de l'argent ? De combien avez-vous besoin ?

— Ce que vous voudrez. »

Raoul sort 100 000 pengös de son gros portefeuille, qui a l'air d'en contenir dix fois plus. Le caissier de la chancellerie lui signe un reçu. Au bout d'un quart d'heure de conversation détendue, juste avant de redescendre, Raoul ajoute à l'adresse de Müller :

« Au fait, vous savez que nous avons à la Banque Hazai

des diamants et des objets de valeur déposés sans aucun justificatif.

— Bien sûr que je le sais. Pourquoi me le rappeler ?

— Je voulais simplement que vous puissiez un jour témoigner que je vous en ai parlé. »

Dans la rue, l'officier russe a l'air de s'impatienter. Raoul aussi, car Petö, qui a décidé de l'accompagner à Debrecen, est en retard. Le Dr Szabados le quitte pour demeurer dans le quartier où il a retrouvé ses parents. Quand Petö revient de sa tournée, Raoul lui fait de vifs reproches que l'officier semble comprendre. C'est qu'avant de partir Wallenberg veut encore visiter l'« hôpital de la Croix-Rouge suédoise avenue Üllöi. Langfelder démarre à si vive allure qu'au premier carrefour il vient heurter un camion de soldats soviétiques en route pour la bataille qui fait rage à quelques rues de là. Les militaires furieux l'invectivent et se ruent sur la voiture, dont ils ouvrent brutalement la portière pour s'emparer du « chauffard » et lui faire sans doute un mauvais parti. L'officier, descendu à son tour du side-car, s'interpose et calme les soldats en disant qu'il s'agit de diplomates étrangers. Les soldats relâchent Langfelder et remontent dans leur camion. La voiture, qui n'a qu'une aile froissée, reprend la route.

Raoul ne fait qu'un saut à l'hôpital de l'avenue Üllöi. Un employé, Pál Nevi, l'aperçoit devant la porte avec deux personnes inconnues de lui. Il le salue et lui résume la situation en marchant de long en large sur le trottoir. Visiblement, Wallenberg n'a pas le temps de monter. Mais, en faisant demi-tour à l'angle de la rue Légrády, il glisse sur une plaque de verglas et se fait mal. En se relevant, il voit arriver trois vieillards portant encore l'étoile jaune sur leur poitrine. Les désignant du doigt, il dit à Nevi :

« Je suis heureux de voir que ma mission n'a pas été totalement vaine. »

Pour se remettre de sa chute, Raoul accepte de prendre un verre en vitesse au café voisin, le Dunapark. Au moment de prendre congé de son interlocuteur, il lui dit qu'il part maintenant directement pour Debrecen et qu'il tâchera d'en revenir le plus rapidement possible.

Pendant ce temps, Langfelder, plutôt avare de paroles, s'est tout de même entretenu avec László Petö. Il lui rapporte les dires de ses accompagnateurs russes, selon lesquels la libération de Buda, après celle de Pest, ne saurait tarder. Ce n'est plus qu'une question de jours. Quand Raoul revient à la voiture, László en sort :

« Ecoute, lui dit-il, ça fait des semaines que je suis sans nouvelles de mes parents qui se cachent à Buda et qui doivent aussi s'inquiéter pour moi. Je voudrais les rejoindre le plus tôt possible. Il n'est pas raisonnable que j'aille à Debrecen avec toi.

— Je te comprends. On va te déposer près de la rue Benczur. »

Raoul fait arrêter la voiture à l'angle de l'avenue Aréna, où se trouvait le cantonnement de l'ex-bataillon de travailleurs suédois. Les deux amis s'embrassent. László Petö souhaite bon voyage et bonne chance à son camarade d'adolescence. Lui qui a été, par hasard, le premier à l'accueillir au début de sa mission à Budapest est le dernier à lui parler dans cette capitale hongroise déchirée par une double occupation.

Wallenberg regarde s'éloigner par la lunette arrière une ville en flammes, où l'on tire encore à vue, de tous côtés, sur les silhouettes et les voitures suspectes, où l'Armée rouge, qui va sacrifier 30 000 hommes dans cette bataille encore inachevée — elle se prolongera jusqu'au 13 février —, déverse son trop-plein de fureur, se venge sur les magasins, les maisons, et aussi les femmes dont les ombres furtives fuient désespérément la fatale rencontre soldatesque.

La dernière démarche d'homme libre de Wallenberg a consisté à demander à ses interlocuteurs russes d'épargner le grand ghetto fermé au centre de Pest. Dans la nuit qui vient, les premiers éléments de l'armée libératrice vont enfin en atteindre la palissade par la rue Wesselényi. Et sauver les 69000 Juifs qui y survivent, en grande partie grâce aux efforts des neutres pour contrecarrer le plan d'Eichmann et de ses émules hongrois.

Le lendemain — le 18 —, le major Demtchikov revient seul au siège de la rue Benczur et dit au Dr Wilhelm (qui, plus tard, dans son témoignage, se trompera de date) que Wallenberg est déjà selon toute probabilité au quartier général de Malinovski.

Pourquoi maintenir le voyage à Debrecen quand tombe la palissade du ghetto ? Qu'a donc Raoul maintenant de si urgent à faire là-bas ?

Depuis novembre, il s'entretenait avec ses collaborateurs d'un plan de secours pour la Hongrie. Le 6 novembre, il avait confié à Rezsö Müller, l'un des plus intimes d'entre eux, un secret à garder jusqu'à la fin de la guerre. Il lui a révélé alors qu'il avait été en réalité envoyé à Budapest par le *War Refugee Board* américain et que c'est avec des fonds occultes américains qu'il a pu organiser ses activités de sauvetage. A ses yeux, sa mission ne peut s'arrêter là. Elle doit se prolonger au-delà de la libération.

Au fil des jours, avec d'autres collaborateurs mis peu à peu dans la confidence, Hugo Wohl, Vilmos Forgács, Pál Hegedüs, il discute de ce nouveau plan, il l'améliore, il l'élargit. Fin novembre, il avertit Müller : « J'aurais besoin d'un nouveau local sûr. » On choisit la Banque de Suède, rue Harmincad à Pest. Le bâtiment est très solide, avec abris bétonnés, salles de coffres, nombreuses lignes téléphoniques. Les bureaux de l'avenue Üllöi, surpeuplés, se prêtent moins bien à ces réunions au sujet de ce plan d'avenir. Le 8 décembre, Wallenberg écrit une dernière lettre, avant le siège, à Kálmán Lauer : *Je remue un projet pour après l'occupation soviétique, car même alors je ne pourrai rentrer de toute façon. Il s'agirait de créer une association destinée au recouvrement des biens juifs... J'ai déposé 2 000 couronnes pour notre affaire humanitaire. Je te demande de verser cette somme à mon compte spécial de l'Enskilda Banken. Peux-tu demander à mon grand-oncle Jakob si l'on me garde quand même une place à la Huvudsta ?*

Quand Wallenberg voit le chaos s'installer en Hongrie, durant les jours terribles de décembre, il modifie son plan initial. Il songe maintenant à une action internationale calquée sur le plan Nansen du premier après-guerre. Son but est alors de préparer et d'organiser le retour à la vie sociale de tous ceux dont la guerre a fait des épaves. Selon son caractère, mêlant l'enthousiasme et la minutie, il écrit un peu tous les jours à ce propos. Un manuscrit en allemand, truffé de mots ou d'expressions magyares.

Pour cette entreprise à long terme, Raoul voit trois possibilités de financement :

1. Si son action est reconnue d'utilité publique, l'institution sera fondée avec une subvention du nouvel Etat hongrois, tout en conservant son indépendance.

2. Sinon, l'association privée Raoul Wallenberg commencera avec 200 000 couronnes suédoises, prélevées pour moitié sur son compte américain, et garantie pour le reste par lui-même et ses quatre collaborateurs juifs hongrois.

3. En cas d'impossibilité, il faudrait fonder une société dont le comité directeur serait l'organe exécutif de la nouvelle mission Wallenberg.

En tout état de cause, Raoul préférerait gagner à sa cause le gouvernement d'unité nationale installé le

21 décembre par le général Miklós dans Debrecen libérée. Ce jour-là l'URSS s'est engagée auprès des nouvelles autorités constituées en Hongrie à ne point intervenir pour modifier les structures économiques, sociales et politiques du pays. Au terme de la négociation qui commence, le gouvernement du général Miklós doit signer le 20 janvier avec les plénipotentiaires soviétiques un accord d'armistice, dont la validité sera reconnue par les Anglo-Américains, bien que ceux-ci n'aient pas été consultés et surtout qu'il n'y soit pas question d'une zone d'occupation occidentale pourtant prévue lors de la dernière rencontre Churchill-Staline avant Yalta...

Tout à sa nouvelle ambition, Wallenberg met au point, toujours en allemand, le texte d'un appel au peuple hongrois pour la fin de la guerre. Délaissant sa devise familiale *(Esse, non videri)*, pour la maxime de Térence (*Homo sum, humani nihil a me alienum puto* : « Je suis homme et rien de ce qui est humain ne m'est étranger »), il rédige le manifeste suivant :

Je m'excuse de me tourner ainsi pour la première fois en personne vers le public, mais je considère que ceci est nécessaire à cause de tous ceux qui souffrent, car mon nom est connu par l'action humanitaire de la légation royale de Suède. Jusqu'à présent, des milliers de personnes m'ont fait confiance. Je fais appel à cette confiance pour ce qui suit. Je suis Suédois, fils d'un pays neutre. Nous n'avons jamais considéré la neutralité comme une situation commode et passive. Au contraire. Mes compatriotes sont sensibles à la souffrance de l'humanité. Le pays entier n'a qu'un désir, celui d'aider. Comme vous le savez tous, une de nos actions a été la campagne humanitaire en Hongrie. Bien que cette action n'ait été nullement politique, il existe des gens qui s'y opposent pour des motifs divers. Depuis plusieurs mois, j'ai pris part à la souffrance du peuple hongrois, comme si elle avait été la mienne. J'ai une idée claire de tous les domaines où un secours immédiat serait nécessaire. Cette aide pourrait être administrée par une institution que l'Etat ou notre légation patronnerait. Mais dans les deux cas les secours seraient freinés par les formalités. En considération de ce qui se passe en Hongrie, mes collaborateurs et moi-même avons décidé de séparer cette action du travail humanitaire de la légation de Suède et de créer une institution privée qui agirait rapidement. Je me permets de tracer ici le champ dans lequel nous pouvons apporter une aide avec l'expérience déjà acquise. Nous comptons faire appel, non seulement au gouvernement hongrois et aux institutions de bienfaisance internationale, mais aussi à n'importe quelle institution dans le monde entier.

*Nous avons décidé de créer une organisation portant mon nom, l'*Institution Wallenberg pour le sauvetage et la reconstruction. *Ce sera une organisation qui permettra aux gens dans une certaine mesure de s'aider eux-mêmes. L'administration et le personnel seront à ma disposition. J'ai appris à connaître mes collaborateurs dans des circonstances difficiles. J'ai eu devant les yeux, quand je les ai choisis, leurs vertus essentielles : la compassion, l'honnêteté, la capacité de travail. Nous emprunterons le chemin le plus court, celui de la négociation privée. Nous accepterons l'aide de l'Etat ou l'aide internationale et nous les incorporerons à notre activité sans qu'elles soient la cause d'un retard dans l'exécution du travail. J'indiquerai seulement aujourd'hui les domaines les plus importants de notre activité : recherches des membres des familles qui ont disparu, notamment des enfants qui ont perdu leurs parents, etc. Nous ne sous-estimons pas les difficultés qui nous attendent. Mais nous avons déjà surmonté des difficultés plus grandes. Aidez-vous de notre organisation pour vous aider vous-mêmes.*

Raoul Wallenberg imagine qu'après avoir été entendu par le commandement soviétique et le gouvernement de Debrecen, il pourra lancer à la radio cet appel à la mobilisation morale des Hongrois. Il s'imagine qu'on l'autorisera à se substituer à l'Etat, parce qu'il n'y a pas d'Etat dans cette période où les structures anciennes s'écroulent, où les structures nouvelles n'existent pas encore. Il espère que l'état d'urgence justifiera le lancement de cette entreprise d'une incroyable audace. Il vient d'affronter l'épreuve des négociations avec les nazis et les antisémites hongrois. Il s'en est tiré. Il a sauvé des milliers de gens. Pourquoi alors ne réussirait-il pas à convaincre ceux qui sont venus libérer la Hongrie, pourquoi n'aurait-il pas le concours des Hongrois pour aider leur pays à sortir du chaos ?

Il y a un précédent. Celui précisément de Nansen. L'explorateur norvégien avait créé au lendemain de la Première Guerre mondiale un organisme portant son nom, chargé de résoudre le problème des réfugiés. Il avait inventé le passeport Nansen pour les apatrides, il avait aidé sur place les affamés de la Volga alors que l'URSS était coupée du monde capitaliste, il avait été la providence des réfugiés, l'homme seul vers lequel se tournaient les meurt-de-faim, l'homme seul qui faisait se lever les barrières internationales. Nansen avait persuadé l'Amérique anticommuniste d'aider la Russie rouge, afin qu'on ne laisse pas mourir des enfants et des femmes. Nansen avait méprisé les tabous politiques. Haut-commissaire aux réfugiés, il avait veillé à leur reclassement, obtenu de la SDN la création de l'Office international des réfugiés pour poursuivre son œuvre. En 1922, Nansen avait obtenu le prix Nobel de la paix, qui fut décerné, après sa mort, à son organisation, lors de sa liquidation, en 1938. Ce que Nansen avait fait, Wallenberg croit qu'il peut le refaire. En Hongrie, depuis son arrivée, il n'est pas devenu seulement un nom connu de tous, il est celui qui apprend aux autres à ne pas désespérer, à ne pas rester passifs, à tenir pour règle qu'en toute situation il y a quelque chose à faire. Il n'est pas seulement un nom, il n'est pas seulement un jeune homme riche offrant sa bonne volonté, il est devenu en quelques mois le rassembleur des volontés, le porteur des forces de vie luttant contre les forces de mort. Il veut continuer. Avec un immense optimisme, Raoul Wallenberg s'imagine qu'il ne peut échouer dans la nouvelle tâche qu'il s'est attribuée sans consulter personne, pas même son gouvernement, pas même le *War Refugee Board*.

Il s'était mis au-dessus des règles et cela lui avait réussi jusqu'à présent. Il n'avait pas seulement rempli sa mission initiale. Il était devenu la mauvaise conscience des nazis et des Croix Fléchées, les obligeant à penser que chacune de leurs actions était connue. Il avait mis des criminels en face de leurs responsabilités et, sans pouvoir sauver tout le monde, cette attitude avait donné d'incroyables résultats. Maintenant, les criminels ont perdu la partie. Ils laissent derrière eux un monceau de ruines et de deuils. Wallenberg ne peut douter qu'il est l'homme d'une deuxième tâche historique, justifiant et développant son premier plan de sauvetage.

Mais Raoul ne verra jamais ni le maréchal Malinovski, ni le général Miklós à Debrecen. Il ne reverra pas davantage les siens, sa patrie, ses amis, ses collaborateurs, ni même ses protégés sauvés.

Daltonien, il n'a pas remarqué la patte rouge sur le col des officiers russes de sa nouvelle escorte, l'insigne distinctif de la police militaire, dont le commissaire politique est un major ambitieux de la XVIIIe armée, nommé Leonid Brejnev.

12

La guerre est finie

Tandis que l'Armée rouge libère le complexe d'Auschwitz, le 27 janvier, et conquiert Buda rue par rue du 1er au 13 février, Berlin subit la terreur des bombardements américains et soviétiques, qui obligent la population à se réfugier dans le métro. Mais les Berlinois sont tout de même mieux lotis que les autres, car la DCA allemande, la *Flak*, tente encore de protéger la ville où le Führer se cache dans son bunker bétonné, à huit mètres sous les jardins de la Chancellerie. Il arrive à Hitler — mais c'est de plus en plus rare — de sortir de son trou pour distribuer des croix de fer à des garçons de quatorze ans, derniers défenseurs du Reich. Voilà l'unique contact qu'il maintient encore avec son peuple. Qu'aurait-il à lui dire ? L'Allemagne s'écroule sous les bombes. Le 13 février 1945, 773 bombardiers de la RAF ont châtié Dresde, en réponse aux raids de V1 sur Londres. Du 13 au 16, les forteresses volantes américaines, en trois vagues de 1 000 avions chacune, achèvent l'anéantissement de la cité saxonne. Les bombes au phosphore font de Dresde un brasier que les pompiers ne peuvent éteindre : 137 000 morts.

A Yalta, où Roosevelt, Staline et Churchill se rencontrent pour la dernière fois du 4 au 11 février, les Trois Grands ont maintenu leur exigence : la capitulation sans condition. Le dos au mur, l'Allemagne, à laquelle Hitler ne laisse pas le choix, va poursuivre pendant quatre mois une lutte sans espoir. L'échec de l'offensive des Ardennes a sonné le glas des projets de reconquête. Hitler a joué sur un coup de dés le sort des deux fronts, car l'immense ligne de l'Est, dégarnie et vulnérable, est à la merci de Staline. Celui-ci veut arriver à Berlin avant ses alliés et, depuis le 12 janvier, le raz de marée russe engloutit l'une après l'autre les positions allemandes. Le 27 janvier, Koniev annonce au Kremlin que la Prusse orientale et la Prusse occidentale sont isolées du Reich. Ce même jour, Joukov passe l'Oder, au terme d'une avance de 330 kilomètres en deux semaines, et une autre armée russe se trouve ainsi à 300 kilomètres de Berlin. La Silésie est tombée entre les mains des Soviétiques, privant l'Allemagne de 60 pour cent de ses réserves de charbon.

Tenu à l'écart de la petite cour des fidèles par Bormann et Goebbels, qui ont monté Hitler contre lui, le privant de tout espoir de succession, Himmler souffre de sa disgrâce, tout en décidant de trahir son maître. Tandis que Schellenberg entraîne un parent du roi de Suède, le comte Bernadotte, dans une intrigue pour une paix séparée, venue trop tard pour intéresser les Alliés, le maître des camps de la mort se prépare clandestinement à rencontrer un dirigeant du Congrès juif mondial !... Le Grand Jeu est entré dans sa dernière phase.

Le 25 février, le masseur finlandais Kersten, dont Himmler a fait depuis longtemps son confident, car il est le seul au monde à savoir calmer ses douleurs lombaires, prend l'avion pour Stockholm. Il a rendez-vous avec Hillel Storch, un dirigeant suédois du Congrès juif mondial. Aux yeux des Juifs, ceux des camps ou ceux du monde libre, cette tractation secrète est aussi inconcevable qu'elle le serait pour Hitler, si Hitler la connaissait. Mais les responsables juifs qui ont pris sur eux d'accepter un contact direct avec un assassin n'ont qu'un seul but : protéger les déportés encore vivants, partout où ils se trouvent, alors que la perspective de la défaite peut aussi bien entraîner leur extermination qu'assurer leur salut.

Kersten, dont Himmler a fait la fortune, utilise sa position privilégiée pour presser la négociation. Il offre sa propriété prussienne de Harzwalde comme lieu de rencontre et, en attendant, obtient de Himmler l'arrivée de représentants de la Croix-Rouge dans les camps encore tenus par les Allemands. Le 5 mars, les camions de la Croix-Rouge suédoise arrivent à Bergen-Belsen. Il est temps. Dans le camp surpeuplé où l'on entasse les évacués d'Auschwitz et des prisonniers de guerre, le typhus s'est installé, et les SS devenus fous organisent des jeux de massacre. L'empire concentrationnaire, délabré et déréglé, échappe à son fondateur. Convaincre Himmler, en cette fin de règne où tout s'écroule, c'est offrir aux derniers bagnards une mince chance de survie. Si mince soit-elle, il faut la saisir. Le 17 mars, Storch trouve dans son courrier une lettre personnelle de Heinrich Himmler, commençant par cette phrase étonnante : «*Depuis toujours j'ai cherché une solution humaine au problème juif…*» Avec cette lettre, un sauf-conduit est offert à l'industriel juif suédois Hillel Storch, qui est attendu à Harzwalde. Ce même 17 mars, le général Guderian est allé à l'hôpital militaire de Hohenlychen, à 120 kilomètres au nord de Berlin, où Himmler se fait soigner par son ami, le chirurgien Gebhardt. Le créateur des *Panzerdivisionen* a une tâche difficile : il lui faut retirer à Himmler ses responsabilités de commandant du groupe d'armées Vistule. A sa grande surprise, le Reichsführer SS se laisse dégrader sans manifester la moindre mauvaise humeur. Secrètement soulagé, Himmler est maintenant libre de se consacrer entièrement au Grand Jeu.

Le 22 mars, Kersten reprend l'avion pour Stockholm. Storch est prêt à partir. En se rendant en Allemagne, il prend pourtant un risque immense. Goebbels propose de dénoncer la convention de Genève, d'abattre tous les aviateurs faits prisonniers, d'utiliser les armes chimiques, en un mot de pratiquer la guerre totale. Dans ces conditions, la parole de Himmler suffit-elle à protéger un Juif ? Seul le secret de la négociation offre une garantie de protection bien précaire à l'industriel que Himmler prend pour l'ambassadeur de ce Conseil mondial des Juifs auquel il croit dur comme fer.

Etrangement, ce n'est pas Storch qui a peur de cette rencontre, c'est Himmler. Il décommande le rendez-vous du 22 mars, en apprenant que Kaltenbrunner, son subordonné, fait une tournée d'inspection en Allemagne du Nord. Le temps travaille contre le Reichsführer SS, mais il n'en a cure, et il consulte les faiseurs d'horoscope pour qu'ils déterminent la date de la rencontre historique. De report en report, on arrive au 19 avril. Le jour est propice, et en outre Kaltenbrunner est en Autriche ; mais entre-temps Hillel Storch a changé d'avis. Au dernier moment, il est remplacé par Norbert Masur, autre représentant de la Suède au sein du Congrès juif mondial. Ce petit homme corpulent et cordial monte donc avec Kersten dans un avion en partance pour Berlin. Ils sont seuls dans l'appareil, entourés de colis destinés à la Croix-Rouge. A l'aérodrome de Tempelhof, une compagnie SS est rangée, qui attend l'arrivée de l'avion. Un « Heil Hitler ! » retentissant salue la venue sur le sol allemand du Juif suédois Norbert Masur, qui répond, sans se démonter : « Bonsoir, messieurs »...

C'est dans une voiture portant le fanion SS que Masur

roule vers Harzwalde. Dans quelques heures, il va rencontrer Himmler, et il se prépare mentalement à cette épreuve. Mais quand il arrive, en pleine nuit, Himmler, une fois de plus, a remis le rendez-vous. Schellenberg, chargé de faire patienter son hôte, transmet les excuses du Reichsführer SS. Celui-ci a oublié, paraît-il, que le 20 avril est l'anniversaire de Hitler. Un tel oubli, dans l'univers nazi, relève de la démence : en fait, au moment où il s'apprête à tendre la main aux ennemis du Reich, Himmler est comme paralysé. La visite au Führer, qui ne remarque ni sa venue ni son départ précipité, lui permet de gagner un peu de temps.

A 3 h 40 du matin, Himmler arrive à Harzwalde, plus blême encore qu'à l'ordinaire, sanglé dans son uniforme noir. Norbert Masur a en face de lui l'homme qui a fait assassiner plusieurs millions de Juifs, et cet homme lui sourit. Masur remarque involontairement qu'il a des dents très blanches et régulières. Himmler salue cérémonieusement, le buste incliné, l'industriel juif. Ses premiers mots sont entrés dans l'Histoire : « Bonjour, monsieur Masur. Il y a longtemps que j'attendais cette rencontre. Il est temps que vous autres, Juifs, et nous autres, nationaux-socialistes, enterrions la hache de guerre... »

Masur écoute d'une oreille distraite le plaidoyer de Himmler, qui lui explique qu'il a tout fait pour trouver une solution humaine. Son attention est concentrée sur les propositions du Reichsführer SS. En quelques minutes, tout est dit. Himmler va ordonner à Pohl, responsable de l'intendance des camps, et à Becher, dont il a fait, le 6 avril 1945, le « commissaire extraordinaire du Reich » pour toutes les affaires concernant les détenus juifs, de remettre sans combat les camps de concentration aux Alliés. Maintenant qu'Eichmann est muté par son chef, cet ordre de dernière heure est entre les mains d'exécutants neutres, comme Himmler les aime, capables de s'adapter à tous les virages de sa politique. Seulement, que vaut un ordre de Heinrich Himmler à la fin d'avril 1945 ?

Naguère, ce fonctionnaire pédant à la voix douce et haut perchée avait droit de vie et de mort sur des millions d'hommes. Mais son autorité s'effrite chaque jour. Le test de Bergen-Belsen démontre que l'on obéit à Himmler quand il donne l'ordre de tuer, mais que la machine à tuer se grippe quand il lui est intimé de soigner et de protéger les déportés. L'instruction formelle transmise à Becher le 11 avril 1945 de « tout mettre en œuvre pour combattre l'épidémie de fièvre exanthématique à l'intérieur de Bergen-Belsen » est tournée en dérision par les officiers SS du camp. La vie des détenus ne dépend plus des chefs suprêmes du système concentrationnaire, mais du caprice des kapos.

Alors, Masur est-il venu pour rien ? Il est clair que Himmler a besoin d'alibis, en cette extrême fin de la guerre, et qu'il se sert de Kersten, de Masur, de Bernadotte, de ses contacts indirects avec le Suisse Musy, l'Américain McClelland, pour se constituer un dossier. Norbert Masur savait cela avant de partir. En revanche, il n'est pas sûr qu'il ait perçu le fait que Himmler ne compte plus au moment de leur rencontre. Tout est allé si vite ! En mars 1945, Himmler était encore l'homme le plus puissant du Reich : commandant du groupe d'armées Vistule, il est en outre, comme chef suprême de la SS, à la tête de 38 divisions, de 4 brigades, de 10 légions, de 10 commandos d'état-major et de 35 corps de troupes et commandements indépendants. Ministre de l'Intérieur et de la Santé disposant de pouvoirs atroces en sa qualité de protecteur de la race, chef suprême de toutes les polices, patron unique des services de renseignements et d'espionnage, civils et militaires, il paraissait inexpugnable. Cela, c'était en mars. Himmler a commis l'erreur de vivre à l'écart du Bunker. Pour ses intrigues, cet éloignement est bien commode. En revanche, il facilite aussi la tâche de Martin Bormann, l'homme qui ne quitte pas le Führer d'un pouce et qui a déjà réussi à discréditer le morphinomane Goering. Chef de la chancellerie du Parti, le secrétaire du Führer rêve de lui succéder et jette dans l'esprit inquiet de son patron des soupçons sur tous ses rivaux. L'élimination de Himmler est devenue son but essentiel.

Il y parvient à la faveur de l'échec des divisions SS dépêchées en Hongrie après la chute de Budapest. Himmler, lui-même relevé de son commandement pour incapacité, assiste, impuissant, à l'humiliation infligée aux divisions d'élite Leibstandarte Adolf Hitler, Das Reich et Hitler Jugend, qui se voient interdire le port du brassard SS. Cette dégradation collective est un défi lancé à Heinrich Himmler. Désormais, on ne le consulte plus. Dans les affaires de police, on s'adresse à son ancien subordonné, le chef du RSHA, Kaltenbrunner. Des hommes lui obéissent encore, ou feignent de lui obéir, comme Schellenberg, mais ils jouent déjà leur carte personnelle. Désorienté, l'homme mou et pâle qui faisait peur à toute l'Europe s'est laissé dépouiller sans lutter. Dans les contacts qu'il recherche maintenant avec ses ennemis idéologiques, il tente de retrouver l'importance qu'il a perdue.

Norbert Masur arrive donc bien tard. Il sauve quand même des vies de déportés en facilitant par sa seule présence la liquidation à l'amiable des derniers biens de Himmler : ses pouvoirs de patron du système concentrationnaire. Mais Himmler passe-t-il la main à ses subordonnés ou bien aux troupes alliées ? Dans tel camp, on se livre à des massacres de dernière minute, dans tel autre les SS et les kapos ont déjà fui, laissant le bagne aux bagnards. Cette faillite de l'ordre himmlérien rend dérisoires les gestes de bonne volonté d'un homme déchu, qui ne veut pas voir sa déchéance.

Après des mois de tergiversations, Himmler essaie follement de rattraper le temps perdu. Sa nuit n'est pas finie. Il a rendez-vous avec le comte Bernadotte, à l'hôpital de Hohenlychen. Les deux hommes se retrouvent à l'heure du petit déjeuner. Bernadotte, cédant aux sollicitations de Schellenberg, a consenti à cette rencontre pour appuyer les efforts de la Croix-Rouge suédoise, non pour aider Himmler à sauver sa mise. D'entrée de jeu, il obtient de son interlocuteur que l'on empêche l'évacuation du camp de Neuengamme, près de Hambourg, et que l'on autorise les équipes de la Croix-Rouge à travailler sur place. Cette concession humanitaire, Himmler l'accorde dans l'espoir d'utiliser le relais suédois pour arriver à un contact direct avec Eisenhower. « J'ai des propositions intéressantes à lui faire », affirme-t-il au cousin du roi de Suède. En vain, Bernadotte voudrait lui faire comprendre que son rôle politique est achevé. Himmler le quitte, persuadé qu'il va rencontrer bientôt Eisenhower.

Que peut-il proposer ? Une cessation des hostilités sur tous les fronts, à l'exclusion du front de l'Est, qu'il provoquerait en ordonnant à ses divisions SS de déposer les armes. En outre, le « fidèle Heinrich » laisse entendre, sans le dire clairement, qu'il peut contribuer à la fin de la guerre en éliminant physiquement son Führer. « Il est peut-être déjà mort », a-t-il confié à Bernadotte. Confidence singulière : quelques heures plus tôt, il a bu à la santé d'Adolf Hitler et lui a présenté ses vœux de longue vie.

Courant après Bernadotte, reparti pour la Suède par la route de Lübeck, Himmler lui dépêche Schellenberg pour obtenir un autre rendez-vous. Le Suédois a déjà passé la frontière danoise. Il est à Apenrode, au nord de Flensbourg. Schellenberg le supplie de revenir à Lübeck. De l'arrogance nazie, il ne reste plus rien chez ces hommes qui rusent avec le destin. Bernadotte est persuadé que cette rencontre est inutile : Eisenhower, comme tous les chefs alliés, a reçu de Truman, le successeur de Roosevelt—mort subitement le 12 avril —, l'ordre formel de s'en tenir aux conditions de Yalta et de poursuivre la guerre jusqu'à la capitulation sans condition de l'adversaire. Pourtant le comte consent à suivre Schellenberg. Le 23 avril, à 11 heures du soir, il retrouve Himmler au consulat de Suède à Lübeck. On discute pendant cinq heures à la lueur des bougies, car les bombardements alliés ont plongé la ville dans le noir. Bernadotte repart avec une lettre de Himmler adressée au ministre suédois des Affaires étrangères, Christian Günther, le priant d'intervenir auprès des Américains.

Cette démarche ne peut infléchir le cours de la guerre. En revanche, elle fait de Himmler un traître au nazisme. Le 28 avril, la BBC passe un message de l'Agence Reuter, en provenance de Stockholm, annonçant que Himmler a proposé la capitulation. Au Bunker, Hitler, fou de rage, se venge en faisant fusiller Fegelein, l'homme de liaison de Himmler à la Chancellerie, qui avait pourtant épousé la sœur d'Eva Braun. Cette même nuit du 28 avril, le Führer se marie enfin avec sa compagne et dicte son testament. Pour avoir tenté de négocier une paix séparée, Goering et Himmler sont destitués de toutes leurs fonctions et voués au mépris de la nation allemande. L'amiral Doenitz, désigné comme son successeur, aura le titre de président du Reich et de commandant suprême des forces armées. Dans un deuxième testament, Hitler annonce son suicide. Le 30 avril, à 15 h 30, Hitler et Eva Braun se donnent la mort. La radio allemande maquille ce suicide, ultime fuite du Führer, en claironnant qu'il est mort en combattant pour la défense de Berlin.

Le Reich a encore des millions d'hommes sous les armes, qui se battent aux quatre coins de l'Europe, mais sous les pieds des nazis l'espace se restreint d'heure en heure. Le 25 avril, les armées de Joukov et de Koniev ont fait leur jonction près de Berlin, à Potsdam. Dans la ville, les troupes russes ont atteint la Spree et on se bat déjà dans les tunnels du métro. Mais les hitlériens se défendent encore. Les 600 000 maisons de la capitale sont autant de forteresses. Dans cette bataille de rues, qui dure jusqu'au 2 mai, les Soviétiques laisseront sur le terrain 304 887 morts, blessés et disparus, et perdront 2 156 chars et canons automoteurs, 1 220 pièces d'artillerie et 527 avions. L'Armée rouge paie cher l'honneur d'avoir pris la capitale du Reich.

Partout ailleurs, sauf en Bohême, où Schörner se bat furieusement, les fronts n'existent plus et les capitulations locales se multiplient. Dès le 29 avril, les armées allemandes d'Italie se rendent, au terme d'une négociation secrète entre le général SS Wolf et le chef de l'OSS américain, Allan Dulles. Sur ce terrain, la diplomatie souterraine avait payé. Le 4 mai, le haut commandement allemand des forces du Nord-Ouest, du Danemark et de la Hollande, capitule devant Montgomery. Ce même jour, le gouvernement Doenitz, par une ultime manœuvre, essaie d'arracher la paix séparée avec l'Ouest, l'amiral Friedeburg arrivant à Reims, au quartier général d'Eisenhower, avec une proposition d'armistice concernant les forces allemandes opposées aux Anglo-Américains. Eisenhower reste de marbre. Les subtilités du Grand Jeu ne le concernent pas. Il lui faut la capitulation sans condition et sur tous les fronts. Le 7 mai, à 2 h 41 du matin, l'Allemagne capitule enfin.

A la demande de Staline, qui soupçonne un arrangement entre ses alliés et les nazis, une nouvelle cérémonie a lieu dans la capitale du Reich, le 8 mai. Ce jour-là, pour la première fois depuis le 1er septembre 1939, on ne se bat plus en Europe. Bien que le Japon n'ait pas encore capitulé, la longue nuit du nazisme a pris fin. A Prague comme à Paris, à Budapest comme à Stockholm, les gens s'embrassent : la guerre est finie.

Le Grand Jeu n'a plus de raison d'être. Que sont devenus ses protagonistes ? Qu'est-il arrivé aux Allemands, aux Hongrois, aux Américains et aux Suédois dont les noms se trouvent mêlés à la négociation la plus secrète de la guerre ? Du côté allemand, certains ont déjà payé de leur vie la part qu'ils ont prise à ce jeu dangereux. L'ami de Jakob Wallenberg, Karl Goerdeler, a été pendu le 2 février 1945, dans la prison de Plotzensee. Le 9 avril, l'amiral Canaris, traîné nu jusqu'à la potence, est supplicié au dernier moment, peu avant l'arrivée des Américains, avec lesquels il rêvait de faire la paix.

Pour Himmler et ses subordonnés, le destin a tiré des cartes différentes. Du 8 au 20 mai, l'ancien Reichsführer SS se cache près de Flensburg, en compagnie de ses derniers fidèles. Mais il est difficile de se dissimuler quand on se nomme Heinrich Himmler : le portrait du premier des criminels de guerre est affiché partout, dans les diverses zones d'occupation. Le 20 mai, il décide de tenter sa chance et de se diriger vers la Bavière, d'où partent les réseaux d'évasion Odessa. L'idée est simple, qui consiste à se mêler au flot des réfugiés, trop nombreux pour être contrôlés individuellement. Le 21 mai, sur la route de Bremervörde à Brême, au lieu dit le « Marais du Diable », un réfugié portant un bandeau noir sur l'œil gauche présente au poste de garde britannique un laissez-passer tout neuf, au nom de Heinrich Hitzinger. Arrêté, il joue son va-tout, donne lui-même sa véritable identité et demande à parler au maréchal Montgomery. Il ne verra jamais « Monty », mais les services de renseignements alliés désirent l'interroger. Le grand policier du Reich n'aime pas les interrogatoires. C'est dans le camp de prisonniers de Lüneberg, le 23 mai 1945, qu'il se suicide, en broyant une capsule de cyanure dissimulée dans sa bouche.

Eichmann a eu plus de chance. Fin avril 1945, il dirige l'évacuation du camp de Theresienstadt, en Bohême. Le colonel SS Adolf Eichmann n'est plus le patron du Bureau IV B 4, mais comme il aime à le dire, les listes de décès des Juifs sont sa lecture favorite avant de dormir. Eichmann a bien rempli son contrat, il a le droit de songer maintenant à sa survie. Le 2 mai, il est allé chercher secours auprès de son ami Ernst Kaltenbrunner, à Altausee, en Autriche. Kaltenbrunner refuse de l'aider, mais Eichmann parviendra tout de même à utiliser à son profit la filière Odessa, établie longtemps avant la défaite pour faciliter la fuite des responsables nazis. Il restera dans la région d'Aussee jusqu'à Noël 1949. En 1950, il emprunte la « route des monastères », et, de couvent bavarois en couvent italien, il arrive à Rome et reçoit du Vatican la carte d'identité dont il a besoin pour obtenir un visa pour l'Amérique du Sud. Sous le nom de Rudolf Klement, il va refaire sa vie à Buenos Aires jusqu'à sa capture par les services secrets israéliens. L'histoire d'Adolf Eichmann, jugé à Jérusalem, s'achève au bout d'une corde dans la prison de Ramla, en mai 1962.

Pris tout de suite, en 1945, Dieter Wisliceny témoigne au procès de Nuremberg, avant d'être jugé à Prague. Le rançonneur des Juifs de Slovaquie et de Hongrie finit lui aussi pendu en 1946. Kurt Becher, dénazifié grâce aux témoignages des anciens du Grand Jeu, notamment Rezsö Kastner, est devenu un industriel prospère. Comme Walter Schellenberg, ancien patron du SD, récupéré par les services secrets américains, il a sauvé sa mise en prenant part aux négociations clandestines dont Himmler avait été le pivot. Décidément, le Grand Jeu est une singulière loterie.

Du côté hongrois, Horthy et Szálasi, les deux principaux responsables de la tragédie de 1944, sont l'un et l'autre en Allemagne à la fin de la guerre. Interné d'honneur au château de Hirschberg, en Bavière, sur ordre de Hitler, depuis le coup d'Etat du 15 octobre 1944, Horthy tombe entre les mains des Américains le 1er mai 1945. Transféré à Mondorf, au Luxembourg, il apparaît en témoin au procès de Nuremberg, passe trois années en détention à Weilheim, en Bavière, avant sa libération le 18 décembre 1948. Accueilli au Portugal par son ami Salazar, il achève sa vie dans une somptueuse retraite, à Estoril, où il meurt le 9 février 1957, à quatre-vingt-huit ans. Ferenc Szálasi, retrouvé par les Américains et enfermé à Göppingen, dans le Wurtemberg, où il passe quelques jours en compagnie du régent, est livré en février 1946 au gouvernement de Budapest. Condamné à mort, le chef des Croix Fléchées est pendu le 13 mars 1946.

Les Russes prétendaient ne pas vouloir se mêler des affaires intérieures de la Hongrie, initialement confiées au gouvernement d'union nationale du général Miklós. Le premier ministre du Ravitaillement, Zoltán Vas-Weinberg, était un Juif communiste qui avait souffert du régime fasciste de Horthy. Condamné à mort avant la guerre, il ne devait la vie qu'à une campagne organisée par les centrales syndicales du monde entier. Il avait passé seize ans en prison. Quand il prend ses fonctions à Budapest, le 20 avril 1945, les responsables sionistes encore présents comptent qu'il ne restera pas insensible au sort particulier des milliers d'enfants juifs abandonnés encore en vie, errant sans famille et sans foyer parmi les ruines.

« Pas question de faire de la discrimination, répond-il, j'ai la charge de 1,5 million d'affamés. N'allons pas semer de nos propres mains les graines d'un nouvel antisémitisme en ayant l'air de favoriser les Juifs, même orphelins... »

Un nouvel ordre allait régner à Budapest... A l'Ouest, l'initiateur du Grand Jeu, Franklin D. Roosevelt, a été terrassé par la maladie le 12 avril 1945. Henry Morgenthau, sans lequel le plan de sauvetage des Juifs de Hongrie n'aurait jamais vu le jour, meurt en 1967, à l'âge de soixante-seize ans. Mais une mort violente attend plusieurs des acteurs du Grand Jeu. Le comte Bernadotte, désigné comme médiateur de l'ONU dans le conflit opposant Israël aux pays arabes, est assassiné le 16 septembre 1948 par des terroristes du groupe Stern. Rezsö Kastner, qui avait trouvé en Israël une seconde patrie, paie de son honneur, puis de sa vie, le rôle qu'il a joué dans les tractations avec Eichmann, Wisliceny et Becher. « On ne négocie pas avec les SS, on ne traite pas avec Satan. » Acquitté avec cet attendu infamant, il voudrait être compris de ses concitoyens, bouleversés par ce scandale. On ne lui laisse pas le temps de s'expliquer. Abattu dans une rue de Jérusalem par des extrémistes, il meurt de ses blessures le 12 mars 1957.

Avec les autres sauveteurs, le destin s'est montré plus clément. Hillel Storch et Norbert Masur ont repris leur vie paisible d'industriels, l'un en Suède, l'autre en Israël. Après avoir été soupçonnés en bloc par les services de renseignements soviétiques, arrivés à Budapest en même temps que l'Armée rouge, le directeur de la Croix-Rouge suédoise, Waldemar Langlet, et tout le personnel de la légation, du ministre Danielsson à ses jeunes collègues Per Anger et Lars Berg, reviennent à Stockholm, à la fin de la guerre, pour raconter leur aventure. Tous sont de retour, sauf un : Raoul Wallenberg.

Deuxième Partie

Le mystère Wallenberg

13

Un héros porté disparu

Paradoxe : à l'issue de la longue bataille de rues qui aboutit, le 13 février 1945, à la libération complète de Budapest, les autorités suédoises ont eu beaucoup plus de raisons de s'inquiéter du sort de leur représentant en Hongrie, le ministre Danielsson, et des autres membres de la mission diplomatique restés sur place pendant toute la durée du siège, que de celui de Raoul Wallenberg.

Le secrétaire de la légation a été en effet le premier diplomate à pouvoir se présenter, dès le 13 janvier, aux autorités militaires soviétiques, l'immeuble de la Croix-Rouge internationale dans lequel il s'était posté, rue Benczur, à la limite orientale de Pest, étant tombé ce jour-là à 7 heures du matin entre les mains de l'Armée rouge. Les quatre jours suivants, on l'a aperçu, à plusieurs reprises, accompagné d'une escorte soviétique, en différents points de la rive gauche. Et, le 17, on l'a vu partir pour Debrecen, la capitale provisoire du gouvernement d'unité nationale constitué avec l'accord des Russes par le général Miklós, et quartier général du maréchal soviétique Rodion Malinovski. D'ailleurs, un communiqué du général Tchernitchev, commandant le secteur de Pest, n'a-t-il pas annoncé que Wallenberg et la nouvelle légation royale de Suède en Hongrie libérée se trouvaient sous la protection de l'armée soviétique ? Le 16, la veille même du départ de Raoul en compagnie de son chauffeur, le fidèle Vilmos Langfelder, le vice-ministre des Affaires étrangères soviétiques Dekanosov a remis à l'ambassadeur de Suède à Moscou, Staffan Söderblom, une note officielle annonçant que les autorités militaires ont pris sous leur protection la personne et les biens du secrétaire de ladite légation.

En revanche, on restera longtemps sans nouvelles des autres membres de la mission diplomatique terrés à Buda dans les caves de leur bâtiment du mont Gellért, éventré par les tirs, ou à leurs domiciles respectifs, également situés sur les hauteurs de la rive droite. Les forces du maréchal Fedor Tolboukhine, arrivées par l'ouest, ont pénétré dans Buda au début de février. On apprendra plus tard les actes de pillage et de violence auxquels se sont livrés les éléments déchaînés de cette soldatesque : coffres de la légation et de la banque de Suède forcés et vidés, personnel dépouillé, femmes violées sans distinction entre Hongroises et Suédoises appartenant à ce personnel.

Les diplomates, arrêtés et interrogés par le service de sécurité soviétique NKVD, au mépris de l'exterritorialité des locaux et du fait que la Suède représentait, entre autres, les intérêts de l'URSS depuis le début de la guerre, vont se retrouver dans un camp d'internement à 80 kilomètres au sud de Budapest. A deux reprises, le 9 et le 17 février, le ministre des Affaires étrangères de Suède, Christian Günther, a fait demander par son ambassadeur à Moscou des renseignements sur le lieu où a été évacué le personnel de la légation de Budapest. En vain.

Le seul à n'avoir pas pris une destination inconnue semble bien être Wallenberg.

« Je vais à Debrecen », a-t-il répété à tous ceux qui l'ont

rencontré, pour la dernière fois, ce mercredi 17 janvier 1945.

Il n'arrivera jamais à Debrecen. Il ne rencontrera jamais ni le général Miklós, ni aucun membre du gouvernement provisoire. En cours de route, la voiture aura sans doute changé d'itinéraire. La vie de Raoul Wallenberg, elle aussi, va changer de cap. Le jeune diplomate se croit l'hôte d'honneur du maréchal Malinovski. Il ne sait pas qu'il fait en réalité figure de suspect.

Tout d'abord, les papiers qu'il présente en se réclamant de sa qualité de diplomate neutre chargé des intérêts soviétiques en Hongrie ne portent évidemment aucun cachet valable aux yeux des militaires russes pour en attester l'authenticité. Les documents qui pourraient permettre de contrôler ses dires se trouvent à la légation bombardée et pas encore libérée de Buda, et resteront de ce fait inaccessibles pendant trois semaines. Au surplus, Wallenberg, comme ses collègues, avait cessé d'être dûment accrédité auprès des autorités hongroises depuis la rupture des relations diplomatiques intervenue en octobre entre la Suède et le dernier gouvernement mis en place par le coup d'Etat des Croix Fléchées. Or Stockholm n'avait pas davantage entrepris de démarches auprès de Moscou pour assurer la sécurité de sa légation de Budapest. N'est-ce pas suffisant pour alerter une police militaire fort ombrageuse au sein d'une armée en plein combat sur un sol étranger et hostile ? D'autant que ce prétendu diplomate neutre commence par formuler des exigences apparemment exorbitantes : arrêt des bombardements du quartier des bureaux de la légation où s'entassent ses amis et ses protégés, reconnaissance des passeports de protection délivrés aux Juifs, protection militaire des deux ghettos, libération immédiate des Juifs requis comme travailleurs au front...

On ne connaîtra vraisemblablement jamais la réaction des officiers soviétiques à l'expression de telles exigences puisque, à partir du jour où il a été pris en charge par l'Armée rouge, Wallenberg n'aura plus la possibilité de relater ce qui lui arrive.

La suite, on ne l'imaginera qu'à travers des témoignages tardifs de détenus libérés au fil des ans, qui furent enfermés avec Wallenberg ou avec Langfelder, ou qui ont correspondu avec l'un d'eux grâce au code particulier des coups frappés aux murs des prisons.

Ces récits, dans leurs grandes lignes, concordent cependant assez pour que leur recoupement permette de reconstituer l'itinéraire qui a pu conduire Wallenberg de l'enfer de Budapest aux oubliettes de la Loubianka.

La voiture roule vers l'est, vers Debrecen, à proximité de la frontière roumaine. En chemin, elle est stoppée par un barrage de l'armée soviétique. Ce major aperçu à Budapest en compagnie de Wallenberg est-il encore à bord ? Le Suédois et son chauffeur sont-ils seuls ? Wallenberg décline son identité, ses titres, l'objet de son déplacement. Il demande à parler à l'officier responsable du détachement, explique qu'il veut être conduit auprès du maréchal Malinovski. Mais c'est à d'autres interlocuteurs qu'il va devoir expliquer sa mission : les hommes à casquette bleue du NKVD, présents dans chaque unité de l'Armée rouge et relevant d'une hiérarchie indépendante du commandement militaire, celle des services secrets du Parti, dont le chef est alors Viktor Abakoumov.

En fait notre idéaliste est tombé sur les officiers du service de contre-espionnage, le fameux Smersh. Pour eux, de douteuse son affaire devient vite lumineuse. Un homme de l'Ouest au portefeuille garni, à la voiture bourrée d'or et de bijoux, un Scandinave lié aux Américains interlocuteurs des nazis et des fascistes hongrois, un soi-disant sauveur de Juifs muni d'un plan de redressement capitaliste pour la Hongrie et prêt à passer par-dessus la tête de l'Armée soviétique victorieuse. Et c'est cet homme-là qui veut s'adresser directement au camarade maréchal ? Afin de poursuivre son travail d'agent ! Certes, il doit bien s'agir d'un personnage important. Il demande à voir des responsables. Il en verra. Mais dans une autre situation. Pour la première fois, ce privilégié, cet aventurier qui se prend pour un homme d'Etat va devoir affronter un risque autrement périlleux que celui auquel il a tenté d'arracher ses protégés : la méfiance et l'indifférence érigées en système. Wallenberg avait inventé des passeports de protection pour tirer d'affaire des gens voués à la mort. Il n'a pas sur lui son passeport de protection, sauf-conduit revêtu d'une signature respectée par les Russes. Il va se rendre compte de la facilité avec laquelle on peut couper un homme libre de tout contact avec le monde où il évoluait la veille, fût-ce dangereusement. Nuit et brouillard, modèle soviétique...

Wallenberg et Langfelder sont d'abord ramenés à Budapest, à l'insu de tous. Selon une confidence ultérieure du chauffeur hongrois à un codétenu de la prison moscovite de Lefortovo, tous deux effectuent un court séjour dans un local du NKVD avant d'être acheminés par train à la Loubianka, via la Roumanie.

C'est que les services de sécurité procèdent à une vaste enquête, commencée avant même la chute de Buda. Des fonctionnaires du NKVD attachés aux troupes de l'armée Malinovski se sont présentés avenue Ullöi, dans les locaux de la Croix-Rouge suédoise, avec l'ordre de Moscou de s'assurer de la personne des dix membres de la légation de Suède et du couple Langlet. Waldemar Langlet leur a répondu que, à part Wallenberg, les autres diplomates recherchés se trouvaient à Buda, sur la rive non encore libérée du Danube. Dès que l'armée de Tolboukhine s'est emparée, au prix de durs combats, des quartiers hauts de la capitale hongroise, une autre unité du NKVD a mis la main sur le premier secrétaire de la légation, Per Anger, le chancelier Carlsson et le vice-consul Ekmark, pour les interroger et les interner au camp de Dunavecse, où le ministre Danielsson les a bientôt rejoints, avec les autres fonctionnaires de la légation arrêtés à leur domicile.

Seul l'attaché de la légation Lars Berg, responsable de la section B, avait réussi à s'échapper de Buda en traversant le fleuve à bord d'une barque, et à gagner le centre libéré de Pest. Là, il s'était rendu tout droit à la Croix-Rouge suédoise, 22, avenue Üllöi, où le NKVD de Malinovski avait tendu une souricière. Du 13 au 16 février, Lars Berg subit un interrogatoire serré en présence du commandant de la place, le général Tchernitchev, et des officiers du contre-espionnage. On veut lui faire avouer qu'il travaillait pour les Allemands, ainsi que Wallenberg.

Wallenberg est sans doute à Pest, lui aussi. Un témoin l'*aurait* reconnu, après avoir été interrogé dans un immeuble réquisitionné par la police soviétique. Wallenberg *aurait* été conduit, à son tour, à un interrogatoire.

Tous les membres suédois de la légation sont ainsi interrogés sur leurs activités clandestines et les contacts qu'ils ont été amenés à entretenir avec les fascistes. L'importance du personnel affecté aux sections B et C de la légation qui s'occupait des Juifs intrigue en particulier les enquêteurs russes : les passeports de protection n'ont-ils pas également servi à couvrir des Croix Fléchées ou des nazis en fuite ?

Entre le 15 et le 28 février, la police militaire arrête

systématiquement tous les collaborateurs hongrois et juifs de Wallenberg qui, eux, ne peuvent invoquer l'immunité diplomatique. Des interrogatoires ininterrompus. Toujours les mêmes questions : « Qui était le chef, Lars Berg ou Raoul Wallenberg ? Ils travaillaient l'un et l'autre pour les Allemands. Si vous confirmez, vous pourrez vous en tirer. Sinon... »

Un officier du NKVD, Pless, vient rechercher le délégué de la Croix-Rouge suédoise, Waldemar Langlet, à la Banque de Suède Hazai où s'est repliée la section C de la légation. Dans une lettre qu'il a adressée à la police militaire de Malinovski, pour sauver la vie d'un des collaborateurs de cette section, porté également disparu après interrogatoire, Langlet a motivé son intervention par le départ de Wallenberg pour le QG de Debrecen. Pless veut absolument savoir comment Langlet a été mis au courant de ce déplacement. Un autre collaborateur de la section C, interrogé lui-même six fois pendant trois jours, racontera la scène :

« A son accent, j'avais deviné que l'officier était ukrainien. Il m'a dit de le suivre avec un employé de notre bureau, László Szuller, qui l'accompagnait. Nous sommes allés au 22, avenue Üllöi. Le siège de la Croix-Rouge suédoise était gardé par des militaires du NKVD reconnaissables à leurs uniformes verts. Dans la rue, des soldats russes étaient en train de dépouiller des passants. Pless a fait arrêter la voiture pour interpeller un capitaine qui participait à ce pillage. Le capitaine a blêmi et a imploré sa grâce. Puis Pless a embarqué le ménage Langlet avec nous et nous a conduits dans une villa de banlieue, où l'on nous a enfermés dans une chambre pleine de détenus, dont quelques femmes. Il y avait là un pauvre Juif, ancien permanent du parti communiste hongrois clandestin, qui avait fait l'école du Parti à Moscou. Il ne comprenait pas ce qu'on lui voulait. Le vieux

Langlet, qui était épuisé, a posé sa tête sur un coin de table et s'est endormi. Un officier est venu le réveiller brutalement pour le faire passer dans la pièce voisine. Puis ce fut le tour de Mme Langlet. Puis le mien. Un soldat me fit traverser la rue pour me faire monter au premier étage d'un immeuble encore habité par des civils hongrois, mais grouillant de militaires russes. Un officier m'interrogea onze heures d'affilée sur le rôle exact de Wallenberg, dont l'activité en faveur des Juifs n'était, selon lui, qu'une couverture pour camoufler son activité d'espion fasciste. Cela recommença le lendemain et le surlendemain. Il prétendait avoir des preuves contre Wallenberg et aussi contre Lars Berg, toute l'organisation des passeports de protection n'étant à ses yeux qu'une entreprise de camouflage. Il ne pouvait comprendre ni que ces diplomates aient quitté leur tranquillité suédoise pour risquer leur vie dans Budapest à sauver des gens par philanthropie, ni qu'ils aient pu donner des passeports de complaisance à cette fin, ni qu'ils aient, de la même manière, acheté des complicités, ni que nombre de fascistes se soient servis par la suite de papiers trouvés sur des Juifs assassinés... L'officier Pless revint enfin me chercher, en me tutoyant familièrement : "Aide-nous à démasquer ces espions qui nous ont coûté tant de vies et on t'en sera reconnaissant." »

Entre-temps, le couple Langlet a été relâché, ayant pu fournir des papiers satisfaisants du général Tchernitchev et du gouvernement de Debrecen. Mieux : le délégué de la Croix-Rouge suédoise est bientôt autorisé à se rendre lui-même à Debrecen et à y conférer avec les membres du gouvernement provisoire d'unité nationale, avec le président du PC hongrois Mátyás Rákosi, et avec un proche du maréchal Vorochilov, le plus haut représentant de l'URSS en Hongrie libérée. Exactement ce que voulait faire Wallenberg un mois plus tôt.

Langlet ne semble pas s'être enquis du sort de ce dernier, sachant peut-être que, sur ordre personnel de Beria, le chef suprême des services de sécurité soviétiques, l'enquête sur les activités du secrétaire de la légation se poursuivait auprès de prisonniers allemands ayant servi comme agents de la Gestapo à Budapest et aussi à Stockholm.

Le 14 mars, le ministre Danielsson et une partie du personnel de la légation sont libérés à leur tour de leur camp d'internement et ramenés dans les locaux de la Croix-Rouge suédoise, avenue Üllöi, toujours sous la surveillance du NKVD. Mais ils ne peuvent avoir aucun contact avec la Suède ou le monde extérieur. Après de longues démarches, Danielsson réussit à tirer Lars Berg des griffes du contre-espionnage de Malinovski, mais n'obtient aucune information sur ce qu'il est advenu de Wallenberg.

Le 18 avril, la plupart des diplomates de la mission suédoise en Hongrie regagnent enfin leur pays à bord d'un bateau finlandais. Wallenberg ne fait évidemment pas partie de ce premier contingent. Dans la dernière semaine de mai, quinze jours après la capitulation du Reich, le NKVD relâche la plupart des personnes arrêtées en janvier-février à Budapest, sans faire de distinction entre les dignitaires des Croix Fléchées, les policiers hongrois et les collaborateurs des légations neutres. Wallenberg ne figure pas davantage dans le lot.

Le 26 mai, les autorités soviétiques d'occupation, qui n'ont pas encore passé leurs pouvoirs au nouveau gouvernement hongrois entré en fonctions le 20 avril, ordonnent à tous les membres des légations étrangères encore présentes de plier bagage. Au lieu du voyage confortable et libre à travers l'URSS qu'on leur avait promis, leur évacuation va s'effectuer par la Roumanie à bord de wagons de marchandises qui les conduiront jusqu'à

Istanbul, où le corps diplomatique devra ensuite se débrouiller pour se faire rapatrier. C'est ainsi que le délégué de la Croix-Rouge suédoise, W. Langlet, n'arrivera à Stockholm que le 2 septembre... Les autorités suédoises en seront alors à leur sixième demande de renseignements ou d'explications par voie diplomatique. La famille Wallenberg, elle, depuis le 15 mars, est dans tous ses états. Ce jour-là, le ministère des Affaires étrangères a eu en effet connaissance d'une nouvelle diffusée le 7 mars par Radio-Kossuth, émetteur situé en zone libérée par les Russes : Raoul Wallenberg serait tombé sous les balles de la Gestapo ! Selon le témoin qui a rapporté la nouvelle à Stockholm, il aurait été reconnu par des nazis en traversant la ville de Cegléd, sur la route de Debrecen, et assassiné avec son escorte. L'ancien ministre hongrois Vilmos Böhm, réfugié à Stockholm, déclarera même au printemps 1946 que la découverte d'objets ayant appartenu aux officiers qui accompagnaient le diplomate suédois et son chauffeur confirmait ce qu'on craignait déjà.

Or ces rumeurs inquiétantes émanent toujours de sources indirectes. La version officielle soviétique était infiniment plus rassurante quand, après les premières semaines d'impatience, la famille et la diplomatie avaient commencé de s'émouvoir et entrepris des démarches tout d'abord fort discrètes.

Février 1945. L'ambassadrice d'URSS à Stockholm, Alexandra Kollontaï, figure légendaire de la révolution d'Octobre, adoptée par les salons de la bourgeoisie suédoise, où elle compte nombre d'admirateurs, invite la femme du ministre Günther à prendre le thé. Elle lui dit de ne pas se faire de souci pour le jeune Raoul, qui est en bonne santé et en sécurité. Elle reçoit peu après la visite de sa mère, May von Dardel, et lui réitère ses propos, l'assurant, en toute bonne foi, semble-t-il, que son fils est naturellement traité avec égards par les autorités qui l'ont pris sous leur protection.

23 mars. De Bucarest, on apprend que la représentation suédoise en Hongrie s'est retrouvée au complet, à une exception près : Wallenberg.

Avril. Nouvelle démarche de la famille auprès de Mme Kollontaï, qui promet de faire activer les recherches. Le 24, nouvelle démarche de l'ambassadeur de Suède à Moscou, Söderblom, auprès du vice-ministre soviétique Dekanosov pour lui rappeler ses assurances du 17 janvier. Dekanosov promet de faire retrouver l'unité militaire qui a pris alors Wallenberg sous sa protection. Le 28, l'oncle du disparu, Markus, revoit Mme Kollontaï. Elle n'a pas encore reçu de réponse. Le printemps passe. Puis l'été. Rien.

Devant le silence persistant de Moscou, la légation de Suède finit par remettre, le 3 novembre, une première note officielle au ministère des Affaires étrangères soviétique, demandant à être informée des mesures prises dans l'intervalle pour retrouver et protéger Wallenberg. Deux mois plus tard, toujours pas de réponse.

3 janvier 1946. Rappelée en consultation à Moscou, Mme Kollontaï y a un entretien avec l'ambassadeur Söderblom à ce sujet. Sans résultat. A son retour à Stockholm, l'ambassadrice des Soviets fait de la part des siens l'objet d'une surveillance qui la contraint à un mutisme total, jusqu'à son remplacement par un diplomate mieux vu du NKVD. Au moment où, en Suède, l'affaire Wallenberg commence à prendre une ampleur nationale, elle devient en URSS un secret d'Etat.

Il ne reste donc plus d'autre issue que de faire appel à Staline en personne. Le 15 juin 1946, Söderblom obtient une entrevue du maître du Kremlin, qui l'écoute, selon son habitude, avec toutes les marques du plus vif intérêt. Il ne sait rien, dit-il, de cette histoire, qu'il promet de tirer au clair.

En fait, Staline possède toutes les données et détient toutes les clefs de l'énigme quand il feint de découvrir le dossier. La détention d'un diplomate étranger est une affaire trop importante pour ne pas être soumise en haut lieu. Le cas Wallenberg est du ressort d'Abakoumov, le chef du NKVD, dépendant directement de Beria et de Staline.

De l'aveu même du ministère de la Guerre, sollicité à son tour par une demande de recherches suédoise, cette affaire relève désormais du NKVD. Le 6 juillet, la famille Wallenberg a en effet été avertie de la présence à Budapest d'un policier hongrois libéré en mai 1945 d'un camp d'internement en Bessarabie — province roumaine annexée par l'URSS —, où il aurait connu Raoul Wallenberg, en attente de transfert vers une prison russe. Le gouvernement suédois a donc saisi les autorités militaires compétentes à Bucarest et à Moscou. En août, l'administration pénitentiaire de Foscani, en Bessarabie, fait savoir de son côté qu'« il est malheureusement impossible d'établir si l'individu recherché est passé par un camp et s'il séjourne ou non en prison ».

Le 12 septembre, le chargé d'affaires suédois à Moscou remet une nouvelle note officielle. Première réaction du ministère soviétique des Affaires étrangères : « Nous n'accepterons plus de notes ou de démarches relatives à cette affaire qui relève directement de Staline puisque votre ambassadeur l'en a personnellement saisi. » Seconde réaction, le 30 janvier 1947, sous forme de réponse officielle : « En dépit des recherches actives entreprises auprès de l'état-major de l'armée, de la police militaire et des services de sécurité, les autorités compétentes n'ont pu trouver la moindre trace de cette personne, qui n'a jamais été détenue ni en URSS ni dans aucun territoire sous contrôle soviétique. »

Cette position sera maintenue pendant douze ans contre vents et marées. Désespérant d'arriver à faire bouger les choses par la seule voie diplomatique, la famille Wallenberg demande et obtient le secours de l'opinion publique. Un comité d'action suédois se forme, avec le concours d'un écrivain hongrois réfugié à Stockholm et naturalisé suédois, Rudolph Philipp, qui est le premier à recueillir documents et témoignages sur l'incarcération de Raoul Wallenberg. Il collecte un million de signatures au bas d'une pétition pour sa libération, soit le sixième de toute la population. Remise au Parlement, elle fait l'objet d'interpellations. Un groupe de parlementaires, de savants et d'éminentes personnalités, appuyées par Albert Einstein et Martin Buber, proposent la candidature de Raoul Wallenberg au prix Nobel de la Paix pour l'année 1947. Si seulement le jury en avait eu l'audace ! Le 15 juillet, le comité dépose un exemplaire de son million d'adhésions à l'ambassade soviétique à l'adresse de Staline.

Cette campagne agace les dirigeants du Kremlin. Ordre est donné en conséquence de séparer et de disperser dans les prisons les détenus qui ont pu partager peu ou prou la captivité de Wallenberg et de son chauffeur Vilmos Langfelder. Ainsi, le 27 juillet 1947, le détenu Gustav Richter, ancien policier de l'ambassade d'Allemagne à Bucarest, est-il interrogé à la prison Lefortovo sur ce que lui a dit Raoul à son arrivée fin janvier-début février 1945 à la Loubianka. Ce même jour, on interroge un ancien codétenu de Langfelder, le colonel Horst Kitschmann. Ces deux témoins sont transférés à la prison Vladimir, ainsi que le lieutenant autrichien Otto Scheuer, l'un des premiers compagnons de détention des deux disparus.

Trois semaines plus tard, le 18 août 1947, c'est le vice-ministre des Affaires étrangères, Andrei Vychinski, l'ancien procureur des procès de Moscou d'avant la guerre, qui prend la peine de répondre à la dernière démarche suédoise faite auprès du délégué soviétique à l'ONU Jakob Malik :

A la suite d'une enquête exhaustive, nous avons acquis la certitude que Raoul Wallenberg ne se trouve pas en Union soviétique et que son nom nous est inconnu. Il est exact que le ministère soviétique a reçu le 14 janvier 1945 un message fondé sur une information indirecte, indiquant que le commandant d'une unité engagée dans la bataille pour la libération de Budapest avait rencontré Wallenberg à la rue Benczur. Par la suite, une recherche minutieuse a été menée pour confirmer cette indication. Nous n'avons obtenu aucun résultat, ni retrouvé l'identité de l'officier soviétique à l'origine de cette information. Aucun Wallenberg ne se trouve ou ne s'est trouvé dans une prison ou un camp d'internement. Toutes les recherches des autorités compétentes pour retrouver Raoul Wallenberg ont été infructueuses. Nous attirons votre attention sur le fait que Wallenberg, en janvier 1945, se trouvait dans une région où se déroulaient de violents combats. Il a pu s'éloigner de sa propre initiative de cette zone dangereuse ou bien il a pu être victime d'un attentat. Notre hypothèse est que Wallenberg est mort pendant les combats, à Budapest, ou qu'il a été enlevé par les Croix Fléchées.

L'impact de cette dénégation officielle, qui est loin de satisfaire l'opinion suédoise, ne fait que renforcer, en Hongrie, le culte du héros disparu.

Traité par les Alliés en ancien satellite de l'Axe, abandonné à Yalta à la tutelle de l'URSS et épuré de ses éléments horthystes les plus voyants, le pays est encore dirigé par une coalition dite de Front national, du parti des petits propriétaires (55 pour cent des voix en novembre 1945), du parti socialiste et du parti communiste (17 pour cent seulement des voix). La tactique communiste du « salami » est menée avec précaution et la nouvelle Hongrie a besoin de capitaux. L'évolution vers un régime de démocratie populaire dominé par les fidèles de Moscou se fait par petites étapes. Tour à tour le parti socialiste et le parti des petits propriétaires se sont scindés en fractions rivales et, aux élections d'août 1947, le PC, qui obtient 22 pour cent de voix, contrôle le bloc majoritaire de gauche.

Les Hongrois ne peuvent donc rien faire qui puisse contrarier l'URSS. Ils sont mal placés pour demander des comptes à la puissance qui les a libérés de l'alliance avec les forces du mal. Une intervention directe en faveur du héros suédois mystérieusement disparu au cœur de la bataille de Budapest serait donc inconcevable. Le seul qui ait tenté quelque chose en ce sens à titre personnel est le prix Nobel Szent-Györgyi, lui-même sauvé en 1944 grâce à un passeport de protection suédois. Il est l'un des rares hommes politiques hongrois à pouvoir se permettre de dire ce qu'il pense. Invité aux fêtes de la Victoire, le 8 mai 1945 à Moscou, il demande à rencontrer l'ambassadeur de Suède Söderblom pour lui faire part de la satisfaction exprimée, devant son état-major, par le maréchal Malinovski d'avoir rencontré un Suédois comme Wallenberg lors de la libération de Budapest. Démarche innocente ? Pas tout à fait. Wallenberg présenté comme hôte d'honneur du commandement soviétique peut faire l'objet d'une sollicitude toute naturelle quand il s'agit de fierté nationale. En outre, chercher ainsi à authentifier le contact pris par le diplomate suédois avec les Russes, c'est placer ces derniers devant leurs responsabilités.

De fait, la décision soviétique fixant le sort de Wallenberg n'avait pas dû être prise si rapidement. Même incarcéré à la Loubianka, le « suspect » était encore libérable. Son statut n'était pas déterminé. Il y avait simplement une enquête en cours, comme pour d'autres diplomates arrêtés dans d'autres légations. A quelles conclusions aboutit-elle ? Les Soviétiques ne publieront jamais ce dossier.

En prison à Moscou, Wallenberg est honoré à Budapest, où il est simplement porté disparu. Le 2 juin 1945, le Conseil de la communauté israélite de la ville, où se retrouvent les rescapés qui lui doivent la vie, a décidé de donner son nom à l'un des pavillons de l'hôpital central à reconstruire. Les Juifs ne se contentent pas de réunir des témoignages pour leur institut de Budapest. En août 1946, ils obtiennent de la municipalité que la rue Phönix, où se trouvaient la plupart des immeubles protégés du ghetto international de Pest, soit rebaptisée rue Wallenberg. Lors du procès de Szálasi en 1946, on évoque à l'Assemblée nationale hongroise l'action du diplomate suédois, demeuré dans la capitale, bravant tous les risques pour arracher quelques vies aux Croix Fléchées.

En novembre 1946, le livre de Rudolph Philipp est publié à Budapest. Il relate l'aventure de Wallenberg en se fondant sur les témoignages des survivants et d'un certain nombre de ses collaborateurs. Il ne peut y avoir un vrai comité Wallenberg en Hongrie, mais en s'efforçant de perpétuer sa mémoire, en associant le gouvernement hongrois (hommage du président du Conseil le 27 novembre 1946), les Hongrois font ce qu'ils peuvent pour la cause de Raoul Wallenberg. Un monument en l'honneur du diplomate suédois est même érigé dans le parc Szent-István, où la Gestapo faisait rassembler les Juifs avant de les déporter. On a fait appel pour l'exécuter au sculpteur Pál Patzay, dont plusieurs amis avaient été arrachés in extremis des fourgons en partance pour les « moulins d'Auschwitz » par une audacieuse intervention de Wallenberg. Il lui a fallu deux ans. La statue, haute de six mètres, représente saint Georges terrassant le dragon. Sur le socle figurent le portrait de Raoul et un poème épique à sa gloire.

Un dimanche d'avril 1948, la statue disparaîtra, à la veille de la cérémonie officielle organisée par l'association Wallenberg. Pendant la nuit, des soldats soviétiques sont venus avec des chevaux et des cordages dans le parc Szent-István pour enlever le monument, dont il ne reste que le socle. Quelques années plus tard, on retrouvera la statue dans un sous-sol de Budapest. Entretemps, le socle lui-même aura disparu. La statue est à présent réinstallée sur un socle sans inscription, devant une usine où l'on fabrique de la pénicilline. Aux visiteurs, on raconte qu'elle symbolise le combat contre la maladie. Ironie de l'histoire : cela se passe à Debrecen.

Statufié, Wallenberg est enfin arrivé à Debrecen.

14

Une mort regrettable

Comment prouver que les Russes mentent ? Comment obtenir d'eux, à défaut d'une libération, des informations sur le sort véritable de Wallenberg ou sur les motifs qui justifient son incarcération ? De 1947 à 1952, la diplomatie suédoise se heurte à un mur de silence. Sans doute ne dispose-t-elle pas de moyens de pression suffisants. L'affaire Wallenberg ? L'Occident ne connaît pas. Le monde est alors coupé en deux camps par la guerre froide. On peut mobiliser des millions de dévouements pour tenter de sauver les Rosenberg voués à la chaise électrique par la chasse aux sorcières ouverte en Amérique. Le cas Wallenberg paraît une cause bien pâle à côté, un vestige incompréhensible d'une guerre déjà dépassée.

Pendant ces années, faute d'avoir été localisé, Raoul Wallenberg, à le supposer encore en vie, n'a rien pu savoir des démarches entreprises par sa famille et son gouvernement. Il ignore sûrement que sa mémoire est célébrée en Hongrie, en Israël et dans son pays. S'il y avait au moins un procès, la famille et l'Etat suédois pourraient avoir accès au dossier, trouver un défenseur, susciter des témoignages. Mais il n'y a pas de procès. D'autres citoyens occidentaux, pris dans l'engrenage des procès staliniens, ont pu, au prix parfois de longs efforts, être libérés, par exemple en échange d'espions soviétiques. Encore savait-on où ils étaient, les motifs de leur emprisonnement ou la durée de leur peine. De Wallenberg, criminel de paix, on ne sait rien.

En quête d'un élément nouveau, le comité Wallenberg va bénéficier, à partir de 1952, d'un concours de circonstances : un tournant de la politique soviétique sur la question allemande. Staline offre un marché au chancelier Adenauer : la réunification de l'Allemagne contre sa neutralisation. En signe de bonne volonté, il fait libérer un grand nombre de détenus condamnés en URSS pour crimes de guerre. Ils ne sont d'ailleurs pas tous allemands. Parmi ces prisonniers qui ont la chance de quitter l'archipel du goulag se trouvent aussi des Autrichiens, des Italiens, des Finlandais, des Roumains. Ils ne sont pas tous non plus des criminels de guerre. Mais on ne libère pas Wallenberg, que certains des détenus libérés affirment avoir vu ou connu en prison.

S'il est donc encore en vie, à quoi sert-il de le garder ? Après tout, Wallenberg n'est pas le seul diplomate neutre à avoir fait l'objet de soupçons. On a arrêté à Budapest deux membres de la légation suisse, le secrétaire, Feller, et un employé, Meier. Ils ont aussi été emprisonnés en URSS, mais leur pays a obtenu leur libération en les échangeant contre des agents soviétiques arrêtés en Suisse. Seulement Wallenberg est un cas à part, en raison de sa popularité auprès des victimes hongroises de l'hitlérisme : voilà un homme emprisonné à Moscou, qui a sa rue à Budapest, sa statue à Debrecen. En outre, on prépare, à la même époque, le procès Rajk à Budapest, le procès Slansky-Clementis à Prague (raconté dans *L'Aveu* d'Artur London), l'arrestation des « assassins en blouse blanche » à Moscou, en imaginant chaque fois la présence d'un Occidental dans ces affaires destinées à mettre en évidence la « grande conspiration contre l'URSS». Et ce Wallenberg, dont l'oncle Jakob a intrigué pour une paix séparée entre l'Allemagne et les Occidentaux pendant la guerre, qui a été lui-même en contact avec le gouvernement des Croix Fléchées en Hongrie, qui s'est mêlé de sauver des Juifs et de protéger des biens, alors que le sionisme a, depuis, «jeté le masque» et apparaît comme le «fourrier de l'impérialisme», qui a travaillé en définitive avec des fonds américains, ce Wallenberg ne serait-il pas tout simplement un précurseur ? Il se trouve qu'on n'a pas pu monter son affaire en épingle comme on l'a fait au procès de Budapest pour l'Américain Noël Field, à celui de Prague pour l'Israélien Mordekhaï Oren. Mais il se trouve aussi que son cas est suffisamment important pour relever de la compétence de Viktor Abakoumov, le bras droit et séculier de Beria, à la tête du contre-espionnage et des services de sécurité soviétiques.

Or, grâce au comité qu'anime l'inlassable Rudolph Philipp, le gouvernement suédois se trouve maintenant en possession de déclarations de détenus ayant partagé la même cellule que Wallenberg ou que son chauffeur Langfelder après leur transfert à Moscou, ou ayant correspondu avec eux dans le langage codé des prisons, ou ayant entendu parler d'eux par d'autres codétenus. Certains affirment même avoir subi, au cours de leur détention, des interrogatoires serrés portant uniquement sur leurs contacts avec les deux hommes, sur ce qu'ils ont pu savoir d'eux, de leurs activités, des circonstances de leur arrestation, et avoir été, par la suite, mis au secret ou en isolement. Voulait-on constituer un dossier d'accusation ? A-t-on un moment envisagé à Moscou la préparation d'un procès démontrant que, en pleine guerre, les Américains n'hésitaient pas à s'aboucher avec les plus noirs des criminels nazis et cherchaient à dédouaner Himmler par une opération humanitaire à laquelle s'est prêté le capitaliste suédois Raoul Wallenberg ? Pas de réponse à cette question ! Ou alors... [1]

Fort des éléments concordants fournis par certains des détenus libérés les plus dignes de foi, et notamment des détails qui n'ont pu être inventés sur le passé de Wallenberg, le gouvernement suédois s'estime en mesure de remettre, le 11 février 1952, une note attestant que son diplomate n'est pas mort en Hongrie, qu'il a séjourné au moins dans deux prisons de Moscou, la Loubianka et Lefortovo. Note rejetée comme sans fondement par les Soviétiques. De février 1952 à février 1957, Stockholm déposera quinze demandes écrites d'information et ne tentera pas moins de trente-quatre démarches verbales. Moscou s'en tient à sa première version : « Votre Wallenberg a été sûrement assassiné par des bandes fascistes ou par la Gestapo lors de la bataille de Budapest. »

La mort de Staline, en mars 1953, suivie de la liquidation de Beria et d'un début de déstalinisation qui provoque la libération de nombreux pensionnaires du goulag et la réhabilitation posthume de victimes des « crimes de Beria », tout cela donne au gouvernement social-démocrate de Suède quelques raisons d'espérer un changement d'attitude des nouveaux maîtres du Kremlin et un motif pour ne pas renoncer à ses recherches.

Les héritiers de Staline s'emploient à modifier l'image de l'Union soviétique. Malenkov, Boulganine, Khrouchtchev s'efforcent, non sans succès, de faire bonne figure à un Occident qui guette les signes de détente. La fin de la guerre froide, marquée par l'armistice entre les deux Corées, le traité de paix avec l'Autriche, la conférence de Genève et, simultanément, le dégel interne en URSS

1. Voir Annexe page 307.

semblent de nature à favoriser la relance d'une enquête sur l'affaire Wallenberg, que Moscou n'assimilerait plus à une entreprise antisoviétique.

Le gouvernement suédois table visiblement sur ces données.

En 1953, à l'occasion du soixante et onzième anniversaire du roi Gustav VI, la médaille *Illis quorum meruere labores* est décernée à Raoul Wallenberg, et le ministre des Affaires étrangères spécifie que « ce n'est pas à titre posthume ». En avril et en septembre 1955, il profite de la libération des prisonniers autrichiens puis allemands, encore retenus en URSS, pour recouper et compléter les premiers témoignages relatifs à la captivité de Wallenberg et de Langfelder. Le 8 novembre, l'ambassadeur soviétique à Stockholm, Rodionov, reçoit contre son gré une délégation qui lui apporte le texte d'interpellations récentes au Parlement suédois. Le 10 mars 1956, alors que commence à circuler sous le manteau le rapport secret de Khrouchtchev au 22e congrès du PCUS sur les « crimes de Staline », Rodionov subit un nouvel assaut : les représentants du comité Wallenberg viennent lui soumettre les copies notariées des dépositions d'anciens prisonniers de guerre en URSS prêts à certifier, sous la foi du serment, devant n'importe quelle juridiction, la connaissance qu'ils ont eue de la captivité du diplomate porté disparu. La réaction de Moscou est d'une rapidité inhabituelle. Premier temps : le 20 mars, son ambassade publie un communiqué récusant comme « sans valeur les témoignages des criminels de guerre », alors même que les juges soviétiques au procès des dignitaires nazis à Nuremberg avaient procédé à l'audition de criminels de guerre et admis leurs dépositions comme pièces à conviction contre les dirigeants du Reich.

Deuxième temps : au début d'avril, Boulganine et

Khrouchtchev acceptent d'inscrire la question Wallenberg à l'ordre du jour des entretiens cordiaux qu'ils ont à Moscou avec le Premier ministre suédois, le socialiste Tage Erlander, reçu en visite officielle. Nikita Khrouchtchev promet cette fois d'ordonner une enquête et déclare que, s'il se trouve effectivement quelque part en URSS, Wallenberg sera autorisé à regagner la Suède.

Or les témoignages retenus par les autorités suédoises permettent d'établir qu'il a passé au moins deux ans dans les prisons moscovites. Quatre compagnons de cellule connus ont, à un moment ou à un autre, entre février 1945 et une date indéterminée de 1947, partagé la détention du diplomate suédois : un ancien attaché de police à la légation allemande à Bucarest, Gustav Richter, un lieutenant autrichien, Otto Scheuer, un interprète tchécoslovaque ayant servi dans une compagnie d'écoutes, Hans Loyda, et l'ex-premier conseiller de la légation allemande à Bucarest, Wilhelm Roedel. Seul Richter est revenu de captivité et peut donc en témoigner. Six autres, outre Loyda et Roedel, ont partagé, dans les mêmes conditions, la cellule de Langfelder soit à la Loubianka, soit à Lefortovo : un colonel de la Führerreserve à l'état-major, Horst Kitschmann, ancien attaché militaire en Finlande, un journaliste allemand, Erhard Hille, ayant servi comme caporal sur le front balte, un radio autrichien de l'Abwehr en Roumanie, Ernst Huber, un lieutenant allemand, Hubert Hengstenberg, fils de l'ancien consul du Reich à Moscou, le contre-amiral Ernst Krafft, ancien commandant de la base navale de Gdynia, et un militaire finlandais, Eero Pelkonen. Seuls sont revenus les trois premiers. Les portraits qu'ils ont faits de Langfelder concordent et correspondent au souvenir de ceux qui l'ont connu à Budapest : l'ancien ingénieur-conseil, devenu chauffeur de Wallenberg au début de l'automne 1944, avait les cheveux roux coiffés en arrière, une stature puissante, les yeux gris-bleu, le nez légèrement arqué, la barbe du Christ.

Presque tous ces détenus avaient été interrogés à la fin de juillet 1947 par des officiers du NKVD sur ce qu'ils avaient pu apprendre de leur compagnon de cellule suédois ou de Langfelder.

Autres témoignages directs : ceux de voisins de cellule qui ont pu correspondre par la frappe murale des prisons avec Wallenberg. Ont ainsi connu sa présence et « dialogué » avec lui à Lefortovo cinq détenus libérés entre 1951 et 1955 : un attaché scientifique allemand à Bucarest, Karl Supprian, un attaché de la légation d'Italie à Sofia, Claudio de Mohr, un commandant de l'état-major allemand en Roumanie, Heinz von Hinckeldey, un conseiller scientifique de la légation de Bucarest, Ernst Wallenstein, et le chancelier de cette légation, Willy Bergemann.

Il est désormais possible, à partir de cette batterie de précisions, de reconstituer ce qui s'est passé après la « protection » accordée à Wallenberg par le général Tchernitchev lors de la prise de Pest. Au moment de leur départ en voiture pour le quartier général de Malinovski, le diplomate suédois et son chauffeur ne savent trop s'ils doivent se considérer comme protégés ou comme prisonniers. Comment se douteraient-ils que leur insistance, leur comportement, la mission même qu'ils se sont assignée puissent a priori les rendre suspects aux yeux des libérateurs attendus par leurs protégés comme des messies ?

Faut-il penser, avec son beau-père Fredrik von Dardel, qu'une mise en scène a été organisée, qu'on a laissé volontairement Wallenberg dire à tous ses proches, le 17 janvier 1945, son espoir de rencontrer Malinovski et Miklós à Debrecen, pour le piéger à l'arrière des unités combattantes dont il avait capté la confiance et faire croire par la suite à sa disparition en cours de route ?

Toujours est-il que le Suédois et son chauffeur sont stoppés à un barrage ou interceptés par une patrouille en traversant un village à quelques kilomètres de Budapest. Les militaires les forcent à sortir de leur voiture, dont ils tailladent les pneus, et les remettent à des officiers du NKVD qui les ramènent dans la capitale, où ils sont gardés à vue dans des locaux provisoires. Puis, flanqués d'une escorte composée d'un officier russe et de quatre soldats, ils sont embarqués à bord d'un train à destination de la Roumanie. Toutefois leurs gardes leur expliquent qu'ils ne doivent pas se considérer comme prisonniers et qu'on ne les emmène nullement en captivité, mais seulement en « haut lieu ». A preuve : quand le train arrive en gare de Jassy en Moldavie, à proximité de la nouvelle frontière roumano-soviétique, on les autorise à descendre pendant l'arrêt et à aller déjeuner au restaurant Luther. A Moscou, on leur fait, entre autres, visiter le célèbre métro avant de les conduire à pied à l'immeuble-forteresse de la Loubianka, un ancien hôtel du centre transformé en prison de huit étages pour le compte du NKVD, à deux ou trois cents mètres seulement de la muraille du Kremlin. Là, les deux hommes sont immédiatement séparés : ils ne se reverront plus...

Dans la cellule 123, qu'il occupe depuis quinze jours avec le lieutenant Scheuer, l'ex-policier Richter voit arriver Wallenberg le 31 janvier. Le Suédois rédige aussitôt une lettre au directeur de la prison pour protester contre son incarcération et demander à entrer en rapport avec l'ambassade de son pays, à la fois comme citoyen et diplomate étranger. Il remet sa missive au sergent-major de service au rez-de-chaussée. Il raconte en long et en large son aventure à ses deux compagnons de cellule. Durant son premier mois de détention, il paraît confiant en son étoile et garde sa bonne humeur. Il n'est appelé qu'une fois pour un interrogatoire d'une heure et demie. A son retour, il rapporte les propos du commissaire chargé de son dossier : « Nous vous connaissons. Vous appartenez à une famille de grands capitalistes. Vous êtes un espion. » Il ne se plaint d'aucun mauvais traitement. Le 1er mars, Richter est transféré de la cellule 123 à la cellule 91, au sixième étage. Wallenberg reste seul avec Scheuer jusqu'au 18, date à laquelle il est lui-même placé dans la cellule où se trouvait Langfelder avant son transfert à Lefortovo. Ses nouveaux codétenus, Hans Loyda et Wilhelm Roedel, connaissent déjà ses exploits et ses malheurs par Langfelder. Ils vont partager sa détention jusqu'à la mi-mai. Ensuite, tous les trois sont embarqués à bord d'un fourgon cellulaire, qui s'arrête d'abord devant un bâtiment de briques blanchies à la chaux haut de quatre étages, prolongé par deux ailes de trois étages affectant la forme des deux branches de la lettre K : la prison Lefortovo, dans le quartier nord-est de la ville. Par la meurtrière de sa cellule, Loyda peut voir Wallenberg et Roedel descendre du véhicule, entraînés à l'intérieur de la prison. Son propre voyage se poursuivra jusqu'au pénitencier de Boutyrki, un grand ensemble d'une douzaine de bâtisses dans le nord-ouest de Moscou.

Lefortovo est une prison de type « galerie », dont les cellules donnent sur une fosse de cinq mètres de large, au milieu de laquelle trône une rotonde d'où les gardiens peuvent, d'un coup d'œil circulaire, embrasser du regard toutes les portes des cellules. Ils ont des drapeaux à la main pour régler la circulation des détenus sur les passerelles desservant les cellules de sorte que les occupants d'une cellule en cours de transfert vers une autre cellule, vers l'aile administrative, vers les salles d'interrogatoire ou vers le tribunal, n'aient aucune occasion d'en rencontrer d'autres. Il y a en général trois détenus par cellule de 3 × 2,50 mètres que les gardiens surveillent par un judas toutes les deux ou trois minutes. En dépit d'un règlement très strict, la plupart des habitués parviennent à communiquer entre eux au moyen du « téléphone mural », qui consiste à frapper discrètement des coups contre les cloisons selon un code convenu : soit le « système d'idiots », où le nombre de coups correspond aux lettres dans l'ordre alphabétique (1 coup = A, 2 coups = B, 3 coups = C, etc.), soit le système carré où un certain nombre de coups désignent la ligne et un autre la colonne, soit, plus rarement, en morse (un coup fort, un coup bref, etc.). Les parois de briques et les plafonds en voûte des cellules, de même que les conduites d'eau d'un étage à l'autre, se prêtent parfaitement à cette frappe télégraphique, généralement effectuée à l'aide d'un manche de brosse à dents facilement camouflable.

D'autant qu'à l'arrivée de Wallenberg et de Roedel une partie de Lefortovo est un véritable lieu de concentration de diplomates et de fonctionnaires étrangers qui ont été en poste pendant la guerre à Budapest, Bucarest et Sofia, mêlés indistinctement aux prisonniers de guerre allemands. Des membres du personnel des légations allemande et italienne ont été placés dans les cellules du troisième étage. Vilmos Langfelder, le chauffeur de Wallenberg, après trois jours d'isolement, s'y trouve depuis le 22 mars, cellule 105, d'abord en compagnie du caporal-journaliste allemand Erhard Hille jusqu'au 15 avril, puis du radio de l'Abwehr Ernst Huber jusqu'au 1er mai. Il partagera encore cette cellule avec le colonel Kitschmann et le contre-amiral Krafft du 22 juin au début de décembre...

En Europe, la guerre est finie. Le 8 mai, dans toutes

les capitales alliées, on a follement célébré la victoire sur la barbarie nazie. Même Stockholm, capitale neutre, illumine. Raoul Wallenberg aurait dû être de la fête. Pour ses geôliers, il n'est qu'un numéro parmi d'autres : cellule 151 de Lefortovo, qu'il partage avec Roedel. Tous deux s'initient rapidement au code des coups frappés au mur et établissent ainsi des relations durables avec leurs voisins des cellules 149, 150 et 152, dont l'un, Karl Supprian, connaît fort bien Roedel, ainsi qu'avec ceux de la cellule du dessus (202). La nouvelle de la présence d'un diplomate suédois commence à faire sensation. Wallenberg fait connaître sa situation. On échange des adresses. Tantôt en allemand, tantôt en français. Le temps passe sans rien apporter de nouveau. A la fin de l'année 1945, Wallenberg et Roedel sont transférés du troisième au quatrième étage, cellule 203. Ils continuent de correspondre avec leurs voisins du dessous. Wallenberg a pris l'habitude de se faire reconnaître en frappant cinq coups de suite. Au cours de l'été 1946, il manifeste son intention d'écrire une lettre à Staline. Par coups frappés, il demande conseil à deux de ses voisins, le Dr Ernst Wallenstein d'une part, Bernhard Rensinghoff, également ancien membre de la légation allemande de Bucarest, d'autre part. Wallenstein lui suggère de la rédiger plutôt en français et de l'adresser à « Monsieur le Président », avec, comme formule de politesse, l'expression de sa « plus haute considération ». Il faut 146 coups pour épeler le mot « considération ». Cette lettre, écrite dans une langue que Wallenberg domine mal, sollicite de Staline la possibilité d'une prise de contact avec l'ambassade de Suède. Elle est effectivement remise au gardien. Pour toute réponse, Wallenberg est convoqué à un nouvel interrogatoire. Le commissaire lui fait savoir que son cas est « politique » : s'il se considère toujours comme innocent, à lui d'en apporter la preuve, mais il aura du mal, car le fait que ni son ambassade ni son gouvernement n'aient encore rien tenté en sa faveur constitue au contraire le meilleur aveu de sa culpabilité. Le commissaire lui refuse en conséquence la possibilité d'entrer en relation soit avec l'ambassade de Suède, soit avec la Croix-Rouge. « Personne ne veut s'occuper de vous, conclut-il. Si quelqu'un s'était intéressé tant soit peu à vous, il y a longtemps que cette personne aurait effectué les démarches nécessaires pour vous retrouver et aurait intercédé pour vous faire libérer. Or aucune demande de ce genre n'est parvenue à notre gouvernement. »

En rapportant cette conversation à Rensinghoff par le « télégraphe mural », Wallenberg donne le sentiment qu'il se croit abandonné par les siens, par son pays, par ceux qu'il a contribué à sauver, par l'Occident tout entier. Peu de temps après, il disparaît avec Roedel de la cellule 203 et, apparemment, de la prison Lefortovo. Leur départ se situe en février-mars 1947. Les dix prisonniers qui ont été détenus avec lui ou avec Langfelder vont être non seulement interrogés à leur sujet dans les derniers jours de juillet, mais punis pour en avoir parlé autour d'eux : ils se verront condamnés à l'isolement le plus strict soit à la Loubianka, soit à Lefortovo, jusqu'au 27 avril 1948 pour certains...

Tels sont les éléments fournis par le ministère suédois des Affaires étrangères lors de la cordiale entrevue Erlander-Boulganine-Khrouchtchev d'avril 1956 à Moscou. Après plusieurs notes de rappel, l'ambassadeur de Suède, Sohlman, reçoit, le 6 février 1957, du vice-ministre des Affaires étrangères de l'URSS Andrei Gromyko, communication de la réponse des autorités soviétiques qui ont finalement retrouvé... le « dossier » Wallenberg ! Voici les termes du texte, tel qu'il a été transmis le jour même à Stockholm :

A la demande du gouvernement du royaume de Suède, les autorités soviétiques compétentes ont été chargées de procéder à un examen approfondi de l'ensemble du dossier Wallenberg adressé par la Suède en mars, avril et mai 1956 au ministère soviétique des Affaires étrangères.

En conséquence, les autorités soviétiques ont poussé les recherches dans les fichiers des prisonniers les plus anciens. Elles ont encore examiné un à un les procès-verbaux d'interrogatoires, à la recherche d'indications contenant la preuve de la présence de Raoul Wallenberg. Il a été également procédé à l'audition de personnes susceptibles d'être en relation avec les faits mentionnés dans le dossier de la Suède. Aucune personne interrogée ne connaissait le nom de Wallenberg. Tous ces efforts n'ont pas permis de découvrir le moindre indice d'un séjour de Raoul Wallenberg en Union soviétique.

Toutefois, au cours de leurs recherches, les autorités soviétiques ont été amenées à examiner les fichiers des infirmeries de prisons. Elles ont découvert à la Loubianka (Moscou) un rapport manuscrit qui pourrait s'appliquer à Wallenberg. Ce rapport est adressé à Abakoumov, ministre de la Sûreté d'Etat, par A. L. Smoltsov, chef de l'infirmerie, en date du 17 juillet 1947 :

« Je vous informe par la présente de ce que le prisonnier que vous connaissez, Walenberg (sic), est mort subitement dans sa cellule cette nuit. Il a vraisemblablement succombé à un infarctus du myocarde. Conformément aux instructions que j'ai reçues de vous de veiller personnellement à ce Walenberg, je vous prierai de me faire savoir qui devra procéder à l'autopsie afin de confirmer les causes du décès.

« 17 juillet 1947. Signé : Smoltsov, colonel, chef de l'infirmerie de la prison. »

Le même rapport contient une deuxième note manuscrite de ce Smoltsov :

« Ai informé le ministre personnellement. Ordre a été donné de brûler le corps sans autopsie. 17 juillet 1947. »

Aucun autre éclaircissement, sous quelque forme que ce soit : documents ou dépositions de témoins, n'a pu être apporté, d'autant que le nommé Smoltsov est décédé le 7 mai 1953.

Les faits mentionnés permettent cependant de conclure à la mort de Wallenberg en juillet 1947. Il a été manifestement arrêté comme d'autres par les troupes russes en zone d'opérations. Sans doute peut-on affirmer également que l'incarcération ultérieure de Wallenberg, ainsi que les faux témoignages communiqués sur sa personne au ministère soviétique des Affaires étrangères par les responsables des organes de sécurité, sont à imputer aux activités criminelles d'Abakoumov. Plus tard, ce dernier fut jugé, comme on le sait, par la Cour suprême de justice et exécuté pour crimes graves.

L'Union soviétique exprime ses regrets sincères en raison des circonstances et assure le gouvernement du royaume de Suède, ainsi que les proches de Raoul Wallenberg, de sa profonde sympathie.

Ce document a de quoi désespérer la famille du disparu et décevoir l'opinion suédoise mobilisée par sa cause. Mais il constitue à la fois un aveu et un désaveu. Aveu que le sauveur des Juifs de Budapest a bien été arrêté en 1945 par l'Armée rouge et qu'au lieu d'être libéré dès son identité vérifiée et dès les premières démarches suédoises, il a fait l'objet d'un début d'instruction ordonnée par les services de sécurité connus alors sous le nom de NKVD.

Désaveu des services de Beria, qui ont cherché à fabriquer un dossier d'accusation contre Wallenberg en tentant d'orienter dans ce sens l'interrogatoire d'autres détenus, diplomates, agents de la Gestapo, criminels de guerre. On reconnaît l'innocence totale de Raoul Wallenberg, on admet qu'il y a eu faute grave de l'Etat soviétique, imputée, il est vrai, à un défunt,

Abakoumov, ancien chef du Smersh (contraction de l'expression « mort aux espions ! »), puis du NKVD fondus en un seul organisme, tombé après la chute de Beria et fusillé en décembre 1954 pour violation de la légalité socialiste... Mais on clôt aussi l'affaire par l'affirmation sans preuve du décès de Wallenberg dans la nuit du 16 au 17 juillet 1947 à la sinistre Loubianka. Du héros honoré dans les ruines de Budapest, il ne reste rien que ces quelques lignes écrites, comme pour se couvrir, par le chef infirmier de la prison, lui-même décédé.

Du point de vue soviétique, le diplomate qui prétendait représenter la Suède neutre et humanitaire en Hongrie libérée aura donc été tour à tour un hôte protégé, invité à se reposer en URSS avant de regagner Stockholm, un zombi dont on n'a jamais entendu parler, enfin un cadavre volatilisé en 1947 à l'infirmerie de la Loubianka. Renonçant à la version longtemps maintenue de l'assassinat par la Gestapo — le mythe de Katyn [1] —, et de l'inexistence de Wallenberg dans l'espace soviétique, ne cherchant plus à salir sa mémoire, Moscou se borne à transmettre à Stockholm quelques lignes d'un dossier, sans publier toutefois le dossier lui-même, en particulier les « faux témoignages communiqués sur sa personne par les responsables des organes de sécurité ».

La reconnaissance formelle de son innocence place cependant sa famille dans une meilleure position pour en savoir davantage. Une critique du document attestant son décès s'impose d'autant plus qu'il y a mainte-

1. Nom d'un charnier découvert par les Allemands en 1943 lors de la campagne de Russie et attribué aux Soviétiques : il contenait les corps de milliers d'officiers polonais.

nant des témoins qui affirment avoir aperçu, ou cru apercevoir, après sa mort officielle celui que les Russes ont traité en prisonnier politique important de 1945 à 1947.

A partir de la fin des années 1950 commence l'énigme Wallenberg.

15

Un revenant encombrant

En réponse à la nouvelle version soviétique, le gouvernement suédois fait savoir qu'il se réserve le droit de revenir à la charge si des éléments nouveaux parviennent à sa connaissance. Poursuivie par la famille et le comité Wallenberg, la quête des témoins marque cependant un temps d'arrêt, l'URSS ayant achevé de libérer les étrangers amnistiés. Certains vont se manifester tardivement, mais, trop souvent, de façon anonyme ou fantaisiste.

Le premier est un Berlinois désirant conserver l'anonymat. Il se présente au biographe allemand Joseph Wulf après avoir pris connaissance du communiqué suédois. Il a également vu dans la presse à cette occasion des photos de Wallenberg. Or, dit-il, il l'a connu après avoir échappé lui-même à la peine de mort en 1949, cette peine ayant été commuée en travaux forcés à perpétuité. Il avait été conduit alors dans une salle de transit de Lefortovo, où attendaient une cinquantaine de détenus en instance, comme lui, de déportation. Tous étaient russes, dit-il, sauf un : l'étranger lui a adressé la parole dans un allemand teinté d'accent. Il lui confia être un diplomate suédois arrêté par les Russes lors de la prise de Budapest, avoir séjourné à la Loubianka, puis à Lefortovo, où on l'a totalement isolé de ses codétenus à partir du printemps 1947. Interrogé au «troisième degré», ce Suédois venait d'être condamné pour espionnage à vingt-cinq ans de travaux forcés. La conversation dura à peine une heure. Appelé pour rejoindre un convoi de déportés à destination du camp de Vorkouta, le Suédois lui aurait encore dit qu'il avait le sentiment qu'on voulait tout simplement le faire disparaître dans «la nuit et le brouillard».

D'autres témoins tardifs, libérés depuis 1951 de ce camp et rapatriés en Allemagne, se rappellent du coup, à leur tour, avoir rencontré Wallenberg à Vorkouta. Mais leurs souvenirs sont bien vagues et leur témoignage sujet à caution. D'autant qu'en 1959 d'autres rapatriés, apparemment plus dignes de foi, révèlent avoir appris la présence du Suédois lors de leur séjour à la prison Vladimir, à 200 kilomètres à l'est de Moscou, entre 1950 et 1955. Certes, aucun ne prétend l'avoir vu personnellement, mais les uns ont communiqué avec lui en langage codé de coups frappés contre les cloisons, les autres ont entendu parler de lui et de son sort peu commun par des camarades de cellule ayant correspondu ainsi avec lui ou tenant leurs renseignements de compagnons de captivité fréquemment renouvelés.

Ainsi un rapatrié suisse, Emil Brugger, qui avait séjourné dix ans dans des prisons soviétiques, de 1948 à 1958, déclare avoir occupé en 1954 une cellule attenante à celle de Wallenberg, dans le pavillon hospitalier et d'isolement de la prison Vladimir, et avoir échangé avec lui des messages sonores vers la fin de juillet ou le début d'août. Il en a d'ailleurs fait état à d'autres codétenus qui pourraient en témoigner. Un rapatrié finlandais, Mäntyen, fait une déclaration analogue portant sur l'année 1953.

A son tour, un rapatrié autrichien, qui a séjourné dans des prisons soviétiques entre 1945 et 1955, déclare avoir partagé une cellule avec Wallenberg, sans toutefois savoir qui il était et juste le temps que l'officier responsable vienne le rechercher aussitôt, lui intimant l'ordre de ne parler à personne de cette rencontre fortuite.

Deux rapatriés allemands, H. T. Mulle et G. Rehekampff, déclarent séparément avoir appris, à diverses occasions et par un seul et même codétenu soviétique de la prison de Vladimir, la présence du Suédois dans le bâtiment n° 2 — isolement hospitalier — au début des années 1950.

Fort de ces éléments nouveaux et stimulé par May von Dardel, qui, de son côté, s'apprête à écrire à Khrouchtchev, le gouvernement suédois, dans une note remise le 9 février 1959 par son ambassadeur Sohlman au vice-ministre Zacharov à Moscou, demande que soit entreprise une enquête sur l'éventuel séjour de Wallenberg à la prison Vladimir.

Dès le 6 mars, le ministère informe l'ambassade des résultats négatifs de la nouvelle enquête, rappelant au surplus que Wallenberg est décédé depuis juillet 1947. Le 27 juin, l'ambassadeur Rodionov exprime devant Sohlman l'espoir que cette question ne puisse plus être utilisée pour envenimer les relations entre leurs deux pays. Elle revient tout de même sur le tapis, le 18 juin, avec un mémoire remis au ministère des Affaires étrangères de l'URSS, faisant état des nouveaux témoignages avec leurs sources : « Il n'y a pas lieu de supposer que ces témoignages ont été faits dans l'intention de répandre des informations mensongères. Il paraît également improbable qu'ils résultent de confusions de noms ou d'erreurs de mémoire. Aussi notre ministère considère-t-il nécessaire d'essayer d'éclaircir la question du destin de Wallenberg en renouvelant sa demande d'enquête. »

Moscou fait cette fois la sourde oreille. Le 25 avril

1960, deux conseillers à la Cour suprême de Suède, chargés, comme leurs prédécesseurs en mars 1956, d'examiner la documentation réunie par le ministère des Affaires étrangères, concluent que, « selon la loi suédoise, l'enquête indique, sans toutefois apporter de preuve définitive, que, vraisemblablement, Wallenberg était encore en vie, tout au moins au début des années 1950, et se trouvait alors en prison à Vladimir ».

Une preuve que Wallenberg peut être vivant, le Premier ministre Tage Erlander croit enfin la détenir quand, le 9 février 1961, il écrit à Khrouchtchev pour lui faire connaître un témoignage tout à fait différent des précédents, puisqu'il émane d'une Suédoise, professeur de médecine, invitée récemment à un symposium international à Moscou : le Dr Nanna Svartz, médecin-chef de la section de médecine interne à la clinique universitaire de Stockholm. Il se trouve que cette doctoresse a collaboré pendant de nombreuses années avec le beau-père de Wallenberg, le Dr Fredrik von Dardel, à l'hôpital Karolinska, et qu'elle soigne actuellement la mère de Raoul, May von Dardel.

« Elle m'a informé, écrit Erlander, qu'à cette époque (à la fin du mois dernier) Wallenberg était toujours en vie et qu'il se trouvait dans un hôpital psychiatrique à Moscou. Son état de santé serait mauvais. Mme Svartz a reçu cette information d'un représentant éminent, mondialement connu, de la médecine soviétique. Le mieux serait qu'un médecin suédois se rende immédiatement sur place afin de déterminer avec ses collègues soviétiques les soins à donner et le moyen de transport à envisager pour assurer convenablement le rapatriement de Wallenberg en Suède. »

Le 27 janvier, en effet, le Dr Nanna Svartz a eu l'occasion d'évoquer la question qui lui tient à cœur avec le professeur A. L. Myasnikov, qu'elle connaissait depuis quelque temps. En allemand, elle lui a demandé s'il était au courant et il lui a répondu d'un signe de tête affirmatif. Comme elle faisait état des derniers renseignements dont disposait la famille, son interlocuteur lui a dit subitement : « La personne dont vous parlez est en très mauvais état. » Il a ajouté à voix basse qu'elle se trouvait en traitement dans un hôpital psychiatrique.

« Excusez-moi, je vais chercher un de mes collègues et lui demander conseil. » Il a quitté la pièce pour revenir quelques instants plus tard avec ce médecin, qu'il a laissé seul en présence de Mme Svartz. Celui-ci lui confirme qu'il sait de quoi il s'agit. Il lui pose néanmoins des questions sur la carrière du disparu, lui demande d'écrire son nom sur un papier, et promet de faire tout ce qui est en son pouvoir pour l'aider. Nanna Svartz lui dit que tout le peuple suédois serait reconnaissant à l'URSS de rendre Wallenberg, même s'il est gravement malade physiquement et psychiquement. « Cette affaire nous tient très à cœur et il en est de même pour notre gouvernement. » Dans le feu de la conversation, elle mentionne le nom du ministre adjoint soviétique Semionov, dont elle a fait la connaissance lors de la visite de ce dernier en Suède. « Vous devriez vous adresser à lui, suggère alors son interlocuteur. Je pense que, si Wallenberg est encore en vie, vous n'auriez pas la possibilité de le ramener en Suède avec vous, même en tant que médecin, mais vous devriez en parler tout de suite à Semionov. »

A son retour à l'hôtel, Nanna Svartz réussit à obtenir le numéro de téléphone de la secrétaire de Semionov aux Affaires étrangères. Elle appelle, mais on lui fait savoir que le ministre adjoint est en voyage à l'étranger.

Le soir, elle se rend au banquet donné en l'honneur des congressistes. Elle dit à son interlocuteur de l'après-midi qu'elle n'a pu joindre Semionov. Il lui conseille de lui écrire une lettre en se recommandant de lui-même et du professeur Myasnikov. Ils en ont d'ailleurs discuté tout à l'heure, pendant son absence, et ils sont tombés d'accord : un éventuel transfert de Wallenberg, « s'il est encore en vie », ne pourrait être envisagé que par voie diplomatique et non par une intervention médicale.

Dès son retour en Suède, le Dr Svartz fait part à Tage Erlander des termes de cet entretien, tels qu'elle les a notés après coup. D'où la lettre du Premier ministre, que l'ambassadeur Sohlman remet personnellement à Khrouchtchev le 25 février. En parcourant cette missive devant lui, le maître du Kremlin se contente de lever les épaules en soupirant : « Il n'y a rien à ajouter à notre dernière réponse. »

Nanna Svartz a écrit de son côté au professeur Myasnikov pour lui exprimer l'espoir d'aller bientôt le revoir à Moscou. Elle a également adressé, comme convenu, une lettre au ministre adjoint Semionov. Myasnikov seul lui répond qu'il est prêt à la recevoir. La doctoresse suédoise reprend donc, fin mars, le chemin de Moscou. Elle a une première conversation avec son correspondant, en présence d'une autre personnalité scientifique. Elle lui demande s'il lui serait au moins possible de se rendre au chevet de Wallenberg en tant que médecin.

« Cela ne peut être décidé qu'en haut lieu, s'il n'est pas mort.

— En ce cas, il serait mort récemment », réplique-t-elle.

Plus tard, elle retrouve Myasnikov en tête à tête. Il a le visage légèrement empourpré et lui lance d'un ton de reproche :

« Vraiment, vous n'auriez jamais dû faire part à votre gouvernement de notre rencontre. Un quiproquo malencontreux est certainement né de mon mauvais allemand et vous a fait croire que j'étais au courant du cas

Wallenberg que vous veniez vous-même de m'exposer. Or il n'en était rien. Le pire, c'est que j'ai été convoqué par Khrouchtchev. Il était au courant de notre conversation, ou plutôt de l'interprétation que vous en avez faite, et il m'a passé un savon ; car, en vérité, nous n'avions émis ensemble que des hypothèses et je ne savais rien du sort de votre Wallenberg. »

Tout ce que peut faire Myasnikov pour lui être agréable, c'est de lui donner le numéro privé de Semionov. Mais, une fois de plus, elle ne parvient pas à obtenir le ministre adjoint au bout du fil. Elle se contentera donc de lui écrire à nouveau en demandant à être reçue le plus rapidement possible. Elle se dit prête à revenir à Moscou autant qu'il le faudra. Mais cette lettre, comme la première, restera sans réponse.

Or, en mai 1962, une nouvelle occasion se présente pour le Dr Svartz : la voici invitée derechef à un congrès de recherche scientifique à Moscou. Elle retrouve donc son collègue, le professeur Myasnikov, mais celui-ci lui tourne ostensiblement le dos. Quand elle parvient à lui adresser la parole — toujours en allemand —, il la toise avec hauteur : pas question, lui fait-il comprendre, d'aborder son sujet favori. D'ailleurs il se refuse désormais à lui accorder tout entretien de caractère privé. Impossible désormais de l'approcher, même par d'autres canaux. Plus d'une année s'écoule encore.

May von Dardel, la mère de Raoul, rencontre un ancien bagnard soviétique du nom de Kozlov, qui lui dit sortir d'un camp terrifiant, sur l'île Wrangel, où l'on pratique des expériences sur les détenus : « Parmi nous, il y avait un Suédois... »

Le 17 août 1962, le Premier suédois convoque l'ambassadeur soviétique, Gusev, pour lui faire part de son mécontentement, n'ayant jamais obtenu de réponse écrite de Khrouchtchev à sa lettre de l'année précédente.

« Vous comprenez bien, lui dit-il, que cette situation me préoccupe sérieusement. En premier lieu, cette affaire entrave le développement harmonieux et amical des relations entre nos deux pays, auquel j'attache une grande importance. Il s'agit tout de même d'un de nos diplomates capturé il y a maintenant dix-sept ans par votre armée ou votre police politique. Mais je pense également à l'aspect humain. C'est un principe généralement admis que les membres d'une famille, que les circonstances ont séparés et désireux de reprendre mutuellement contact, puissent avoir accès à toute information les concernant et obtenir le droit de se réunir quels que soient leur lieu de résidence, leur état de santé, etc. Il ne s'agit pas d'un principe seulement théorique... Nous ne pouvons donc considérer l'affaire Wallenberg comme close et sommes décidés à poursuivre nos efforts... »

Le 17 mai 1963, le ministre suédois des Affaires étrangères, Nillson, vient relancer directement Khrouchtchev à Moscou. Mais ce dernier regrette une fois de plus de n'avoir rien à ajouter à ce qui a été dit auparavant.

Profitant, à la mi-mars 1964, d'une visite de M. Gromyko en Suède, Erlander propose d'organiser une entrevue entre Mme Svartz et le professeur Myasnikov.

Au début de mai, alors que Khrouchtchev est appelé à rendre bientôt à la Suède la visite de son Premier ministre en URSS, le Dr Nanna Svartz reçoit une lettre du professeur Myasnikov datée du 29 avril :

Je vous écris au sujet des nouvelles répandues par la presse suédoise quant au destin de Wallenberg. On m'a cité comme une source de renseignements que je vous aurais donnés lors de votre séjour à Moscou en 1961. Comme vous vous en souvenez certainement, je vous avais dit alors ne rien savoir de cette personne, ne jamais avoir entendu prononcer même son nom auparavant et n'avoir donc aucune idée de son état, vivant ou mort. Je vous ai conseillé en conséquence de vous adresser, par l'intermédiaire de votre ambassadeur, à notre ministère des Affaires étrangères. Quand vous m'avez demandé d'interroger personnellement à ce sujet M. Nikita S. Khrouchtchev dont, selon vous, je serais le médecin attitré, je vous ai répondu que notre secrétaire général était en excellente santé et que, de toute façon, je n'étais pas son médecin.

A cause d'un malentendu que je m'explique mal, mon bref entretien avec vous, qui a eu lieu en allemand (langue que je ne maîtrise peut-être pas assez bien), a été interprété de travers par les milieux officiels de votre pays. Au demeurant, j'ai appris depuis que Raoul Wallenberg était mort en 1947 et que notre gouvernement en avait déjà fait part au vôtre, ainsi qu'à la famille du défunt.

Le 28 mai, Nanna Svartz répond au professeur Myasnikov en récapitulant en détail les propos échangés, selon elle, au cours de leur premier entretien de janvier 1961 et, par la suite, seule à seul ou en présence de tiers. A propos des prétendues difficultés de compréhension à travers la langue allemande, elle lui rappelle les discussions qu'ils avaient déjà eues en Suède, pendant la précédente décennie, sur de tout autres sujets : tous deux s'étaient parfaitement compris à l'époque, tant sur les questions que sur les réponses. Il ne pouvait pas ne pas en être de même pour leurs conversations ultérieures. Elle conclut en renouvelant son espoir fervent et pressant de voir l'URSS prendre rapidement des dispositions pour hâter le retour de Wallenberg en Suède. Mais tous les efforts de Nanna Svartz pour renouer le dialogue avec les scientifiques soviétiques de sa connaissance demeurent aussi vains.

Le mois suivant, la visite en Suède de Khrouchtchev — remise depuis le mois d'août 1959 pour des raisons de politique internationale — fait, encore une fois, renaître les plus folles espérances. Mais, dès le 11 juin, le vice-ministre Orlov prévient l'ambassadeur Jarring : les témoignages sur la survie de Wallenberg après 1947 sont dus à des erreurs ou à des machinations anti-soviétiques.

Dans le communiqué publié le 26 juin à l'issue du voyage officiel de Khrouchtchev, une seule allusion, bien vague, à ce problème d'intérêt national pour la Suède qu'est la récupération de son diplomate : *Les entretiens, qui se sont déroulés dans un climat de cordialité et sans contrainte, ont porté sur une série de questions relatives à la situation internationale et sur certaines autres questions importantes pour les relations suédo-soviétiques.*

Tage Erlander précise toutefois devant la presse qu'il a redit à son illustre hôte toute l'importance que la Suède attache à l'affaire Wallenberg.

Nous sommes profondément déçus, ajoute-t-il, que l'Union soviétique n'ait pas été capable de faire davantage pour l'éclaircir. Nous n'en abandonnerons pas pour autant nos efforts...

Khrouchtchev, de son côté, ne cache pas sa surprise quant à l'entêtement du gouvernement suédois à revenir sur une question qui ne peut comporter d'autre réponse que celle déjà fournie en 1957. Il s'agit d'un regrettable litige dû aux crimes de la période stalinienne, dont il ne peut endosser la responsabilité...

Nanna Svartz, pour sa part, tente d'arranger une troisième rencontre avec le professeur Myasnikov. Celui-ci se dérobe toujours.

Au nouvel ambassadeur suédois Jarring, venu discuter avec lui, le 11 mai 1965, des témoignages de la doctoresse, le professeur oppose un démenti catégorique aux paroles qu'elle lui a prêtées, en présence d'un fonctionnaire du ministère soviétique des Affaires étrangères.

Jarring lui propose une rencontre à trois, sous sa houlette, pour essayer de mettre les choses au point.

Or une nouvelle opportunité va se présenter, un mois plus tard, avec un second voyage du Premier ministre Tage Erlander à Moscou, sur l'invitation du successeur de Khrouchtchev (démis de ses fonctions huit mois plus tôt), Alexis Kossyguine.

« Pas d'autre ombre sur le développement de nos relations, constate l'homme d'Etat suédois, que l'affaire Wallenberg, sur laquelle nous réclamons que soit faite toute la lumière. »

A cette fin, il résume en trois points les explications qu'il attend :

a. Dans la réponse soviétique de 1957, on indique l'existence d'une note concernant une personne « Walenberg », décédée au mois de juillet 1947, qu'il y avait lieu de considérer comme relative à Raoul Wallenberg. A travers les déclarations ultérieures du gouvernement soviétique, il semble ressortir que cette supposition est maintenant devenue certitude. Du côté suédois, il serait important d'avoir accès aux enquêtes entreprises ces dernières années, et qui ont abouti à ce changement.

b. Les points de vue soviétiques, ainsi qu'une réfutation éventuelle concernant les témoignages déposés par des prisonniers rapatriés, et selon lesquels Wallenberg aurait séjourné en prison à Vladimir après 1947. Ces témoignages ont été examinés par d'éminents juristes suédois, qui ont conclu à leur concordance et à leur fiabilité.

c. Le témoignage du professeur Svartz concernant son entretien à Moscou avec un scientifique soviétique, début janvier 1961, a été contesté par celui-ci. Ce malentendu doit être éclairci.

Le Premier soviétique se borne à regretter l'absence de dossier à ce nom dans les archives :

« On peut tout au plus conclure à la mort par infarctus en 1947 à l'infirmerie de la Loubianka d'un Walenberg qui est peut-être le Wallenberg que vous cherchez, et dont les restes ont été brûlés sans autopsie préalable. Il n'existe aucune autre trace, aucun autre document, aucun indice de l'existence postérieure de Wallenberg dans les prisons soviétiques. Un chef de gouvernement peut rapidement faire retrouver un vivant, mais pas un mort… »

Conformément à ce qui a été convenu au début de ce pathétique entretien, Kossyguine confirme qu'il ne s'oppose pas à une confrontation Svartz-Myasnikov devant témoins.

L'entrevue a lieu effectivement le 6 juillet, en présence de l'ambassadeur Jarring et de deux représentants du ministère soviétique des Affaires étrangères, dont l'un sert d'interprète. La conversation se tient en effet cette fois en russe et en suédois. Elle va durer trois heures.

Nanna Svartz rappelle d'abord toutes les raisons qui l'ont poussée à s'enquérir du sort de Wallenberg. Outre sa familiarité avec les von Dardel, il y a une étrange coïncidence de dates : 17 juillet 1947, mort théorique de Raoul, découverte seulement dix ans plus tard par le nouveau régime soviétique. 27 juillet 1947, interrogatoires par le NKVD de la dizaine de détenus de la Loubianka et de Lefortovo qui avaient eu à partager leur cellule soit avec Wallenberg, soit avec son chauffeur Langfelder, disparu lui aussi sans sépulture. 18 août 1947, démenti catégorique de toute détention de ces deux hommes sur le territoire contrôlé par le pouvoir soviétique… Sans compter les témoignages de prisonniers rapatriés.

En second lieu, la doctoresse évoque les circonstances de ses précédents entretiens avec son interlocuteur et avec un collègue de celui-ci, et les termes qu'elle en a notés après coup et qui prêtent difficilement à équivoque. Elle avance enfin l'idée que, ces dernières années, Wallenberg a pu séjourner en des lieux non connus des actuels dirigeants soviétiques et qu'il doit exister encore des possibilités d'investigation...

Le professeur Myasnikov veut bien admettre la noblesse des sentiments qui animent son interlocutrice, mais, pour le reste, il ne se reconnaît aucun rôle dans cette affaire. Il n'en avait jamais entendu parler avant sa conversation initiale avec le Dr Svartz. Il lui avait alors simplement répondu : « Si cette personne est en vie, peut-être est-elle malade ou en traitement. » Son interlocuteur aurait pris ses suppositions pour des affirmations, à cause de son mauvais allemand.

Au terme de la discussion, chacun campe sur ses positions. Et, une fois de plus, au moment où l'on croit avoir avancé dans la quête de la vérité, et où l'on espère obtenir un résultat concret, l'ombre de Wallenberg s'efface dans le brouillard. Le professeur Myasnikov meurt quelques mois plus tard, en emportant son secret — s'il en avait un — dans sa tombe. Le comité Wallenberg se disperse ; le gouvernement suédois, sans se désintéresser tout à fait du problème, ne peut éternellement présenter la même requête sans apporter de faits nouveaux. Reste la famille, qui ne renonce pas, en liaison avec des amis diplomates, auxquels elle soumet les témoignages qu'elle ne cesse de recevoir. Mais ils font trop souvent état de renseignements invérifiables ou manifestement erronés. Au début des années 1970, des agents de la CIA proposent leur concours pour tenter de recouper ces renseignements, notamment avec des photos prises par satellite des camps secrets de l'île Wrangel, sous le cercle polaire de l'océan Arctique. Mais le secrétaire d'Etat américain Henry Kissinger y met un veto catégorique, parce qu'il se dit « irrité » des sympathies de la Suède social-démocrate pour le Nord-Viêt-nam !...

Jusqu'à leur mort, en mars 1979, les von Dardel n'en finiront pas cependant, avec l'appui d'une poignée d'intrépides journalistes suédois, de cerner les traces de leur cher disparu. En 1972, un Juif soviétique établi en Israël après dix années de goulag, Avraham Shifrin, fait la connaissance d'un ancien agent du Smersh, Efim Moshinsky, qui a servi dans l'Armée rouge à Budapest au début de 1945. Cet immigrant lui confie que, interné jusqu'en 1962 au camp secret de Wrangel, dont une zone est réservée aux détenus étrangers, il a correspondu de baraquement à baraquement avec un Suédois dont il est certain qu'il s'agit de Wallenberg. Il accepte de faire une déposition en ce sens devant un officier ministériel de l'ambassade des Etats-Unis à Tel-Aviv. Les emplacements qu'il décrit correspondent en tous points aux clichés des satellites américains.

En 1973, une équipe de télévision suédoise vient prendre à ce sujet une interview de Shifrin. La diffusion de cette interview à Stockholm provoque la réaction d'un téléspectateur d'origine hongroise, qui écrit avoir séjourné en compagnie de Wallenberg à un moment de l'année 1967 dans un camp de la région orientale d'Irkoutsk réservé aux étrangers : il croit savoir que le Suédois venait alors du camp de l'île Wrangel.

Si Wallenberg est vraiment passé par le bagne, à plus forte raison dans des camps à régime punitif et où l'on pratiquait des expériences médicales comme le prétendait, en 1962, le nommé Kozlov, il ne reste guère d'espoir qu'il puisse être encore en vie. Mais on est en droit de douter de ce genre de témoignage, l'enquête menée à l'époque par la diplomatie suédoise ayant conclu à l'inexistence d'un tel camp « expérimental ». Cet exemple de fabulation probable n'est sans doute pas unique. Alors ? Faut-il qu'elle ait la foi chevillée au corps, cette May von Dardel, déjà à bout de forces, pour s'adresser en 1973 au ministre de la Justice soviétique, Vladimir Teribilov, en ces termes déchirants : « J'ignore les raisons qui président à cette détention indéfinie de mon fils. Si, par mégarde, il lui était arrivé d'enfreindre les lois de votre société, le prix en aura été suffisamment payé... J'ai maintenant plus de quatre-vingt-deux ans et mon mari quatre-vingt-neuf. Pour tous deux, ce serait un bonheur incommensurable de pouvoir, une fois avant de mourir, serrer entre nos bras notre Raoul bien-aimé... »

Pas de réponse, bien sûr, mais de nouveaux espoirs vont naître avant leur mort. En 1976, Shifrin — toujours lui — est informé du retour en Roumanie, via la Chine, de trois officiers roumains capturés en 1944 et libérés en 1970 d'un camp spécial pour étrangers derrière le lac Baïkal, en Asie soviétique. L'un d'eux a donné de ce camp une description qui semble correspondre à celle faite par le téléspectateur hongrois de Stockholm. Shifrin le fait contacter par un ami pour savoir s'il y a connu un Wallenberg. La réponse est positive. Un journaliste suédois, aussitôt alerté, cherche à joindre cet officier. Il apprend qu'il est en prison à Bucarest avec ses deux camarades.

Un an plus tard, ces officiers sont relâchés, mais introuvables à leur ancienne adresse. Le journaliste suédois réussit toutefois à mettre la main sur l'un d'eux au printemps 1978. Mais le Roumain se met à trembler devant son micro et refuse finalement de parler. On n'en saura pas davantage.

Cependant, les recherches vont connaître un rebondissement spectaculaire, à la fin de cette année-là, avec le témoignage d'un autre immigré d'Israël : Abraham Kalinski, un des rares capitaines juifs de l'armée polonaise, agent de liaison auprès du ministère soviétique de la Défense pendant la guerre, arrêté à Moscou en 1944 par le NKVD. Il a passé quinze ans dans les prisons soviétiques. Il n'est arrivé en Israël qu'en 1976 et s'est installé à Naharya, station balnéaire proche de la frontière libanaise. Il n'a pris conscience de l'importance de l'affaire Wallenberg qu'à la lecture d'une déclaration récente du célèbre chasseur de nazis, Simon Wiesenthal, plaidant pour un boycott des Jeux de Moscou en relation directe avec le cas du diplomate suédois disparu. Or ce nom de Wallenberg ne lui était pas inconnu. Ayant appris entre-temps qu'il avait servi à Budapest à la fin de la guerre, il vient, en novembre, faire part à Shifrin de ses doutes et de ses souvenirs. Shifrin le met aussitôt en rapport avec l'ambassade de Suède à Tel-Aviv.

Kalinski a entendu parler de Wallenberg pour la première fois en 1951 ou 1952 par un nouveau compagnon de cellule à la prison de Vierchnei Ouralsk, dans la région de Tcheliabinsk : « Un établissement de luxe pour détenus politiques », dit-il. Ce prisonnier lui était décrit comme un « Suédois noble et naïf qui ne comprenait pas pourquoi il était condamné comme espion ». Il a pu le voir de ses propres yeux, ajoute-t-il, lors d'un transfert collectif des prisonniers politiques à la prison centrale d'Alexandrovski, dans le district d'Irkoutsk, en Sibérie. C'était après la mort de Staline en 1953 et il fallait faire de la place pour les collaborateurs de Beria tombés en disgrâce. Le Suédois portait une veste matelassée brune. Il s'est engouffré dans un wagon de marchandises. Il aurait séjourné à Alexandrovski jusqu'en 1955, date à laquelle il aurait été transféré à Vladimir. Kalinski y occupait déjà la cellule 21 du bloc n° 2. Il apprit bientôt, par un codétenu géorgien, Simon Gogobéridzé, que Wallenberg se trouvait dans la cellule 23. Il prétend l'avoir aperçu un jour par une fenêtre dans la cour de promenade, en compagnie d'un ancien collaborateur de Beria nommé Maloumov, et de l'ancien secrétaire du comité central de Géorgie, un certain Charia. C'était le 29 octobre 1959.

Libéré ce jour-là, Kalinski a eu l'occasion de revoir à Tbilissi, capitale de la Géorgie, son ancien compagnon de cellule Gogobéridzé, élargi seulement en 1967. Ce dernier lui avait affirmé que Wallenberg était toujours détenu à Vladimir quand il avait quitté la prison. De passage à New York, le 20 décembre 1978, Kalinski confirme sa déposition devant deux hauts fonctionnaires du ministère suédois des Affaires étrangères. Il y ajoute une pièce à conviction : une carte postale qu'il avait envoyée de Vladimir en 1959 à sa sœur, déjà installée à Haïfa, et sur laquelle il avait écrit en yiddish cette phrase destinée à tromper la censure : « Ai rencontré un Suédois qui a sauvé des Juifs de *Roumanie*. » Détail supplémentaire qui va se révéler capital par la suite : il vient d'entendre parler à Detroit d'une Juive d'URSS immigrée en Israël, qui avait reçu un étrange coup de téléphone de son père, un antiquaire du nom de Jan Kaplan, contraint de rester, lui, à Moscou avec sa femme. Il venait de purger trois ans de prison à Boutyrki, de 1974 à 1977, et comme sa fille s'inquiétait de son état, il aurait dit :

« Trois ans, ce n'est rien. L'été 1975, j'ai rencontré à l'infirmerie un Suédois emprisonné depuis trente ans, et il n'allait pas mal du tout. »

Pourquoi Kalinski croit-il qu'il s'agit de Wallenberg ? Parce qu'il n'y a, à sa connaissance, qu'un autre Suédois détenu en URSS, nommé Erik Andersson, et celui-là est fou : il l'a également rencontré. En second lieu, on survit mieux en prison que dans les camps : à l'infirmerie de Boutyrki, on ne soigne que les cas bénins venant d'un peu toutes les prisons, notamment de Vladimir, distante de 180 kilomètres.

Le 3 janvier 1979, le gouvernement suédois alerte les autorités soviétiques sur l'existence d'un fait nouveau. Entre-temps, Kalinski, de retour en Israël, vient trouver la fille de Kaplan, le Dr Anna Bilder, dont il a obtenu l'adresse par des cousins à elle installés à Detroit et qu'elle avait informés, sans en saisir le sens, l'importance et l'imprudence, des paroles de son père au téléphone. C'est une grande et belle jeune femme brune qui tient depuis six ans un cabinet de dentiste à Jaffa, et vient juste d'accoucher. Kalinski la met en rapport avec l'ambassade de Suède à Tel-Aviv.

Le Dr Bilder, qui ne sait pas encore de quoi il s'agit, raconte qu'elle a reçu un premier appel de son père, en octobre 1977, à sa sortie de prison. Il avait été condamné en 1974 à huit ans de prison pour un prétendu trafic de diamants, lié en fait à sa demande de visa de sortie pour émigrer en Israël. Souffrant de l'estomac et du foie, il a été incarcéré à l'infirmerie de Boutyrki, puis a bénéficié d'une grâce médicale. Sa conversation téléphonique est bien celle qui a été rapportée à Kalinski. Mais son père l'a rappelée pour le réveillon de fin d'année, en lui demandant si « elle avait bien compris pour le Suédois ». Ignorant de qui il s'agissait, elle n'y avait pas prêté attention jusqu'à la correspondance échangée avec ses cousins d'Amérique. Mais de ses parents à Moscou, elle n'a pas reçu depuis d'autres nouvelles.

Il lui faudra attendre plus de six mois encore pour en avoir. En juillet 1979 lui parvient, par des voies détournées, une lettre clandestine de sa mère, Evguenia Kaplan, datée du 14 juin. Elle lui apprend que son père a été arrêté peu de temps après lui avoir téléphoné, parce qu'il a voulu lui écrire au sujet du Suédois. Il a disparu depuis. Anna Bilder remet copie de cette lettre à l'ambassade de Suède à Tel-Aviv qui fait aussitôt venir la demi-sœur de Wallenberg, Nina Lagergren : celle-ci a repris, avec son frère, le professeur Guy von Dardel, le flambeau de ses parents et ranimé le comité Wallenberg. La dentiste de Jaffa accepte de rendre public le texte de cette lettre :

Ma chère Anna, je t'écris cette lettre avec l'espoir qu'elle te parviendra. La même chose est encore arrivée à ton père. Il y a maintenant un an et demi qu'il est en prison. Il n'y a plus rien à perdre maintenant [à le dire]. Je n'ai pas pu t'écrire pendant tout ce temps, surtout parce que tu étais enceinte.

J'ai perdu tout espoir après avoir été convoquée par le KGB à la Loubianka, où l'on me dit que tout cela était arrivé à cause d'une lettre concernant je crois un Suisse ou un Suédois du nom de Walleberg [sic], que ton père avait connu à l'infirmerie de la prison.

Il avait écrit une lettre sur Walleberg [sic], et il tenta de la faire poster par l'intermédiaire d'un touriste. Tous les samedis, il allait à la synagogue pour essayer d'en trouver un. Mais tout le monde avait peur de prendre la lettre. Un samedi, il réussit à la remettre à un touriste qui lui promit de t'envoyer cette lettre par Vienne ou par l'Allemagne.

Le vendredi 4 février [1978], notre maison fut perquisitionnée de fond en comble, et ils emmenèrent ton père avec eux. Depuis, il a été à Lefortovo et à la Loubianka, et j'ai maintenant perdu tout espoir de le revoir un jour.

Lorsque je fus convoquée en mai dernier à la Loubianka, un colonel très en colère me déclara en criant que les autorités soviétiques avaient fait preuve de beaucoup d'humanité en libérant ton père parce qu'il était malade, et que, pour tout remerciement, il avait envoyé en Israël une lettre d'espionnage antisoviétique.

Il me dit qu'en Israël ma fille s'était lancée dans la propagande antisoviétique. Puis un peu plus tard il baissa le ton et me dit : « Si votre fille souhaite revoir un jour son père, elle doit cesser toute cette campagne d'agitation contre sa patrie. » Il me dit encore que ton père était en bonne santé, mais que son sort dépendait de la conduite de sa fille en Israël — autrement dit que tu devais te taire.

Je ne sais pas si moi je dois me taire, ou parler. Il y a des gens qui disent que la presse peut aider. J'ignore la réponse. Ici, nous sommes comme des chiots aveugles, et tu peux certainement voir plus clair. J'ai peur de ne jamais vous revoir, ni toi ni tes enfants.

Pourquoi ton père a-t-il cru devoir se mêler de cette affaire ? Il ne s'était jamais occupé de politique.

Je ne sais pas ce qu'est devenue la lettre que ton père avait confiée à ce jeune étranger ; peut-être était-il un agent de la Loubianka. Je n'espère plus rien désormais. Tout cela à cause d'une lettre concernant un malheureux prisonnier. Que peut-on donc attendre de bon ici ? C'est pourquoi, après tout ce temps, j'ai décidé de te dire la vérité.

La publication de cette lettre dans la presse israélienne et suédoise relance, en plein mois d'août 1979, la polémique avec les autorités soviétiques. Mais surtout elle mêle directement la diplomatie américaine au concert de protestations qui s'élèvent de toutes parts. Le Département d'Etat américain demande pour la première fois des explications à Moscou. Le 25 août, le Premier ministre de Suède, Ola Ullstein, adresse la première requête officielle depuis quatorze ans à M. Kossyguine au sujet du sort de Wallenberg, pour exiger un réexamen du dossier à la lumière des nouveaux témoignages, demandant notamment à pouvoir faire entendre le détenu Jan Kaplan, où qu'il se trouve, par un représentant suédois.

« Nous présumons toujours que des citoyens disparus sont en vie jusqu'à ce que nous recevions des preuves convaincantes du contraire », commente le ministre des Affaires étrangères. Le Premier ministre d'Israël,

Menahem Begin, intervient personnellement auprès du président Jimmy Carter pour que le problème soit abordé à son prochain sommet avec Leonid Brejnev.

Quant à Anna Bilder, elle écrit tous azimuts à Begin, à Carter, au sénateur Kennedy, au roi de Suède, au pape même, pour que l'on recherche, l'on retrouve, l'on sauve son père malade, âgé de soixante-sept ans et disparu depuis plus de dix-huit mois.

Lorsque, le 17 janvier 1980, les comités Wallenberg, éclos un peu partout en Occident, célèbrent le trente-cinquième anniversaire de la disparition du Juste de Budapest, l'affaire Wallenberg est devenue l'affaire Kaplan.

Ainsi aura-t-il fallu plus d'un tiers de siècle pour que, par ce biais incertain, le cas Wallenberg soit enfin porté à la connaissance de l'opinion mondiale. Un cas exemplaire de la question des personnes portées manquantes ou disparues dont va s'emparer la Commission des droits de l'homme de l'ONU, réunie à Genève le 4 février 1980, en dépit de l'opposition conjointe de l'URSS et de l'Argentine, pour le triomphe de la vérité sur l'universelle barbarie de l'arbitraire et du mensonge érigés en système de gouvernement.

Epilogue

Le crime du 17 juillet 1947

A la fin de l'année 1979, l'ambassadeur du royaume de Suède au Canada a quitté son poste pour se consacrer à la campagne internationale lancée par le comité Wallenberg à l'approche des jeux Olympiques de Moscou. Il s'agit de Per Anger, l'ancien secrétaire de la légation de Budapest qui dirigeait la section B, chargée de distribuer les premiers passeports de protection avant l'arrivée de Raoul Wallenberg, et qui collabora avec lui jusqu'à ce que la ligne du front vienne les séparer durant la dure bataille de Budapest.

Per Anger a également publié ses Mémoires, dans lesquels il accuse sans ménagement excessif son gouvernement d'avoir sacrifié le disparu sur l'autel de la neutralité et de la détente à tout prix. « On a voulu amadouer les Soviétiques, dit-il, sans tenir compte du fait que le langage de la fermeté paie toujours davantage avec eux. » Un exemple : alors même qu'ils niaient savoir quoi que ce soit du sort de Wallenberg, les Russes cherchaient en fait à lier son cas à celui de leurs espions démasqués et détenus en Suède. Or, pour finir, la Suède a permis le retour en URSS de ces agents sans chercher à le marchander par quelque échange.

Il serait cependant injuste de reprocher aux autorités suédoises d'avoir manqué pour autant de constance dans les démarches entreprises pour retrouver leur diplomate. Elles s'y sont employées dès le 14 janvier 1945, au lendemain de l'entrée de l'Armée rouge à Pest.

On peut néanmoins s'interroger sur les moyens utilisés à cette fin. De 1945 à nos jours, la diplomatie suédoise s'est obstinée à envoyer des notes sans jamais demander le concours d'autres gouvernements, comme par exemple celui des Etats-Unis, qui fut le véritable instigateur de la mission de sauvetage des Juifs de Hongrie confiée à Wallenberg. Il a fallu attendre les révélations israéliennes de 1979 pour que Stockholm sollicite ouvertement l'appui du président Carter et s'associe à une démarche parallèle de Jérusalem. Il semble même que les dirigeants suédois aient négligé de s'adresser à la Hongrie qui, de 1945 à 1949, n'était pas encore une démocratie populaire, politiquement intégrée au bloc communiste, et honorait officiellement le souvenir de Wallenberg comme celui d'un héros national. Il y avait là une possibilité à exploiter. Elle ne l'a pas été.

De même peut-on s'étonner qu'avec un dossier permettant de faire attribuer le prix Nobel de la paix en 1947 au sauveur de 30 000 Juifs de Budapest, les milieux scandinaves influents n'aient pas osé suivre le précédent qui avait été créé dix ans plus tôt en faveur de Carl von Ossietzky[1], alors interné à Dachau. Stockholm, là encore, a raté l'occasion d'associer le gouvernement hongrois de l'époque, l'association des rescapés de l'Holocauste, la Croix-Rouge, les institutions américaines, pour peser sur le choix du Parlement norvégien... Pourtant, le scandale d'un prix Nobel décerné à un détenu du NKVD aurait singulièrement aidé à obtenir la libé-

1. Journaliste allemand (1889-1938). Prix Nobel de la Paix en 1935; il fut libéré en 1936.

ration de celui qui avait, en tout cas, quelque chance d'être encore en vie à ce moment-là.

Après la mort de Staline, le gouvernement suédois n'a pas non plus utilisé à fond les chances ouvertes par ce que l'écrivain juif soviétique Ilya Ehrenbourg avait appelé le « dégel ». Bien des dossiers de la période 1945-1953 constitués par l'équipe Beria-Abakoumov ont fait alors l'objet d'une révision. Or Moscou a bien exprimé des regrets en annonçant la mort probable de Wallenberg, « injustement emprisonné à l'insu des instances judiciaires », mais n'a jamais été capable de montrer le dossier. Sans admettre l'explication soviétique, Stockholm s'est contenté de recourir à la méthode des notes diplomatiques, avec le résultat que l'on a vu.

La deuxième vague de déstalinisation de 1961 offrait également des possibilités d'action avec la mise en cause du « groupe antiparti » encore ménagé dans le rapport Khrouchtchev de 1956. Au surplus, le régime établi en Hongrie après l'écrasement de la révolte de Budapest paraît suffisamment solide pour que les Russes se montrent moins sensibles à un problème touchant un satellite douteux. La Suède n'a pas su alors exploiter l'esclandre provoqué par l'intervention du Dr Nanna Svartz.

A aucun moment, le gouvernement de Stockholm n'a envisagé le recours à la procédure de l'échange, alors qu'il détenait d'importants atouts, tels que l'officier de marine Ernst Hilding Anderson, arrêté le 21 septembre 1950 en flagrant délit d'espionnage pour le compte des services de renseignements soviétiques. Or des diplomates suisses comme Feller et Meier, arrêtés à Budapest en 1945 et incarcérés en Russie, des diplomates italiens comme le codétenu de Wallenberg, Claudio de Mohr, capturé par les troupes soviétiques le 18 septembre 1944 à la frontière de la Bulgarie et de la Turquie, ont été libérés en échange de personnalités communistes ou d'agents soviétiques détenus en Suisse ou en Italie. C'est évidemment le moyen le plus efficace de récupérer des ressortissants en captivité : il ne nécessite ni campagne de propagande ni transmission de notes par la voie diplomatique, ni même un climat de détente. La Suède ne l'ignorait pas, elle qui, pendant la guerre, avait favorisé les échanges de prisonniers entre les camps ennemis.

On ne trouve pas davantage dans les papiers publiés la moindre trace de pression suédoise, de quelque nature que ce soit, pour débloquer l'affaire Wallenberg. A aucun moment le gouvernement suédois n'a menacé d'utiliser l'arme économique, alors que la Suède n'est pas pour l'URSS un partenaire commercial négligeable. A aucun moment le gouvernement de Stockholm n'a lié le cas Wallenberg aux pourparlers intéressant au plus haut chef la diplomatie soviétique : l'aménagement de la Baltique en une zone de paix.

Alors que l'Occident a été culpabilisé au début des années cinquante par l'affaire Rosenberg — ce couple de Juifs américains communistes exécutés pour une activité d'espionnage dont ils se disaient innocents —, on n'a compté, pour arracher Wallenberg à un destin inconnu, que sur les bons sentiments, en accordant la priorité au maintien de bonnes relations entre l'Est et l'Ouest. Continuer d'utiliser des moyens dont l'inefficacité ressort d'une expérience vieille à présent de trente-cinq ans, serait-ce vouloir sérieusement l'exhumation de son dossier, à défaut de la très hypothétique libération d'un improbable survivant ? Telle est la question posée par Per Anger, l'ancien collègue de Wallenberg à Budapest, au terme de sa carrière diplomatique.

Mais l'affaire Wallenberg suscite bien d'autres interrogations qui en font l'une des grandes énigmes historiques du siècle.

Pourquoi les Russes ont-ils emprisonné le diplomate suédois, au mépris des conventions internationales ? Pourquoi surtout en auraient-ils fait un « homme au masque de fer », alors que des centaines de milliers de prisonniers du goulag ont été libérés ou autorisés à rentrer dans leur pays quand il s'agissait d'étrangers ? Dans un mémoire consacré à l'affaire, Fredrik von Dardel, le beau-père de Raoul Wallenberg, avait, en 1979, tenté de répondre à ces deux questions.

Les motifs de l'arrestation n'ont jamais été révélés par les services qui semblaient considérer Wallenberg comme une prise d'importance et qui l'ont en tout cas traité comme telle. On sait seulement qu'à Budapest les officiers du Smersh ont passé le mois de février 1945, la libération de la ville à peine achevée, à enquêter auprès de tous les collaborateurs de Wallenberg, à la section C, et de tout le personnel de la légation suédoise sur les agissements de deux diplomates soupçonnés d'espionnage : Wallenberg et Lars Berg. Il ne s'agissait pas, dans l'esprit des enquêteurs, d'espions classiques à la recherche de secrets militaires. Les Russes paraissaient nourrir les plus grands doutes sur les objectifs humanitaires de la mission confiée a Wallenberg, tout simplement parce que ceux-ci leur étaient inconcevables. D'après les questions posées par leurs enquêteurs, qui ont poursuivi leurs investigations à Moscou auprès de détenus allemands ou autrichiens, naguère diplomates en poste dans les capitales d'Europe centrale, plusieurs chefs d'accusation semblent avoir été envisagés, quitte à être abandonnés par défaut de matérialité et de crédibilité :

1. Le système des passeports de protection mis sur pied par Wallenberg avait pour but d'aider les nazis hongrois à s'enfuir.

2. Sous prétexte de venir en aide aux Juifs victimes

du nazisme, le plan Wallenberg tendait en réalité à sauver le système capitaliste menacé d'écroulement en Hongrie libérée par l'Armée rouge.

3. Les gages donnés en échange de la sauvegarde des Juifs de Budapest faisaient le jeu de Himmler, sur les plans politique, militaire et économique : tentative de paix séparée avec l'Ouest, gel de la guerre en Italie du Nord et transfert des forces allemandes sur le front de l'Est, dévolution des biens juifs, comme l'usine d'armement Weiss-Chorin, au seul profit de la SS. Wallenberg travaillait donc en réalité contre la cause alliée.

4. Les liens du diplomate suédois avec des organisations internationales comme le Joint juif américain ou la Croix-Rouge, établis tant par les valeurs trouvées à la Banque de Suède à Budapest que dans les affaires personnelles de Wallenberg, constituaient autant de preuves d'une conspiration «cosmopolite» aux buts mal définis — proche de la représentation que se faisaient les nazis eux-mêmes du pouvoir maléfique attribué à la «juiverie internationale».

A défaut de procès public, on ne sait même pas si, comme l'affirment certains témoins, une sentence quelconque a été prononcée. On peut en fait se demander si la popularité de Wallenberg en Hongrie, plus que le rôle louche que le NKVD a cherché à lui attribuer, n'est pas à l'origine de son incarcération. Sa présence sur le terrain, la stature d'homme d'Etat occidental qu'il avait acquise au moment où sombrait la souveraineté hongroise risquaient de constituer un obstacle ou un frein potentiel à l'établissement d'une démocratie populaire, à la satellisation du pays. L'escamotage en 1948 du monument érigé en son honneur est une manifestation physique de rancune tenace. En outre, le rappel du martyre juif et de sa spécificité, parmi toutes les horreurs de la Seconde Guerre mondiale, a toujours été mal vu des dirigeants soviétiques. Enfin, si neutre qu'il fût d'origine, le plan Wallenberg contenait en germe la possibilité d'un réveil du nationalisme hongrois, foncièrement hostile au panslavisme. Le nom du héros de l'indépendance hongroise au siècle dernier, Kossuth, symbolisait déjà la révolte antirusse. Le rôle de nouveau Nansen joué par Wallenberg avec ses passeports de protection était déjà suspect, parce que la Russie de Staline n'admettait plus la coopération internationale souhaitée du temps de Lénine quand la révolution manquait de bras. Mais un Wallenberg en passe de devenir un nouveau Kossuth, au moment où le sort de la Hongrie défaite était suspendu à l'unique bienveillance du vainqueur, un tel Wallenberg internationaliste pouvait incarner un danger inacceptable.

La peur d'un soulèvement hongrois, comme il s'en produisit finalement en octobre 1956 dans la foulée de la déstalinisation, expliquerait alors la prolongation indéfinie de la détention de Wallenberg, donné comme mort sans sépulture, avec les regrets inutiles des successeurs de Staline récusant cette part de l'héritage. La Hongrie paraissant résignée à son destin de satellite de Moscou par l'écrasement de la révolte de Budapest, Fredrik von Dardel comptait encore, quatorze ans après, sur cette solidité du régime Kádár [1] pour favoriser l'élargissement éventuel de son beau-fils. En vain attendit-il jusqu'à sa mort un tel geste de détente.

Pourtant, le cas Wallenberg ne ferait plus question si l'on pouvait admettre la version soviétique officielle d'un décès précoce et accidentel, mais qui reste encore à prouver. Allant à contre-courant de l'opinion de tous

1. János Kádár était président du Conseil hongrois depuis l'écrasement de la révolte d'octobre-novembre 1956 par les chars russes.

leurs confrères, deux biographes suédois, Elsa et Hans Villius, s'y sont appliqués dans un article paru à Stockholm le 3 mars 1979, quelques jours avant la mort par épuisement de Fredrik et May von Dardel — que l'âge et le chagrin ont emportés à une semaine d'intervalle.

Selon eux, le document fourni par les Russes en 1957 pour attester la disparition prématurée de Raoul Wallenberg à la Loubianka n'aurait pas dû laisser place au doute. Il s'agit de la note manuscrite du chef de l'infirmerie de la prison, le colonel Smoltsov, initialement destinée à Abakoumov, mais demeurée dans les archives de l'établissement comme si elle y avait été volontairement oubliée par son auteur pour laisser une trace ou prendre date : *Le prisonnier Walenberg (sic) que vous connaissez est décédé inopinément dans sa cellule*. Or cette note, on s'en souvient, comportait un post-scriptum, également de la main de Smoltsov : *Informé le ministre. Reçu ordre de faire incinérer le corps sans autopsie.*

« Un faussaire aurait-il eu besoin d'ajouter un tel post-scriptum ? » demande le couple Villius, qui pousse plus loin le raisonnement : « Cet ajout n'est en revanche explicable que si la note de Smoltsov était bien authentique. Il aura d'abord voulu prévenir Abakoumov par écrit, puis, se ravisant, il aura décidé de lui en faire part en personne et oralement. Et il aura simplement ajouté l'instruction reçue en retour au bas de sa note, qu'il était devenu inutile d'envoyer. Cette note est donc restée sur place, dans les dossiers du service de soins de la Loubianka, où les Soviétiques ont affirmé l'avoir découverte après l'enquête ordonnée par Khrouchtchev à la demande du Premier ministre suédois. »

Mais il y a plus. Elsa et Hans Villius remarquent, à juste titre, qu'une ligne de démarcation très nette sépare les témoignages concrets et dignes de foi, recueillis dans les années 1950 auprès des détenus libérés retour d'URSS et portant sur les deux premières années de captivité de Wallenberg, des témoignages tardifs et des rumeurs ultérieures selon lesquelles il aurait été encore en vie dans les années 1950, 1960, voire 1970.

« Il ressort des premiers que les services de sécurité soviétiques, en interrogeant et en isolant tous les anciens compagnons de cellule de Wallenberg (ou de Langfelder), au mois de juillet 1947, avaient alors tout mis en œuvre pour empêcher que fût connue sa séquestration. Seulement, ils ne pouvaient se douter qu'une trace de la présence du diplomate suédois leur échapperait : le document Smoltsov, laissé dans les dossiers de l'infirmerie, et dont ils ignoraient l'existence. »

Enfin, selon les Villius, l'intervention des deux magistrats de la Cour suprême de Suède qui, en avril 1960, avaient estimé pouvoir conclure à la présomption de survie du détenu, du moins au début des années 1950, à partir de témoignages de seconde main, cette intervention fut une initiative des plus malheureuses. Si ces témoignages avaient été, disent-ils, passés comme les premiers au crible de la critique, on se serait aperçu qu'ils provenaient en fait d'une seule et même source d'information : un ancien détenu de Vladimir, le Géorgien Simon Gogobéridzé, lequel avait seulement entendu dire que Wallenberg aurait été détenu dans cette prison.

La logique du couple Villius s'apparente à celle du scorpion piquant la grenouille qui a accepté de la prendre sur son dos pour lui faire traverser la rivière. Elle tombe trop bien, à l'orée du regain et de l'internationalisation de l'affaire Wallenberg, pour ne pas faire partie de la panoplie des moyens utilisés par Moscou afin de convaincre l'Occident de la mort déjà lointaine du diplomate oublié. Or c'est précisément la multiplicité et la variété de ces moyens, jointes à l'impossibilité de pouvoir aller vérifier sur place, qui ont renforcé au contraire le scepticisme de l'opinion suédoise face aux versions successives de la « vérité » soviétique.

A côté des réponses officielles et contradictoires de Vychinski (1947) et de Gromyko (1957), il y a eu parallèlement trop d'émissaires officieux, tant auprès de la famille que des autorités suédoises, chargés d'accréditer la vraisemblance de la mort de Wallenberg, mais à des dates différentes au gré des circonstances et des nécessités de la réfutation.

Ainsi, le 22 mars 1955, un Russe blanc nommé Koutouzof Tolstoï, qui avait servi d'interprète à la légation suédoise de Budapest, puis aux autorités soviétiques d'occupation lors de la libération de la Hongrie, s'est-il fait fort de prouver à l'ancien ambassadeur de Suède Danielsson que Wallenberg était tombé accidentellement sous les balles russes parce qu'il avait revêtu un uniforme allemand pour échapper aux poursuites des Croix Fléchées dans les derniers jours de sa vie clandestine. La lettre de Tolstoï était postée de Dublin, son auteur résidant en Irlande, où il travaillait... pour les services soviétiques !

Au printemps suivant, un prisonnier estonien, du nom de Tavmelius, déporté dans le Grand Nord, avait fait toucher l'ambassade de Suède à Moscou pour que, lors de sa visite annoncée en URSS, le Premier ministre suédois Tage Erlander intercède en sa faveur. Effectivement libéré, le Balte est venu dire, le 3 octobre 1956, à la famille von Dardel qu'il avait vu arriver Wallenberg en décembre 1947 au camp d'Inta en très mauvais état : selon lui, le diplomate aurait été ramené peu après à la prison moscovite de Boutyrki, où il aurait succombé. Placé devant un jeu de photos par Rudolph Philipp, Tavmelius avait désigné Wallenberg sur cinq d'entre elles. Or aucune n'était de lui !

En février 1960, un agent, bientôt démasqué à Hambourg, avait emprunté l'identité d'un baron hongrois, déporté en URSS, pour révéler à la presse suédoise qu'il avait assisté à l'agonie de Raoul au camp de Kasgobol, près d'Arkhangelsk, en... 1950 !

En 1966, un Finlandais, libéré depuis onze ans d'un camp sibérien proche d'Irkoutsk, raconte qu'il y avait appris la présence d'un Suédois condamné à dix ans de travaux forcés pour espionnage, et sa mort en été 1955. Pourtant ce Finlandais s'était curieusement gardé d'en parler à son retour de captivité...

On peut se demander si ce genre de témoignages ne sort pas à point nommé pour affaiblir la portée d'autres dépositions, contrebalancer l'effet de leur publication, brouiller les pistes en faisant mourir Wallenberg en des lieux différents, à des dates différentes, rendre incompréhensible la persévérance de sa famille et lasser la bonne volonté des autorités suédoises.

Le dernier contre-feu, allumé en Suède même avec la complicité du couple Villius, apparaît en tout cas comme un nouvel avatar de la propagande soviétique destinée à sauver les apparences face au jugement de l'Histoire.

Mais, comme les mythes et les symboles, il est des morts qui ont la vie dure. Ce Raoul Wallenberg, dont la belle-famille et les comités portant son nom persistent à faire le plus vieux fantôme de l'ancien Etat goulag, est-il autre chose qu'un feu follet dépouillé de tout, même de sa mort ? A défaut de pouvoir le ressusciter, la citoyenneté d'honneur qui lui est accordée, en octobre 1981, par le président Reagan, sur le vœu unanime du Congrès et du Sénat américains — insigne honneur réservé jusqu'ici, de son vivant, au seul Winston Churchill —, va enfin conférer au diplomate suédois — mort ou vif — un passeport pour sa légende, avec une stature de héros de l'humanité — en lui rendant sa statue à Budapest.

Si des témoignages parfois convergents, souvent contradictoires mais toujours invérifiables, ont pu contribuer à lever un coin de voile du mystère Wallenberg, les démarches multiples, mais sans cohérence, auxquelles ils donnèrent lieu avaient achevé de brouiller les rares pistes, dont la dernière s'était perdue à la fin des années 1970 du côté d'Israël...

Glasnost et perestroïka aidant, le hasard a vraiment bien fait les choses pour mettre un terme définitif aux spéculations sur l'improbable survie du disparu. Il aura fallu près d'un demi-siècle aux autorités moscovites pour retrouver les premières traces palpables du passage dans leurs geôles du diplomate suédois et dissiper toute équivoque sur son sort, resté trop longtemps secret d'Etat.

C'est que les responsables de sa disparition avaient aussi escamoté les archives. Les nouveaux maîtres du Kremlin pouvaient-ils aller au-delà d'un *mea culpa* contrit et d'un hommage solennel à la mémoire de la victime ?

Sur une invitation transmise le 10 août 1989 par l'ambassadeur de l'URSS à Stockholm, Boris Pankin, qui reconnaissait explicitement la culpabilité de son pays, une délégation suédoise formée des proches de Raoul Wallenberg est reçue le 16 octobre à Moscou par le directeur adjoint du KGB. Elle se voit remettre par lui des pièces à conviction qui venaient juste d'être découvertes, le 20 septembre, dans un sac abandonné au fond des caves de sinistre réputation : le passeport diplomatique du disparu, son permis de conduire, un carnet de notes et une liasse de vieux billets de banque. La délégation a pu également voir l'attestation écrite de la main de l'officier responsable du service sanitaire de la Loubianka, redoutable quartier général et centre de détention de la police politique. Selon ce document interne, dont l'auteur est lui-même décédé six ans plus tard, le « prisonnier Walenberg » (*sic*) serait décédé, le

17 juillet 1947, d'une crise cardiaque et sa dépouille incinérée sans autopsie sur ordre du ministre de la Sûreté de l'Etat Viktor Abakoumov — fusillé après la chute de son patron Lavrenti Beria.

« Telle est toute cette terrible histoire qui, dans son absurdité lugubre, est caractéristique de son époque, avait prévenu l'ambassadeur Pankin. Hélas, un mort ne peut être rappelé à la vie... Mais qui va vous croire, si vous avez déjà menti une fois ? »

En effet, le Comité suédois n'a jamais voulu accorder le moindre crédit à cette information communiquée, dès 1957, par l'équipe Khrouchtchev après sa dénonciation des crimes de Staline. La date fatidique du 17 juillet 1947 ne semblait pourtant pas devoir faire de doute. La preuve manquait toujours, mais ce que l'on a appris des documents communiqués, depuis, à la commission d'enquête russo-suédoise, réunie à Moscou, montre à l'évidence que les circonstances réelles de la mort se révèlent encore plus tragiques qu'on ne pouvait l'imaginer. Comme l'atteste une correspondance entre le procureur André Vychinski, vice-ministre des Affaires étrangères, et le ministre Molotov, exhumée en 1991 et rendue publique seulement fin mai-début juin 1993 par l'agence de presse suédoise TT et par le journal soviétique les *Izvestia*, les archives ont fini par parler : l'encombrant prisonnier avait été exécuté d'une balle dans la nuque à la prison moscovite de Lefortovo, le 17 juillet 1947, c'est-à-dire le lendemain de la remise de la pétition adressée à Staline par un million de signataires !

Le 14 mai 1947, Vychinski écrivait en effet à son patron Molotov la lettre suivante :

« A la fin de 1944, la Suède avait demandé au HKND [Comité national des Affaires étrangères de l'URSS] de prendre sous sa protection le premier secrétaire de sa légation à Budapest, Raoul Wallenberg. Le 16 janvier 1945, la mission suédoise fut informée que Wallenberg avait été trouvé et placé sous la protection des autorités soviétiques. Le 24 avril 1945, les Suédois ont fait savoir au HKND que Wallenberg ne figurait pas parmi les collaborateurs retrouvés de leur légation. Ils ont depuis réitéré leur demande de recherche de Wallenberg à plusieurs reprises aussi bien par écrit (huit notes diplomatiques) que verbalement (cinq entretiens).

« Le 15 juillet 1946, l'ambassadeur de Suède Söderblom a obtenu une audience du camarade Staline pour s'enquérir du sort de Wallenberg...

« Nous avons demandé à plusieurs reprises, verbalement et par écrit, durant les années 1945-1946, au Smersh [contre-espionnage] et au MGB [ministère de la Sûreté de l'Etat] des renseignements sur le sort et le lieu de résidence de Wallenberg. Ce n'est qu'en février dernier [1947] que, lors d'une conversation avec le camarade Novikov, le camarade Fedotov a révélé que Wallenberg se trouvait à la disposition du MGB et a promis de vous informer personnellement des mesures que le MGB prendrait ultérieurement dans cette affaire.

« Comme celle-ci ne progresse toujours pas, je vous prie de donner des instructions au camarade Abakoumov [patron du MGB] pour nous informer du fond de l'affaire en fournissant une synthèse du dossier et pour faire des propositions *en vue de sa liquidation.* »

Quatre jours plus tard, Molotov transmettait à Abakoumov copie de la lettre de Vychinski en le priant de lui répondre directement. La réponse d'Abakoumov est restée introuvable, mais une note de Molotov figurant dans les archives du ministère des Affaires étrangères en atteste l'existence : « Une lettre d'Abakoumov du 17 juillet a mis un terme à cette affaire. » D'où le premier démenti officiel de Vychinski, un mois plus tard, sur l'éventuelle présence en URSS de Raoul Wallenberg dont le « nom est inconnu des autorités soviétiques ».

« Des propositions en vue de sa liquidation » : que signifie cette construction sémantique retorse, associée au petit mot « affaire » appartenant au jargon bureaucratique ? s'interroge Ella Maximova dans l'article des *Izvestia* du 3 juin 1993 consacré à la mort de Wallenberg. « Affaire » en russe ne désigne pas seulement un dossier résultant d'une compilation de documents, mais également l'événement lui-même. Liquider une affaire pouvait consister à en effacer la cause et les traces : ni vu ni connu. Un homme disparaît et avec lui se dissipent les complications diplomatiques nées de son interception.

« Alors, pendant les dix-huit mois qui suivent, la Sûreté de l'Etat ne répond pas aux demandes des Affaires étrangères sollicitées par les démarches suédoises. Molotov n'est pas informé par les services de Beria, puis, tout à coup, Vychinski insiste auprès de lui pour obliger Abakoumov à fournir une explication et surtout des propositions pour en finir avec l'affaire. En procédant ainsi, ne souffle-t-il pas, lui, l'ancien procureur des grands procès truqués des années trente à Moscou, le genre de propositions qu'il est souhaitable de faire pour liquider un pareil cas ? »

On sait à présent, selon la rédactrice des *Izvestia* qui a commenté la publication chronologique des documents d'archives relatifs au « chemin de croix » de Raoul Wallenberg, que Vychinski s'est renseigné lui-même auprès d'Abakoumov au début de juillet 1947 sur les circonstances de son arrestation et sur l'état de son dossier, afin de préparer sa réponse négative du 18 août à l'ambassadeur de Suède. Il y dit notamment que l'officier soviétique qui aurait signalé la présence de Wallenberg lors de la libération de Pest n'a, en fait, jamais pu être identifié et que les recherches ordonnées sont restées vaines.

Les documents rendus publics établissent au contraire que, le 14 janvier 1945 à 23 h 30, le général Kouprianov avait donné les instructions suivantes au commandant du 30ᵉ corps d'armée, avec copie au chef d'état-major du deuxième front ukrainien :

« 1. Conduire immédiatement le secrétaire de la légation suédoise Raoul Wallenberg se trouvant à la 151ᵉ division d'infanterie au général major Afonine, commandant le 18ᵉ corps. Assurer sa sécurité et son confort au cours du transfert.

« 2. Lui interdire toute communication avec le monde extérieur. »

Les « camarades » Pavlovsk et Povetkine ont alors reçu l'ordre de tirer au clair, sans attendre, la situation de ce secrétaire de légation et celle du reste du personnel de l'ambassade. En marge de cette instruction figurent, manuscrits, les résultats de cette élucidation : « Wallenberg intercepté seul rue Benczur a refusé d'être évacué vers l'arrière du front, déclarant qu'il avait sous sa responsabilité près de 7 000 sujets suédois dans la partie orientale de la ville, les autres membres de l'ambassade se trouvant encore dans la partie occidentale. »

Un rapport découvert récemment à l'ancien ministère de la Sûreté de l'Etat précise que « le détenu Raoul Wallenberg a été envoyé à destination le 25 janvier 1945 », avec la signature du « chef du convoi », le capitaine Zenkov Nicolas Matvéiévitch.

Sur les registres de la prison intérieure du NKVD (la Loubianka) et de la prison de Lefortovo se trouvent consignés les mouvements de prisonniers convoqués pour interrogatoire. On y apprend que Wallenberg Raoul Gustav a ainsi été extrait de sa cellule de la Loubianka le 8 février 1945 par le nommé Svertchouk, de 1 h 05 à 4 h 05 du matin, le 28 avril 1945 par le nommé Kouzmichine, de 15 h 35 à 17 heures, puis qu'il a bien été transféré à Lefortovo le 29 mai 1945 pour être entendu par le juge d'instruction Kopelianski seulement le 17 juillet 1946 de 10 h 30 à 13 heures, puis le 30 août 1946 de 10 h 40 à 12 h 20... Enfin, d'après ces mêmes registres, le « prisonnier spécial 206 » a été transféré de Lefortovo le 1er mars 1947 pour être interrogé, sous l'orthographe de Wollnberg, par le juge Kouzmichine le 11 du même mois, de 14 h 15 à 16 heures à la Loubianka. Puis plus rien jusqu'à la découverte, dix ans plus tard, dans les services sanitaires de la Loubianka, du fameux rapport du médecin-colonel Smoltsov sur le décès subit dans sa cellule du détenu « Walenberg » (*sic*) connu du ministre Abakoumov, lequel lui a ordonné d'incinérer le corps sans autopsie, le 17 juillet 1947.

Aucun procès-verbal d'interrogatoire et aucune autre trace d'extraction ou de transfert de Wallenberg n'ayant pu être trouvés, force est d'admettre la version de sa mort donnée le 30 mai 1993 par le quotidien *Svenska Dagbladet* annonçant les révélations à paraître dans les *Izvestia* : selon Kronid Ljubarskij, qui se fonde sur des notes laissées par Viktor Abakoumov, ce dernier a procédé lui-même à l'exécution d'une balle dans la nuque, avec l'accord personnel de Staline, dans la nuit du 16 au 17 juillet 1947 à la prison de Lefortovo.

La décision aurait été prise, au lendemain de la pétition publique remise à l'ambassade soviétique à Stockholm, parce que Raoul Wallenberg aurait refusé de coopérer avec la centrale d'espionnage soviétique qui lui aurait offert un poste d'agent secret contre la promesse du prochain parrainage d'un Etat juif par Moscou !...

Quelque rocambolesque que puisse apparaître cette ultime et cruelle révélation, à laquelle le comité suédois a du mal à se résigner, il reste que, par son exemple, le Juste de Budapest a montré qu'il était possible de résister jusqu'au bout à la barbarie et à la plus cynique des raisons d'Etat.

Tout autant que des dizaines de milliers de vies, ce premier martyr de l'ingérence humanitaire aura sauvé l'honneur de l'humanité.

Annexe

Les noirs secrets de la Suède

Des recherches menées durant la décennie 1980-1990 dans les archives de sept pays par un politologue et un historien de l'université d'Amsterdam pourraient fournir une première clé de l'inexplicable comportement d'une partie de la puissante famille Wallenberg, qui ne s'est associée à aucune démarche publique en faveur de son parent longtemps porté disparu, et de l'incompréhensible timidité des autorités suédoises à obtenir d'abord la libération de Raoul Wallenberg, puis des informations précises sur son sort, jusqu'à la désoviétisation de l'ex-URSS.

Gerard Aalders et Cees Wieber nous ont autorisés à reproduire des extraits de leurs conclusions parues en épilogue de leur ouvrage *The Art of Cloaking* (L'Art du camouflage), publié en 1991.

La plupart des études centrées sur la dimension économique de la Seconde Guerre mondiale négligent généralement l'impact des banques et des firmes neutres. Les questions sur le rôle exact que ces puissances neutres ont joué ont rarement été soulevées.

Notre enquête a mis à jour ce rôle que firmes et industriels suédois ont tenu à travers des systèmes compliqués de camouflage et nous avons révélé quel emploi de rouage unique et important ils ont assumé.

Certes, les Suédois n'ont pas été les seuls neutres à rendre service au Reich et nous n'avons fait que montrer le sommet de l'iceberg. Cette étude doit donc être considérée seulement comme un premier éclairage modeste sur ces aspects négligés et importants de la Seconde Guerre mondiale. Encore une fois, les Suédois en général et la famille Wallenberg en particulier ont seulement servi à titre d'exemple, « une image pour le tout ».

Nous avons montré que les Wallenberg ont pris une part importante dans les différents systèmes de camouflage à l'avantage de l'Allemagne et de plus qu'ils tenaient le rôle de receleur pour le butin de guerre allemand. [...]

Les compagnies contrôlées par les Wallenberg ou en

relation étroite avec eux étaient impliquées dans la production de matériel de guerre pour les armées allemandes. Que les Wallenberg et leurs collègues en camouflage n'aient jamais été inquiétés après la guerre est dû au fait qu'ils avaient à Londres comme à Washington d'excellentes relations aux plus hauts niveaux qui les ont protégés. [...] Tout cela doit avoir beaucoup à faire avec un sentiment général de culpabilité suédois concernant la Seconde Guerre mondiale.

Des armées allemandes ont traversé la Suède (plus de 2 millions de militaires), la flotte allemande pouvait opérer à l'intérieur des eaux territoriales suédoises et l'aviation allemande utiliser l'espace aérien suédois. Alors que les communistes étaient internés pendant la guerre, les nazis — étrangers ou autochtones — étaient parfaitement libres. Ce Raoul Wallenberg disparu tenait aussi sa place dans ce complexe de culpabilité national. Il était devenu le symbole des efforts suédois pour tenter de sauver les Juifs des chambres à gaz alors que dans la réalité, et ce, jusqu'à fin 1944, il fut très difficile aux Juifs (en particulier pour les non-Scandinaves) de pénétrer en Suède. [...]

En écrivant ce livre, nous nous sommes tout le temps demandé si la disparition de Raoul Wallenberg à Budapest en 1945 n'était pas liée au comportement de ses grands-oncles Jakob et Markus pendant et après la guerre. Quels motifs ont conduit les Soviétiques à arrêter Raoul Wallenberg et à le garder en prison après la guerre ?

Il est peu probable que cela ait quelque chose à voir avec son entreprise humanitaire... puisque les légations du Portugal, d'Espagne, du Vatican et de la Suisse accomplissaient une œuvre similaire. Plusieurs diplomates de ces légations ont aussi été arrêtés, mais furent libérés au bout d'un certain temps.

Une explication plus plausible pourrait être celle d'une méfiance des Soviétiques envers les activités de Raoul Wallenberg. Le Suédois était payé pour le travail qu'il faisait par le *War Refugee Board* et son contact à l'intérieur de cette organisation était Ivan Olsen, l'attaché financier de la légation US à Stockholm, qui travaillait aussi pour l'OSS.

On est en droit de se demander si Raoul Wallenberg lui-même était impliqué dans ce type de système. *Dagens Nyheter* et d'autres journaux ont déjà souligné le fait qu'une quantité importante de documents d'archives des Etats-Unis et de Grande-Bretagne demeure interdite au public. Documents qui, selon la loi des trente ans, devraient être accessibles à la consultation, mais sont encore protégés par la référence « National Security of the US ». Nos propres recherches au Bureau des Archives publiques de Londres sont aussi demeurées stériles. Le matériau concernant Raoul Wallenberg de 1957 à 1958 a été retiré par le Foreign Office et d'autres papiers touchant à ce cas sont inaccessibles. Qu'y a-t-il à cacher ?

En octobre 1989, des membres du Comité Wallenberg suédois se sont rendus à Moscou à la faveur de la Glasnost — pour s'informer de la disparition de Raoul Wallenberg. Fait très étrange, la délégation suédoise n'a pas cherché à s'enquérir du motif soviétique de cette arrestation. Cela apparemment ne les intéressait pas — ce qui semble bizarre, car là se trouve la clef de la question de fond : pourquoi Raoul a-t-il été emprisonné ? La publication de son journal dans la presse suédoise début 1990 n'a pas apporté grand-chose de neuf là-dessus.

Si l'éventuelle connexion avec les services secrets américains pourrait fournir une explication de son arrestation, le comportement de ses oncles Jakob et Markus pendant la guerre ne fournirait-il pas une aussi bonne, voire une meilleure raison ?

Les deux frères étaient dans les meilleures dispositions vis-à-vis de certaines firmes allemandes et collaboraient activement avec elles sur le terrain économique. Un autre fait s'ajoute à cela. Pendant la guerre, ils se sont étroitement associés aux opposants de l'aile droite allemande — où se trouvait Goerdeler[1]. Ils connaissaient fort bien ces conspirateurs par les transactions financières entre leur Enskilda Bank et la Bosch allemande. Leurs rendez-vous avaient souvent deux propos : des décisions à prendre pour les systèmes de camouflage et des discussions en vue d'une paix séparée à proposer à Londres et à Washington. Propositions dont le but aurait été la continuation de la guerre contre les Soviétiques avec l'aide anglo-américaine (l'antisoviétisme virulent des Wallenberg était bien connu). Moscou a sûrement été au courant de tout cela par ses espions situés à Londres et via la résistance communiste en Allemagne.

Une pure et simple vengeance des Soviétiques pour le soutien actif des banquiers Wallenberg à un tel renversement d'alliance, tout autant que pour leurs activités de camouflage au bénéfice des nazis, peut être proposée comme explication à l'emprisonnement de Raoul Wallenberg.

Par la suite, le sabotage de l'accord de crédit soviéto-suédois expliquerait pourquoi il ne fut pas relâché.

Outre celle de la vengeance apparaît une autre possibilité : les Soviétiques, à leur tour, ont-ils cherché à faire pression ou à faire chanter les frères Wallenberg pour les refréner dans leurs efforts de sabotage de cet accord de crédit en se servant de Raoul comme otage ?

1. Maire de Munich et tête civile de l'attentat contre Hitler de juillet 1944.

Pourquoi (de la part de Jakob et Markus) ce profil bas pendant plus de vingt-cinq ans et pourquoi le Comité Raoul Wallenberg s'est-il toujours plaint dans le monde entier du faible soutien financier de la famille Wallenberg ? Pourquoi cette réticence publique à la cause de leur neveu ? Nous ne le saurons probablement jamais et ne pouvons que constater le fait que cette réticence s'est instaurée dès l'origine.

En 1947, Markus Wallenberg a même refusé une offre du président Harry Truman qui proposait d'aider à la recherche de Raoul Wallenberg. Markus avait simplement répondu : « Il est probablement mort maintenant[1]. »

Le chasseur de nazis bien connu Simon Wiesenthal a eu aussi une étrange expérience avec celui qu'il appelle le « chef de la maison », à savoir Markus Wallenberg.

Wiesenthal a voulu fonder un Comité Wallenberg international à Paris. Il a rencontré Markus et lui a dit qu'un tel comité avait pour le moins besoin d'un bureau et d'un support administratif. Serait-il d'accord pour financer un petit local et une secrétaire ? Il n'a jamais reçu de réponse de Markus. Il a fait une nouvelle tentative en 1981. Toujours sans résultat.

Remarquable fut la réaction du Comité suédois Raoul Wallenberg à nos propres hypothèses. Pendant toutes ces années, chacune des théories concernant la disparition de Raoul Wallenberg a été soumise à discussion à l'exception d'une seule : la nôtre.

1. Ce qui donnerait à penser qu'il était au courant de la mort de Raoul Wallenberg. D'où justification de son comportement par la suite. Mais pourquoi les Soviétiques et les deux frères ont-ils caché l'information ? *(NdT)*

Raoul Wallenberg

A la fin de 1989, la porte-parole du Comité Raoul Wallenberg, interrogée par un journaliste néerlandais, a déclaré qu'elle se refusait absolument à en discuter et ne voulait pas « gâcher un seul mot à propos de "théories hollandaises tendancieuses" ».

Gerard AALDERS et Cees WIEBES, 1991.
Zaken dœn tot elke prijs. De Economische collaboratie van neutrale statem met Nazi-Duitsland.
The Hague, SDU 1990, pp. 215-222.

Sources et références bibliographiques

BISS André, *Un million de Juifs à sauver*. Grasset, 1967.
GAZSI József, *Les Lumières dans les Börzsény*. Editions Zrinyi, Budapest, 1976.
GILBERT Joseph, *Mission sans retour*. Albin Michel, 1982.
HAUSNER Gideon, *Justice à Jérusalem*. Flammarion, 1976.
HILBERG Raul, *The Destruction of the European Jews*. Quadrangle Books, Chicago, 1961. *La Destruction des Juifs d'Europe*, Fayard, 1988.
HORTHY Nicolas, *Mémoires de l'amiral Horthy, régent de Hongrie*. Hachette, 1954.
LAMBERT Gilles, *Opération Hazalah*. Hachette Littérature, 1972.
LÉVAI Jenö, *Black Book on the Martyrdom of Hungarian Jewry*. Zurich, Vienne, 1948.
— *Raoul Wallenberg*. Budapest, 1948.
MAURIN Maxime, *Les Tentatives de paix dans la Seconde Guerre mondiale*. Payot, 1949.
MORSE Arthur, *Pendant que six millions mouraient*. R. Laffont, 1968.
PALGI Joël, *Rouah Gdola Baah*. Am Oved, Tel-Aviv, 1977.
PHILIPP Rudolph, *Raoul Wallenberg, Fighter for Humanity*. Stockholm, 1947.

POLIAKOV Léon, *Bréviaire de la haine*. Calmann-Lévy, 1951.
ROPER Trevor, *Les Derniers Jours de Hitler*. Calmann-Lévy, 1947.
SABILLE Jacques, *Lueurs dans la tourmente*. Editions du Centre, 1956.
SCHELLENBERG Walter, *Memoiren*. Köln, 1956.
SKORZENY Otto, *Missions secrètes*. Flammarion, 1950.
SPEER Albert, *Au cœur du Troisième Reich*. Fayard, 1971.
STEINBERG Lucien, *La Révolte des Justes*. Fayard, 1970.
WEISSBERG Alex, *L'Histoire de Joël Brand*. Le Seuil, 1957.
WULF Joseph, *Raoul Wallenberg : il fut leur espérance*. Castermann, 1968.

DOCUMENTS

Rapport du Comité juif d'assistance de Budapest, 1942-1945, présenté par le Dr Rezsö Kastner, Bâle, 1947.

Le procès de Jérusalem : jugement, documents. Préface de Léon Poliakov, Calmann-Lévy, 1963.

Fredrik von Dardel : Facts Around a Fate, Stockholm, 1970.

Ministère suédois des Affaires étrangères : Raoul Wallenberg, Dokumentsamling jamte kommentarer rörande hans fängenskap i Sovjetunionen, Stockholm, 1957 (Raoul Wallenberg, livre blanc, 1957).

Ministère suédois des Affaires étrangères : Raoul Wallenberg, livre blanc, 1965.

Congressional Record, Senate of the United States, 22 oct. 1979 : Soviet Imprisonment of Raoul Wallenberg, Testimony of Mr Per Anger, Swedish Ambassador to Canada.

Documents of Swedish Foreign Policy, 1959, 1964, 1979.

Izvestia, 3 juin 1993.

Table

Deuxième Partie

LE MYSTÈRE WALLENBERG

Impression réalisée sur CAMERON par
BRODARD ET TAUPIN
La Flèche

pour le compte des Éditions Stock
en décembre 1994

Imprimé en France
Dépôt légal : décembre 1994
N° d'édition : 5562 – N° d'impression : 6814 K-5

54-07-4310-03/6
ISBN : 2-234-04310-7